中国社会科学院创新工程学术出版资助项目

经济管理学术文库·经济类

中国企业总部迁移理论与政策研究

Corporate Headquarters Relocation in China: Theory and Policy

白　玫／著

图书在版编目（CIP）数据

中国企业总部迁移理论与政策研究 / 白玫著. ——北京：经济管理出版社，2016.3
ISBN 978-7-5096-4326-6

Ⅰ. ①中… Ⅱ. ①白… Ⅲ. ①企业管理—研究—中国 Ⅳ. ①F279.23

中国版本图书馆 CIP 数据核字（2016）第 064324 号

组稿编辑：宋 娜
责任编辑：张巧梅
责任印制：黄章平
责任校对：赵天宇

出版发行：经济管理出版社
（北京市海淀区北蜂窝 8 号中雅大厦 A 座 11 层 100038）
网 址：www. E-mp. com. cn
电 话：（010）51915602
印 刷：北京九州迅驰传媒文化有限公司
经 销：新华书店
开 本：720mm×1000mm/16
印 张：15
字 数：246 千字
版 次：2016 年 3 月第 1 版 2016 年 3 月第 1 次印刷
书 号：ISBN 978-7-5096-4326-6
定 价：88.00 元

前　言

企业总部迁移是产业集聚与扩散和区域经济形成演化的微观基础，也是当前国际区域经济学界理论研究的前沿。企业总部所在的位置并非固定不变，它会随着企业的空间扩张、业务转型、企业并购而变化，也会因产业政策、环境政策等的变化而改变。所谓企业总部迁移，是企业迁移的一种特殊形式，它特指企业总部从一个地域向另一个地域的转移，包括企业的整体搬迁、企业总部迁移、核心管理部门迁移和研发总部迁移等。

事实上，企业总部迁移现象远比我们观察到的要丰富得多。既有中国联想集团企业总部从北京迁移到了美国，也有欧洲最大的汇丰银行正在考虑将总部搬离伦敦；既有支付宝、红豆、杉杉企业总部迁向上海，也有安踏、361°、特步企业总部迁往香港、厦门；既有美国加州数以千计的企业总部大规模迁移到美国得州，也有北京成千上万家小服装、小加工、小印刷、商业批发企业迁往河北。在这些企业总部迁移中，有因企业发展壮大空间扩张的需要而迁移的，有因业务转型、企业并购使然，也有因原来区位的综合商务成本的抬高所致，还有政府政策的推动。政策层面主要有三种：一是中国各大城市吸引企业总部迁入的优惠政策；二是像北京的疏解非首都功能政策和东莞的“腾笼换鸟”政策；三是国际投资和各国关税政策。

相对于活跃的企业总部迁移，理论研究相对滞后，从理论和实证的角度加强对企业总部迁移问题的研究无疑具有重要意义。本书试图回答以下几个问题：第一，中国企业总部为什么要迁移？其迁移的动力机制是什么？第二，中国企业总部迁到哪儿？中国企业总部区位的决定因素是什么？第三，中国企业总部迁移的特征有哪些？有哪些规律性？第四，中国企业总部迁移的风险有哪些？如何避免？第五，企业总部的迁移带来工作岗位、税收的变化是显而易见的，除此之外，企业总部迁移会给城市带来哪些效应？第六，企业总部迁移的政策是如何影响企业总部迁移的？

本书共分为10章：第1章，导论。

第2章，企业总部迁移的一般理论。了解掌握企业总部迁移的一般理论是企业总部迁移的基础。

第3章，企业总部迁移的特征、效应和迁移风险。在对企业总部迁移进行分类的基础上，归纳分析了企业总部迁移的三个基本特征（与经济中心一致性、距离衰减性和上行流迁移性）和四个典型国家企业总部迁移的特征（美国、荷兰、日本和意大利），研究了企业总部迁移的五个积极效应和两个负面效应，并对企业总部迁移的风险进行了初步探讨。

第4章，企业总部迁移的动力机制。在这一章回答了企业总部为什么要迁移的问题，即“Why does headquarter relocate?”在建立企业总部迁移的逻辑分析框架基础上，分析了五种促使企业总部迁移的力量（并购、形象匹配、接近金融市场、接近业务或市场、成本）和五种影响企业总部迁移的因素（区位因素、企业自身因素、外部环境因素、制度文化因素以及技术因素等）。

第5章，企业总部迁移的区位决定。企业总部迁移的区位决定回答的是公司迁到哪里以及为什么是这个区位的问题，即“Where and why does headquarter relocate?”大企业总部区位的变迁往往是与国家的经济发展水平紧密联系在一起的。与首都、综合性经济中心城市往往是大企业总部区位的首选地类似，北京、上海也是中国大企业的总部首选地。影响企业总部迁移的区位因素有商业环境、可用劳动力、成本、信息及政府激励。

第6章，在华跨国公司地区总部迁移。本章主要讨论在华跨国公司地区总部的主要形式（设立在华地区总部）、特征（投资性公司形式占多、协调管理型为主、以制造业为主、以“中国企业总部”为主）、区位指向（北京、上海）和原因（业务规模扩大产生的管理与协调需求、目标城市的积极态度以及法律环境的改善）。

第7章，中国上市公司总部迁移的实证研究。本章以中国上市公司总部迁移为研究对象，观察了中国上市公司总部迁移的现状，总结归纳出中国上市公司总部迁移的特征，主要表现为上行流迁移占多、西—东迁移占多、具有距离衰减性、财富转移效应显著。针对中国上市公司总部迁移中的西—东迁移占多的现象进行了政策方面的思考。

第 8 章，中国企业总部迁移的产业特征。本章观察企业总部迁移是否存在产业差异。中国企业总部迁移存在行业差异性。制造业的企业总部因成熟产业区的稳定性，往往表现出迁移惰性；服务业中的批发、零售与餐饮、金融业则表现出企业总部迁移的积极性。企业总部迁移也存在区域差异，这与城市间要素禀赋差异性有关。首位城市、经济中心往往成为企业总部迁移的目标区位，而劳动力要素充足、信息不畅通和交通设施不完备的地区往往成为企业总部迁移的迁出区位。

第 9 章，企业总部迁移政策及仿真。本章分析了中国典型城市企业总部迁移的政策，这些政策的共同特点是：优惠内容相似，主要表现为税收竞争、优惠政策不是吸引跨国公司地区总部的主要因素；比较分析了北京、上海吸引金融企业总部的政策；对企业总部发出迁出威胁的企业总部迁移政策的策略仿真。

第 10 章，结论。本章主要包括两个方面：一是主要研究结论；二是存在的问题。

本书得到国家自然科学基金面上项目（2010~2012）“中国企业总部迁移的动力机制及政策仿真应用研究”（70973140）资助。

我在博士期间师从郝寿义先生，专心聚焦区域经济学的微观研究，完成博士论文《企业迁移研究》。博士后师从魏后凯教授，聚焦企业总部迁移的研究，完成了博士后出站报告《中国企业总部迁移及政策研究》。将此书献给两位我最尊敬的导师，以谢师恩。

由于本人研究水平有限，肯定存在一些重要的内容被遗漏，研究方法不妥当以及有些研究结论难免主观、缺乏证据等。尽管本人努力避免这些问题，但不足之处还有很多，恳请各位专家、学者、读者给予批评指正。

白玫

2016 年 2 月于北京

目 录

第1章 导 论

1.1 研究背景

1.1.1 问题的提出

现实经济中企业总部迁移现象十分普遍。企业总部区位并非固定不变，它会随着企业空间扩张、业务转型、企业并购而变化，也会因产业政策、环境政策等的变化而改变。事实上，企业总部迁移现象远比我们观察到的要丰富得多。

企业总部迁移在发达国家经常发生。美国波士顿曾是《财富》世界500强企业总部聚集地。然而波士顿世界500强企业总部数量，却从1975年的15家，锐减至1999年的2家（Horst 和 Koropeckyi，2000）。86.7%的世界500强企业总部离开了波士顿。在2008~2015年，加利福尼亚合计流失了近9000家企业总部及扩展部门（约瑟夫·弗兰尼奇，2015），其中包括丰田汽车公司北美总部，它将从加州托兰斯市迁往得克萨斯州的布兰诺市（Plano）。得州迎来了多家企业总部的落户。据意大利企业登记数据库的统计，1999年意大利共有10198家企业总部发生了迁移（Mariotti，2002）。

中国企业总部迁移的现象非常普遍，从企业角度来讲，也因区位条件、产业升级、市场扩张、要素供给等因素的变化实施企业总部迁移行为；从政策层面看，吸引企业总部政策、疏解非首都功能、“腾笼换鸟”、“一带一路”战略和关税政策都将推动中国企业总部迁移。

随着中国经济的持续快速增长，一些从本土快速成长起来的企业在其规模逐步做大之后，开始谋求总部的迁移，寻找更适合总部生存的沃土，以适应企业从区域性公司到全国性公司，进而到跨国公司甚至全球公司的战略转变。例如，中国联想集团企业总部实现了两次迁移，从中国北京迁至美国纽约，又从纽约迁往美国罗利。服装、鞋帽企业总部迁移比较突出，红豆集团企业总部从无锡迁往上海，杉杉集团企业总部从宁波迁到上海。安踏、361°、特步等企业，将总部从福建晋江、泉州迁往了香港、厦门、杭州等。在1994~2007年，1481个上市公司中至少有86个的企业总部实施了迁移战略，迁移比率是5.81%（魏后凯、白玫，2008；白玫，2007）。

推动企业总部迁移的政府行为表现为以下三个方面：一是中国各大城市都在积极吸引企业总部迁入；二是像北京疏解非首都功能政策和东莞等提出的“腾笼换鸟”政策；三是国际投资和关税政策。

第一，上海、深圳、广州等城市出台吸引企业总部落户的政策，如《深圳市鼓励总部企业发展暂行办法》的通知（深府发〔2012〕104号）、《上海市鼓励跨国公司设立地区总部的规定》的通知（沪府发〔2011〕98号）、《鼓励跨国公司在京设立地区总部的若干规定》的通知（京政发〔2009〕15号）。尽管中国各大城市在吸引企业总部迁入方面展开了激烈竞争，但并非每个城市都能如愿以偿。魏后凯、白玫（2008）通过对中国上市公司总部迁移的系统考察，从一个侧面再一次诠释了一定条件下区域经济“强者恒强”的理论假说。他们研究发现，近年来中国上市公司总部的迁移主要是市场行为，各地“总部经济”政策的影响并不是太大。由于企业总部对区位选择的特殊要求，在各地争夺企业总部的激烈竞争中，只有北京、上海等少数城市处于有利的地位。这是否意味着各地实施的吸引企业总部落户的竞争，一定程度上削弱了国家促进东西产业转移政策的实施效果？另外，从发展趋势看，随着中国经济全球化进程加快，在市场力量的作用下，这种市场行为可能会导致更多的企业总部向北京、上海等中心城市迁移和集聚。在这种情况下，国家近年实施的产业升级及促进东西产业转移政策，是在总部和研发等高端环节发挥作用，还是对生产制造环节更有效？由此，将进一步强化东西部地区之间的“脑体”分工格局。

第二，随着中国产业升级，京津冀一体化，更多的城市加入“腾笼换鸟”的行列。这里的“鸟”，从微观层面来看，就是指企业。“腾笼换鸟”，对一个城市来说，从微观层面看，就是一些企业进入而原有的一些企业出去。出去的企业，可能就是一些小企业的整体外迁；进来的企业，可能是另一些企业的总部。为治理北京大城市病，调整疏解非首都核心功能，成千上万家企业正在迁出北京。大兴区的 4000 多家小服装、小加工企业将迁离北京；以北京动物园服装批发市场商户为代表的批发企业将迁出北京，迁入河北永清、固安和白沟等地。

第三，随着“一带一路”战略实施和国际贸易政策的变化，企业总部迁移也将日趋活跃。欧盟的差异化关税政策，如对越南、柬埔寨、泰国、印度尼西亚等东南亚国家的纺织品出口欧盟，征收 2%~3%的进口关税；对中国的纺织品出口欧盟，征收 12%左右的关税，这种进出口政策将导致企业迁移。

对如此普遍存在的企业总部迁移经济现象，特别是对于进入活跃期的中国企业总部迁移现象，理论研究远远滞后于实践，理论研究的活跃度远远低于企业总部迁移的活跃度。在中国知网检索，结果显示从 1998 年到 2015 年，以“企业总部迁移”为篇名的论文只有 13 篇，2015 年没有；如果以“企业总部迁移”作为研究主题进行检索，相关的论文一共有 43 篇，2015 年没有。

企业总部迁移在理论上有巨大的研究空间，从理论和实证的角度加强对企业总部迁移问题的研究无疑具有重要意义。第一，中国企业总部为什么要迁移？其迁移的动力机制是什么？第二，中国企业总部迁到哪儿？中国企业总部区位的决定因素是什么？第三，中国企业总部迁移的特征有哪些？中国企业总部迁移有什么特征？有哪些规律性？第四，中国企业总部迁移的风险有哪些？如何避免？第五，企业总部的迁移带来工作岗位、税收的变化是显而易见的，除此之外，企业总部迁移会给城市带来哪些效应？第六，企业总部迁移的政策是如何影响企业总部迁移的？

1.1.2 企业总部迁移并非总部经济

相对于企业总部迁移的研究，总部经济的研究要多许多。同样在中国知网进行检索，以“总部经济”为篇名的文章有 3154 篇，以“总部经济”为主题的文章有 9698 篇。从现有的研究看，大多集中在总部经济的内涵、形成机理、区域效应以及中国总部经济的发展方面（赵弘，2004，2005；史忠良、沈红兵，2005）。很明显，对北京、上海等大城市来说，无论是发展总部经济还是吸引总部进驻，其核心是企业总部的迁移问题。

第一，企业总部迁移是企业迁移的一种特殊形式，它特指企业总部从一个地域向另一个地域的转移，包括企业的整体搬迁、企业总部迁移、核心管理部门迁移和研发总部迁移等。提到企业总部迁移，多数人首先想到的词就是企业总部搬家，是企业总部从原住地搬到新地方。不过，我们研究的企业总部迁移不仅是这种举家全部搬迁的企业总部迁移，而且还包括只将企业总部一部分功能“搬家”的企业总部迁移。这里，企业总部（Corporation Headquarters，HQ）是整个企业的管理控制中心（魏后凯，1998）；企业总部是企业正常营运的中枢神经，是一个企业的大脑和心脏，是整个企业的标志（赵弘，2004）。尽管对企业总部的描述不同，但是其核心是管理控制中心。根据企业总部对于公司管理控制范围的大小不同可分为公司全球总部和公司地区总部，前者是整个公司的管理控制中心，后者是公司某一区域业务的管理控制中心。

第二，对于总部经济的理解，有些过于宽泛，有些则过于具体。事实上，形成总部经济的微观主体不仅是跨国公司总部或地区总部，国内的企业总部也应该是总部经济的行为主体；总部经济也不应该泛化到包括各种非营利组织的总部活动，虽然它们也可以有经济活动，但它们区别于企业总部迁移的根本动机，即利润最大化动机或成本最小化动机；总部经济更不应该理解为与目前中国房地产开发商炒作的概念等同。那么企业总部迁移与总部经济的关系是什么呢？企业总部迁移是总部经济形成的一个过程，总部经济是企业总部迁移的一种结果。总部经济的形成可能是诸多企业总部迁移的结果，但也可能是企业最初的区位选择结果。企业总部的迁移可能是一种企业总部聚集的过程，也可能是企业总部分散的过程。如中国多为企业总部向北京、上海和省会城市迁移的聚集过程，而在美国则表现为企业总部由大城市向中小城市迁移的分散过程。

1.1.3 研究的理论意义和政策意义

企业总部迁移是区域经济学的重要研究领域，在当前经济全球化的背景下，企业总部迁移的理论与实践问题的重要性更为突出。然而，在中国探讨企业迁移的研究一直十分薄弱，与中国经济发展中大量企业总部迁移实践的要求差距很大。因此对企业迁移现象进行系统全面的研究具有重要的理论意义和实际应用价值。

理论意义：中国区域经济学的研究大都从区域问题描述性分析开始，这种分析对于认识区域问题是有益的，但由于缺乏对微观主体行为的分析以及描述性分析自身的缺陷，使得区域经济学被泛化，缺乏科学性和学科的逻辑性。事实上，区域经济学研究中除了区位选择理论外，较少涉及区域主体的界定和区域主体行为的研究，并且区位选择理论在现有的区域经济学研究中，往往只是作为区域经济分析的背景理论，对微观主体与区域经济发展之间的联系缺乏必要探讨。本书以区域微观主体——企业总部行为分析为基础，揭示区域深化和发展的某些微观机理，有助于区域经济学建立起微观基础，对于推动学科向科学性和内在逻辑性方向发展有着重要的意义。

政策与现实意义：本书的政策意义在于有助于中央有关部门有效引导企业总部的迁移和聚集，减少中国城市间无谓的内耗，引导城市间合理分工；有助于地方政府制定合适的招商引资政策；也有助于中国城市在进行战略定位时做出正确判断。企业迁移作为市场经济发展的产物，是当今世界普遍存在的经济现象，越来越多的企业靠“迁移”这一空间扩张手段拓展经营活动，实现企业发展目标。对企业总部迁移进行较为系统的研究，将有助于认识企业总部迁移这一较为普遍存在的经济现象。

1.2 企业总部迁移的概念界定

研究企业总部迁移，首先要阐明企业总部迁移的概念与定义。提到企业总部迁移，多数人首先想到的词就是企业总部搬家，是企业总部从原驻地搬到新地方。不过，我们研究的企业总部迁移不仅是这种举家全部搬迁的企业总部迁移，而且还包括只将企业总部一部分功能“搬家”的企业总部迁移。为此，我们需要对一些概念作界定，包括企业总部、地区总部。

1.2.1 企业总部的界定

关于企业总部的定义有多种。例如，企业总部（Corporator Headquarters，HQ）是整个企业的管理控制中心（魏后凯，1998）；企业总部是企业正常营运的中枢神经，是一个企业的大脑和心脏，是整个企业的标志（赵弘，2004）。尽管对企业总部的描述不同，但是其核心是管理控制中心。根据企业总部对于公司管理控制范围的大小不同可分为公司全球总部和公司地区总部，前者是整个公司的管理控制中心，后者是公司某一区域业务的管理控制中心。

1.2.2 地区总部的界定

地区总部（Regional Headquarter，RHQ）是在某一特定的地区中，负责整合和协调跨国公司行为，并且代表该地区和企业总部之间进行联系的组织单元（Hellmut，1996）。通常，公司地区总部是跨国公司从其全球战略考虑，为进行有效资源配置，合理安排研发、生产、销售、物流等系统，以达到成本最小化和效益最大化的目的而建立的（张静，2006）。地区总部在企业总部制定的全球经营战略框架下，从区域级层面上对区域内数个国家的子公司各项活动（生产、销售、物流、研究与开发活动、人才培养）进行统筹管理和协调，并负责制定公司区域性经营战略的组织形式（秦岩，2005）。按照2002年7月上海市政府颁发的《上海市鼓励外国跨国公司设立地区总部的暂行规定》中对地区总部的定义，外国跨国公司地区总部，是指外国跨国公司在华设立的以投资或者授权形式，对在一个国家以上的区域内的企业行使管理和服务职能的唯一总机构。外国跨国公司可以以独资的投资性公司、管理性公司等企业组织形式设立地区总部。

1.2.3 企业总部迁移

企业总部迁移是指企业总部从一个地域向另一个地域的转移，包括企业的整体搬迁、企业总部迁移、核心管理部门迁移和研发总部迁移等。

企业总部迁移包括以下几种形式：整体型企业总部迁移和部分企业总

部职能迁移。部分企业总部职能迁移包括：决策总部迁移、管理总部迁移、营运总部迁移、销售总部迁移，以及它们各个组合形式的迁移。

决策总部是企业针对社会环境的变化，对企业未来的发展方向和目标做出决策与实施的过程，而不考虑企业的具体日常经营活动，目的在于能使企业与其外部环境达到良好协调的企业最重要的组织单元。它的主要功能是应付或处理大的社会环境因素，包括文化、政治、法律、自然资源和社会经济等。这些环境因素具有高度的不稳定性和不确定性。为了实现既定的目标，组织无时无刻不针对着社会环境的变化，调整其内部价值体系。所采取的措施和手段就是将足以影响到组织的主要环境因素吸收到组织内，使其参与到组织的决策结构中，这是降低环境不确定性的一种重要措施。因此，决策层的决策行为过程中无时无刻不受到社会环境的影响。在某种意义上，战略决策与社会环境的关系是完全开放的。

管理总部是指企业组织内部各阶层中的低一级的管理单元，协调企业内部所有活动，它所面临的外部环境是那些直接与企业组织发生密切联系的环境，包括客户、供应商、竞争对手和政府管理部门等。为了应付和处理这些环境因素，协调层分化成了许多单位，分别负责与环境中的某些特定因素保持良好的关系。环境中有客户，组织中就有销售单位；环境中有供应商，组织中就有采购和供应单位；环境中有竞争对手，组织中就有市场研究单位，负责市场信息的收集、分析，以了解竞争对手的情况，以便采取有效的竞争措施；受到政府的许多法规制度的约束和限制以及许多社会因素的干扰，组织就要设立公共关系单位，负责联络与行政管理机构和社会各方的关系。可见，组织内部的形态一般多属于外部环境因素影响所导致的结构，同时，也说明了组织与外部环境之间具有密切的相互依存关系。

营运总部也称利润中心，就是企业专门负责组织目标的达到与完成的组织单元。这种单元在组织具体的生产过程和技术操作中不受环境因素的干扰，完全根据理性和科学的原则，发挥最大的生产效率。因此，在某种意义上，生产层就其同环境的关系上，基本上处于封闭状态。实际上，由于战略层和协调层的界限防御作用，外部环境因素渗透到运营层的可能性已经降到最低限度。

1.2.4 与总部经济的关系

企业总部迁移是总部经济形成的一个过程，总部经济是企业总部迁移的一种结果。总部经济的形成可能是诸多企业总部迁移的结果，但也可能是企业最初选择的一种结果，具有政策意义的是企业总部迁移的结果。企业总部的迁移可能是一种企业总部聚集的过程，也可能是企业总部分散的过程。不同国家企业总部迁移的结果是不一样的，中国企业总部多向北京、上海和省会城市迁移，而在美国则表现为企业总部由大城市向中小城市迁移。

对于总部经济的定义，一些过于宽泛，而一些则过于具体。总部经济不仅是由于跨国公司总部或地区总部的聚集形成的，国内的企业总部也应该是总部经济的行为主体；总部经济不应该只由单个企业总部的金融活动组成，而是包括大量的各种类型的企业总部；总部经济也不应该泛化到包括各种非经济体的企业总部活动，虽然它们也可以有经济活动，但它们没有企业的利润最大化或成本最小化动机。

目前人们有一种认识是上海的总部经济最强，其实讲的是上海吸引跨国公司地区总部的数量最多。而跨国公司地区总部的认定由商务部进行，标准是什么，多数人不清楚。另外，跨国公司地区总部只是总部经济的一部分，世界 500 强的中国企业、中国的金融企业、中国服务业 100 强、制造业 100 强的企业总部都应该是总部经济的重要组成部分。那么，世界 500 强的中国企业总部的聚集情况是什么样的？中国服务业 100 强企业总部的聚集情况又是什么样的？是聚集还是分散？是聚集在北京还是在上海？

讲总部经济，需要明确其主体是各种类型的企业总部。企业总部的功能是决策、管理、控制和协调，重要投入是信息、高级服务和高级人才，产出则是提供给企业的服务。从产业经济来看，企业总部的经济活动是一种服务业经济，具有很强的产业关联性；从空间经济来看，总部经济是从事增值经济活动的各种类型的企业总部在一定空间内聚集，并与相关产业形成强烈关联而形成的一种经济形态。总部经济是经济发展到一定阶段的产物，也是城市经济或者区域经济的组成部分。

表1–1 企业总部迁移与总部经济的区别与联系

	定义	区别	联系
企业总部迁移	企业总部从一个地域向另一个地域转移，包括企业的整体搬迁、企业总部迁移、核心管理部门迁移、研发基地迁移等（白玫，2008）	动态、过程	①多个企业总部向同目标城市迁移，会带来总部经济 ②单个企业总部迁移不一定会产生总部经济 ③多个企业总部向不同目标城市迁移，也不一定会产生总部经济
总部经济	①企业将企业总部与生产基地在空间上分离从而实现资源最优配置和利益最大化（赵弘，2000） ②企业总部在一个城市聚集所带来的经济效应（白玫，2008）	静态、结果	总部经济是许多企业总部向大城市迁移后的结果，也是企业总部在大城市集中设立的结果

资料来源：笔者归纳。

1.3 研究框架

1.3.1 研究对象的界定

本书的研究对象是中国境内内资企业总部、在中国境内的三资企业总部以及境外中国企业总部的空间行为。

这是因为从现象上看，企业总部迁移主要表现为以下三种形式：一是跨国公司区域性企业总部迁移；二是中国企业总部从中小城市迁移到大中城市，即企业总部向中心城市迁移；三是中国企业将企业总部迁到纽约等国际性城市，即企业总部的跨国迁移。

1.3.2 主要研究内容

导论。第一，问题的提出。企业总部迁移的直接动力是什么？企业总部会迁到哪？企业会不会向城市发出企业总部迁出的威胁以获得补贴？城市要不要争夺企业总部资源？如果不要，是为什么？如果要，那么如何争夺？城市创造哪些条件可以成为吸引企业总部的力量？企业总部的迁入、迁出会给城市带来什么效应？第二，国内外企业总部迁移的研究进展。第三，研究对象、研究方法和研究内容的界定。第四，数据获取的方法。

企业总部迁移的一般理论。了解掌握企业总部迁移的一般理论是企业总部迁移的基础。分为三部分内容：第一，企业迁移理论主要有三个流派：新古典企业迁移理论、企业迁移行为理论和新制度企业迁移理论，这三个理论分别以成本收益、决策理论和新制度理论为研究出发点，解释企业迁移的现象。第二，影响企业迁移的因素主要有内部因素、外部因素和区位因素。第三，影响企业迁移的政策研究。

企业总部迁移的特征、效应和迁移风险。在对企业总部迁移分类的基础上，归纳分析了企业总部迁移的三个基本特征（与经济中心一致性、距离衰减性和上行流迁移性）和四个典型国家企业总部迁移的特征（美国、荷兰、日本和意大利），研究了企业总部迁移的五个积极效应和两个负面效应，并对企业总部迁移的风险进行了初步探讨。

企业总部迁移的动力机制。在这一章回答了企业总部为什么要迁移的问题，即“Why does headquarter relocate?”在建立企业总部迁移的逻辑分析框架基础上，分析了五种促使企业总部迁移的力量（并购、形象匹配、接近金融市场、接近业务或市场、成本）和五种影响企业总部迁移的因素（区位因素、企业自身因素、外部环境因素、制度文化因素以及技术因素等）。

企业总部迁移的区位决定。企业总部迁移的区位决定回答的是公司迁到哪里以及为什么是这个区位的问题，即“Where and why does headquarter relocate?”大企业总部区位的变迁往往是与国家的经济发展水平紧密联系在一起的。与首都、综合性经济中心城市往往是大企业总部区位的首选地类似，北京、上海也是中国大企业的总部首选地。影响企业总部迁移的区位因素有商业环境、可用劳动力、成本、信息及政府激励。

在华跨国公司地区总部迁移。本章主要讨论在华跨国公司地区总部的主要形式（设立在华地区总部）、特征（投资性公司形式占多、协调管理型为主、以制造业为主、以“中国企业总部”为主）、区位指向（北京、上海）和原因（业务规模扩大产生的管理与协调需求、目标城市的积极态度以及法律环境的改善）。

中国上市公司总部迁移的实证研究。本章以中国上市公司总部迁移为研究对象，观察了中国上市公司总部迁移的现状，总结归纳出中国上市公司总部迁移的特征，主要表现为上行流迁移占多、西—东迁移占多、具有距离衰减性、财富转移效应显著。针对中国上市公司总部迁移中的西—东迁移占多的现象进行了政策方面的思考。

中国企业总部迁移的产业特征。中国企业总部迁移存在行业差异性。制造业的企业总部因成熟产业区的稳定性，往往表现出迁移惰性；服务业中的批发、零售与餐饮、金融业则表现出企业总部迁移的积极性。首位城市、经济中心往往成为企业总部迁移的目标区位，而劳动力要素充足、信息不畅通和交通设施不完备的地区往往成为企业总部迁移的迁出区位。

企业总部迁移政策及仿真。本章分析了中国典型城市企业总部迁移的政策，这些政策的共同特点是：优惠内容相似、主要表现为税收竞争、优惠政策不是吸引跨国公司地区总部的主要因素；比较分析了北京、上海吸引金融企业总部的政策；对企业总部发出迁出威胁的企业总部迁移政策的策略仿真。

1.3.3 几个约定

1.3.3.1 迁移率

企业总部迁移量是指一个地区内，发生企业总部迁入和迁出的总和。

企业总部迁移率：企业总部迁移数量与企业总部总数的比值，即：

$$\text{企业总部迁移率} = \frac{\text{企业总部迁移数}}{\text{企业总部数}} \tag{1-1}$$

企业总部迁入率：企业总部迁入数量与企业总部总数的比值，即：

$$\text{企业总部迁入率} = \frac{\text{企业总部迁入数}}{\text{企业总部数}} \tag{1-2}$$

企业总部迁出率：企业总部迁出数量与企业总部总数的比值，即：

$$\text{企业总部迁出率} = \frac{\text{企业总部迁出数}}{\text{企业总部数}} \tag{1-3}$$

年迁移率是指一年内，企业总部迁移数量与企业总部总数的比值。

1.3.3.2 集中度

$$\text{企业总部集中度 } HQCR_n = \sum_{i=1}^{n} S_i \tag{1-4}$$

其中，S_i 为城市 i 的企业总部数占全国所有企业总部数的百分比，n 为最大的 n 个城市。

相应地，还有企业总部资产集中度 $CTCR_n$、企业总部利润集中度 $PFCR_n$ 和企业总部销售收入集中度 $ICCR_n$。

1.3.3.3 目标区位和迁出区位

为了叙述方便起见，我们将企业总部目前所在的区位/城市，即要迁出的区位/城市称为当前区位/城市，有时也会称之为迁出区位/迁出城市；而将企业总部将迁往的区位/城市，即迁入区位/城市称为目标区位/目标城市。

1.3.3.4 总部企业

为了叙述方便起见，本书将发出企业总部迁移信号的企业，简称为总部企业。

第2章 企业总部迁移的一般理论

在全球化、区域一体化和城市化的背景下，国际国内市场竞争日趋激烈。为获得并保持竞争优势，抢占市场制高点，寻求更为有利的生产经营地点，不论是跨国公司，还是本土中小企业，都加快了企业迁移的步伐。它们或是变更总部的地点，或是在其他地方建立新的研发分支机构，或是把生产制造厂移到生产成本更低的国家或地区。企业迁移越来越被企业和地方政府所关注：许多企业把迁移作为其经营战略之一，许多地方政府将吸引外来企业作为促进地区发展的重要战略手段。在企业迁移活动数量激增的同时，中外学者也将研究视角延伸至这一领域。

国外有关企业迁移的研究开始于20世纪50年代①，当时的研究主要集中于讨论英国的企业迁移现象，也有一些是关于荷兰、德国、法国和意大利的企业迁移现象的研究。国外关于企业迁移的研究多是实证研究和案例研究，也有一些纯理论研究，所建立的企业迁移模型多是计量模型，其主要内容是研究企业迁移的动因以及政策对企业迁移的影响。中国有关企业迁移的专门研究开始于21世纪初，从文献上看，研究内容主要集中在影响企业迁移的因素、企业迁移的模式、民营企业迁移等方面。

2.1 企业总部迁移的相关理论

与企业总部迁移最相关的理论，是区位论、人口迁移理论、直接投资

① 也有一种观点认为，国外有关企业迁移的研究开始于韦伯的工业区位论。我们之所以认为国外企业迁移研究开始于20世纪50年代，是因为这些研究是专门针对企业迁移现象进行的。而韦伯区位论中尽管有企业选址和区位因素的研究，但这些研究不是针对企业迁移进行的。

理论和国际产业转移理论。

区位论是研究经济行为的空间选择及空间内经济活动的组合理论。简单地说就是研究经济活动最优的空间理论。传统企业区位主要研究单一的企业的最优区位，着眼于成本和运费最低。企业迁移与区位论有着密不可分的关系，因为在企业迁移决策中，不可避免地要进行区位选择，要研究经济活动的最优空间问题。但是企业迁移在区位论中几乎没有提及，区位理论只是将企业迁移作为区位论的空间案例（Hayter，1997），以实证研究为主，几乎没有对企业迁移进行理论的归纳和总结。

人口迁移理论将有助于企业迁移理论的构建，企业迁移与人口迁移，尽管其主体不同，但由于其共同点都是“迁移”，因而企业迁移理论可以借鉴人口迁移理论的已有成果。企业迁移与人口迁移是相伴而行的，企业迁移必然伴随着大量的人口迁移。

尽管直接投资理论、国际产业转移理论，其研究的现象与企业迁移、企业总部迁移有关，或多或少都对企业总部迁移有一定的解释力，但这些研究的落脚点要么在区位的分布上，要么在产业移动的分布上，要么在资本的流向上，都没有能够从正面对企业迁移现象进行解释。

2.1.1 企业区位理论

从企业的空间组织结构看，企业一般可分为单一工厂企业和多工厂或多分支机构企业。韦伯工业区位论主要研究的是单一生产工厂的区位选择问题[①]。随着工厂工业化的发展，拥有多个制造工厂的企业不断增多，特别是跨国公司的出现，使企业空间组织形式出现了国内多生产区位、多国多生产区位和全球多生产区位。在这种背景下，一些学者开始研究多工厂企业的区位选择与空间组织，如克拉克（Clarke，1985）的《跨国公司的空间组织》[②]以及马姆伯格（Malmberg，1990）的《外部所有权效果：分厂区位的研究》[③]等。多工厂区位理论的主要研究内容集中在以下几个方面：①多工厂企业投资区位的决策过程以及区位选择所考虑的主要因素。②公司总部、

① Weber A. Theory of the Location of Industries. Chicago：University of Chicago Press，1929.

② Clarke I.M. The Spatial Organisation of Multinational Corporations. Croom Helm，London，1985.

③ Malmberg. The Effects of External Ownership：A Study of Linkages and Branch Plant Location. Geografiska Regionstudi er.Nr24.Uppsala University，Sweden，1990.

地区性总部以及地区办事处的区位选择。③R&D 活动的国际化及其区位选择。④企业内部的区位调整、撤资以及工厂关闭问题。⑤企业内各分支机构之间的空间联系与组织形式。⑥企业外部的空间联系，如转包、国际战略联盟等。

尽管企业区位理论已有了很大发展，但是有清晰理论框架的还是韦伯的工业区位论。长期以来，企业区位理论基本上在走向理论的收敛时期，即对过去努力的总结、综合和应用，理论上没有重大突破。

韦伯运用杜能的研究方法，结合德国工业实际，对德国 1861 年以来的工业区位、人口聚集和其他工业区位问题进行了综合分析，于 1909 年出版了著名的《工业区位论》。在这本书里，韦伯使用了“区位因素”(Location Factors)① 这一概念来分析企业的生产区位。区位因素是工业区位论的核心，它包括了运费、劳动力、聚集等因素。在本章中，我们就韦伯的主要理论分析框架做一归纳、评述。

2.1.1.1　假设前提

韦伯为了抽象研究的方便，先提出了若干假设前提，主要有：①所分析的对象是一个孤立的国家或特定的地区，对工业区位只探讨其经济因素，而假定该国家或地区的气候、地质、地形、民族、工人技艺都是相同的。②工业原料、燃料产地为已知点，生产条件和生产能力不变；消费地为已知点，需求量不变；劳动力供给地为已知点，劳动供给状况不变，且工资固定不变。③生产和交易都对同一品种进行讨论。④运输费用是重量和距离的函数，即运费同里程及载重吨位成正比，运输方式为火车。

从上面的假设前提和韦伯的分析中，我们注意到韦伯理论还隐含着以下四个假设前提：①原材料供应的地理分布是给定的；②区位的消费规模与状况是给定的，其暗含假设就是所有的生产者是完全竞争的；③在这个封闭的区位中，劳动力是不可流动的，且在固定工资率的条件下，该区位的劳动力是无限供给的；④企业迁移的成本为零。

2.1.1.2　厂商传统生产区位的确定

韦伯理论的基本方法是研究各种区位因素对厂商生产区位选择的影

① 对于“Location Factors”的翻译，国内主要有两种，即区位因子和区位因素，中国人民大学的张可云教授认为后者更为贴切。笔者同意这一观点，因而在本书中使用的是“区位因素”这一译法。

响。围绕区位因素分析，韦伯提出了一系列概念术语，构成其区位理论的指标。它们不仅是韦伯区位理论的基础，而且是空间经济学科的理论基础。为了分析工业区位的形成并建立理论体系，韦伯引用了“区位因素”：运费、劳动费、聚集效益。韦伯把为工业寻求最优区位的工作分成三个阶段来进行：第一阶段，暂定劳动费与聚集效益因素都不起作用，孤立地研究在只有运费因素单独起作用的情况下，工业最合理的布局模式；第二阶段，研究在加进了劳动费因素的作用时，上述工业布局模式将发生何种变形；第三阶段，研究加进聚集效益因素的作用时，这一工业布局模式又会相应地发生何种变形。

根据经验分析，可以假设运输成本 t、劳动成本 l、聚集效益 g 是影响工业区位的三个变量，然后建立模型。

（1）假设劳动成本 l 与聚集效益 g 都不起作用，孤立地研究在只有运输成本 t 起作用的情况下，工业最合理的区位选择模式。

设运费最低点为 P，原料、燃料和市场有 M_1，M_2，…，M_n 个，运量为 m_1，m_2，…，m_n，距 P 点距离为 r_1，r_2，…，r_n，总吨公里即为总运费，求 P 点即是求运输距离最短的点。也就是用运输距离代替运输成本。

$$\min S = \sum_{i=1}^{n} m_i r_i = \sum_{i=1}^{n} m_i \sqrt{(x - x_i)^2 + (y - y_i)^2}$$

$$\left.\begin{aligned} \frac{\partial S}{\partial x} &= \sum_{i=1}^{n} \frac{m_i}{r_i}(x - x_i) = 0 \\ \frac{\partial S}{\partial y} &= \sum_{i=1}^{n} \frac{m_i}{r_i}(y - y_i) = 0 \end{aligned}\right\} \text{解为：} x^{k+1} = \frac{\sum_{i=1}^{n} \frac{m_i x_i}{r_i^{(k)}}}{\sum_{i=1}^{n} \frac{m_i}{r_i^{(k)}}},\quad y^{k+1} = \frac{\sum_{i=1}^{n} \frac{m_i y_i}{r_i^{(k)}}}{\sum_{i=1}^{n} \frac{m_i}{r_i^{(k)}}}$$

这是韦伯重点分析的一种情况①。韦伯归纳了生产区位的几种情况：用遍在原料生产的企业，其生产区位位于消费地较为合理；用纯原料生产的企业，其生产区位趋向于消费地；用单一产地失重原料生产的企业，其生产趋向于原料地；用多产地的失重原料生产的企业，工厂的位置要取决于各产地和市场对生产地的吸引力。

（2）放宽假设，劳动成本 l 也起作用时，工业的区位选择模式将发生何种变形？韦伯重视劳动力费用在成本中的作用，把它看作导致运费确定

① 韦伯还分析了其他两种情况，因其分析思想相近，在本书中只给出其中的一种。可以参考韦伯的《工业区位论》一书。

的工业区位产生第一次形变的因素。所谓劳动费，就是每单位产品中的劳动力费用，即工资的数额。作为区位因素的劳动费，可以劳动费率或工资率来表示，即单位产品的工资。工资率的差异可由劳动的效率引起，亦可由生产的组织引起。前者即所谓主观方面的原因，同地理差异有关，后者即所谓客观方面的原因，与地理差异无关，故可以排除后者，只考虑前者。韦伯又假定，在工资率一定的条件下，劳动力是充分供应的，这就排除了工厂迁至新区，因劳动力供给不足而引起工资率暂时上升。这使问题更为单纯化。这样，在工业区位已通过运输因素分析计算得出运费最低点后，如工厂移出此点，其节约的劳动费大于增加的运输费，则是合理的，否则就不合算了。

为了分析劳动费同运输费的替代关系，韦伯使用了等费用线的方法。所谓等费用线，是单位原料或产品相等运费点的连线，在其他条件（自然、交通线等）相同且均匀连续下，由以运输点为中心的同心圆圈组成。现在假定，只涉及两个原料产地（SR_1 和 SR_2）和一个市场（M），又假定原料是失重的粗原料，加工损失重量 50%，工厂的最低运输成本区位为 P。可计算工厂离开 P 点企业运输成本较 P 点的增加值，把增加值相等的点连成曲线构成新的等费用线，为叙述方便，把它们记作 C_0。另外，可计算 P 点之外某点单位产品之劳工成本与 P 点之单位产品劳工成本之差，记作 ΔL_c。如果某一点对应的 ΔL_c 的值大于该点对应的 C_0 的值，则企业可以迁到该点设厂。否则企业还应位于 P 处。

劳动力系数。韦伯为定量测出不同工厂区位同劳动力指向的关系，提出了一个劳动力系数的概念。所谓劳动力系数，是劳动成本指数（单位产品劳动力所占价格）同所需运输的总重量之比，它可表示工厂区位对劳动力费用的相对指向。实际上，当成本中运费的比重大，劳动力的比重小时，工厂区位指向主要由运费确定；成本中运费比重小，劳动力比重大时，工厂区位指向于廉价劳动力地区。实际上，韦伯的劳动力系数过于笼统，劳动成本指数同运输总重量可比性不明确。现定义劳动力区位系数，即：

$$\text{劳动力区位系数} = \frac{\text{劳动成本指数}}{\text{运输成本指数}}$$

显然，系数愈大，劳动对产业区位的指向性就愈强。

（3）再放宽条件，即运输成本 t、劳动成本 l、聚集效益 g 都起作用时，工业的区位选择模式将发生何种变形。

2.1.1.3　韦伯模型研究方法

我们把韦伯的区位经济学研究方法与规范经济研究进行比较，如图 2-1 所示，发现韦伯的理论基本符合所谓的规范的经济学研究方法，这也是韦伯理论的生命力所在。第一，韦伯将决定工业区位的变量设为运输成本 t、劳动成本 l、聚集效益 g，但是他能给出的数学模型中只有一个变量，即 t。第二，韦伯意识到模型的欠缺，但他始终没能找到一个合适的数学模型。因此，他采取其他方法（描述法）弥补模型的不足。第三，从上面的分析中我们可以得出这样的结论：韦伯的研究与现代经济学研究方法的不同之处在于他对整个问题的研究没有完全用规范的经济学方法，而是半数学推理，半描述。第四，韦伯模型的假设前提是单个厂商的生产区位。第五，韦伯模型还有一个假设前提是生产区位的规模可以无限大。

2.1.2　人口迁移理论

2.1.2.1　概述

国外学者很早就关注人口迁移的研究，其中最著名的研究者是雷文斯坦（E. G.Ravenstein，1885，1889）。其后数十年，直到 20 世纪 50 年代以前有关人口迁移的研究并没有取得实质性进展。五六十年代的计量革命使人口迁移研究转到空间特征和数量模型上。赫伯尔早在 1938 年就指出人口迁移是由一系列“力”引起的，一部分为推力，另一部分为拉力（R. Herberle，1938）。博格（D. J. Burge，1949）将其进一步概括为人口迁移的推—拉模型，威夫（G. K. Zipf，1949）将引力概念用于人口迁移研究。拉尼斯和费接受了二元结构的观点，但他们认为刘易斯没有看到农业在促进工业增长中的作用，事实上农业生产率提高而出现剩余产品是农村劳动力流向城市的先决条件（Ranis 和 Fei，1961）①。罗西在对费城的居民流动性进行研究后，提出人口迁移的生命周期模型（Rossi，1980）②。20 世纪 70 年代的行为科学革命又使人口迁移理论从人口流动的空间特征和数量

① Ranis Gustav and Fei Jc. A Theory of Economic Development. American Economic Review，1961：533-565.

② Rossi P. H. Why Families Move. Sage Publications，1980.

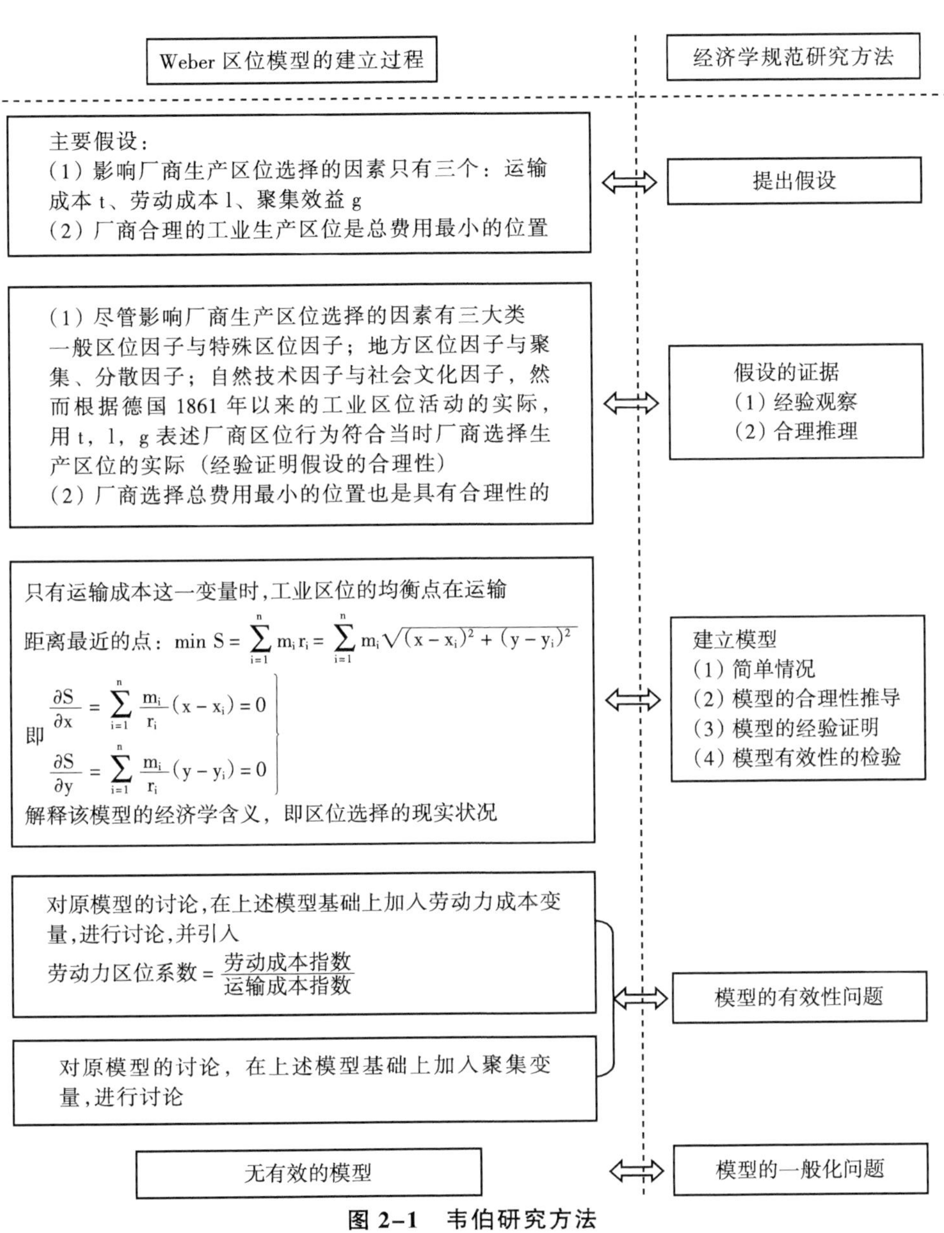

图 2-1　韦伯研究方法

模型转向人的行为研究，并从理论研究转向实证研究，出现了一系列从个人或家庭层次针对迁移动机和决策的微观理论研究。

人口迁移决策的动机主要有以下四个要素：可采用性、价值、预期和诱因。家庭迁移理论的第一个要点是个人观点的直接转化，家庭净收益而不是个人净收益是家庭迁移的动力，迁移被看作对人力资本的一次家庭投资，如果家庭收益超过成本，就产生迁移（Clark，1986）①。家庭迁移理论的第二要点是斯塔克和布罗姆提出的人口迁移新经济学解释（Stark 和 Bloom，1986）②。该理论强调移民是家庭集体决策的结果，迁移不仅是为了获得预期收入，同时也为使家庭收入的风险最小，因此区域间收入差异不是人口迁移的必要条件。

20 世纪 80 年代以来，人口迁移研究又开始与新劳动地域分工、经济全球化和资本全球流动相联系。克拉克和葛特勒对美国 1958~1975 年间资本与移民关系的分析显示：资本增长导致移民向经济增长快的地区迁移（Clark 和 Gertler，1983）③。波罗斯顿和哈利森认为在新劳动地域分工过程中分散的生产可能需要一些外地劳动力（Bluestone 和 Harrison，1982）④。资本增长肯定会刺激劳动力迁移。劳动力迁移总是与资本增长相伴随，FDI 导致劳动密集型制造业迁移更是如此。

2.1.2.2 人口迁移研究方法

在劳动力迁移规律研究中曾出现不同的研究方法，这些研究方法主要有两种：第一种是以托达罗模型为代表的新古典主义研究方法，这种方法以经济行为个体为分析的基本单位，强调个体利益最大化对迁移决策及随之而发生的迁移行为的决定性作用。在托达罗模型之后，推力—拉力模型和新劳动力迁移经济理论分别从不同的角度对托达罗模型进行了扩展。新古典主义研究方法，倾向于表现劳动力迁移行为所具有的积极性的一面（如提高要素配置效率、实现收入均等化等）。第二种是结构主义研究方法，这种方法以社会经济结构为分析的出发点，强调社会经济结构刚性及由此而决定的经济发展不均衡的结果施加给迁移者的负面影响。

① Clark W. A. V. Human Migration.Sage Publications，1986：51-74.

② Stark O. & Bloom O. E. The New Economics of Labor Migration.American Economic Review，1986：173-178

③ Clark G. H. & Meric Gertler. Migration and Capital.Annals of the Association of American Geographers，1983：18-34.

④ Bluestone B. & Harrison. The Deindustrialization of America. New York：Basic Books，1982.

表 2-1 劳动力迁移研究方法

劳动力迁移研究方法	劳动力迁移行为影响	分析单位			手段
		个体		制度	
经济学研究	积极影响	个人（托达罗）	家庭（Stark）	结构主义	新古典方法
	消极影响				结构主义方法
社会学研究					Structuration 理论
人类学研究	性别分析	个人			

资料来源：Arjan de Haan. Migrants，Livelihoods，and Rights：The Relevance of Migration in Development Policies. Social Development Department Working Paper，2000.

2.1.2.3 新古典主义研究方法

劳动力迁移研究的渊源通常可以追溯到 Raven Stein 在 1885 年所发表的《劳动力迁移的规律》一文，该文章旨在研究劳动力迁移的规律。此后，由 Raven Stein 的研究而引起的对劳动力迁移规律的研究相继出现。如：Lee 提出劳动力迁移的一般理论，用以解释迁移者的规模（Lee，1966）。Zelin Sky 建立了一个迁移模型，说明现代化与劳动力迁移模式之间的关系。在所有模型中，引用率最高的是托达罗的劳动力迁移模型（Todaro，1969；Harris 和 Todaro，1970），因为托达罗用城乡预期收入解释劳动力迁移，在理论抽象的层次上具有最基本的意义，其他的解释因素只是具有补充或扩展的意义。

托达罗模型是标准的新古典两部门劳动力迁移模型，因为托达罗认为包括劳动在内的所有要素都是稀缺的，工资水平是可变的，经济增长的利益在工人和资本家之间分配。与以往的建立于实际收入差异基础上的劳动力迁移机制不同，托达罗引入了城市失业率因素，提出城市预期收入的概念，认为劳动力由农村向城市的迁移不仅受城乡实际收入的影响，还受到城市就业机会大小的约束，只有预期的城市收入大于农村收入，劳动力才会发生乡—城迁移行为。在城乡预期收入差异诱发下的劳动力迁移，一方面使得城市失业增加，从而使就业概率下降，进而城市预期收入下降；另一方面又使得农业劳动力减少，农业总产出下降，使农产品价格上升，从而使农村农业部门的收入上升。这“一降一升”的过程将最终使得乡—城劳动力迁移的诱因（城乡预期收入差异）消失，劳动力迁移行为停止，从而使经济达到均衡。新古典主义方法的关键是个体作为决策者所表现的刺激—反应机制，以及这种以个体追求福利最大化为目的的刺激—反应机制如何自动使经济趋于均衡状态。Hatton 和 Williamson、Larson 和 Mundlak 的研究对托达罗模型的有效性进行了确认（Hatton 和 Williamson，1992；Larson 和 Mundlak，1997）。

康纳德等在 20 世纪 50 年代末提出了劳动力迁移的推力—拉力理论，认为农业劳动力总是在推力和拉力、反推力和反拉力的比较中以及迁移后的正负效益权衡中，做出是否迁移的决定。这一理论较形象地解释了农业劳动力迁移的动因。Lee 在 1966 年进一步提出了一个系统化的劳动力迁移的推—拉模型。然而，真正使推—拉模型受到广泛关注的还是托达罗模型的出现。根据托达罗两部门模型，农村劳动力迁移主要是受到城市较高工资水平的拉力作用而非农村中的推力的作用，因此，严格地说托达罗模型是一种推力理论。但一些经验研究的结果并非完全支持托达罗两部门模型的基本观点。这样，在劳动力迁移动因方面（在收入最大化原则下），围绕着推力和拉力哪一个更为重要的问题展开了一系列的讨论。例如，Big Sten 在对肯尼亚劳动力迁移的研究中发现，在劳动力迁移的决定因素中，城市中高工资的拉力比农村中土地稀少的推力更具有解释力，因而支持了托达罗的理论（Big Sten，1996）。而 Adams 在对埃及的研究中却发现了相反的结论（Adams，1991）。尽管推力—拉力理论在迁移动因的侧重点上存在着分歧，但是二者始终存在着一个共同点，就是收入最大化原则。它们都认为，如果城乡之间不存在收入差距，那么农村劳动力就不会向城市迁移，这一点与新古典主义的边际分析方法一致。

托达罗模型的另外的扩展来自新劳动力迁移经济学，该学派在完善托达罗模型方面做了大量的工作。所谓的新劳动力迁移经济学与托达罗模型的理论一脉相承，只是将分析的基本单位或出发点由迁移者个人改为家庭，分析家庭福利最大化假定下的迁移行为。新劳动力迁移经济学把家庭作为分析的单位，因此，强调家庭和家庭策略在劳动力迁移决策中的基本地位和重要性。尽管劳动力迁移行为的执行者通常是以单个迁移者的形式而出现的，但是劳动力迁移本身比单个人的利益最大化蕴含着更多的含义。由个别人进行的迁移行为实际上是一组人决策的结果，或是对一组人的决策的执行，家庭就是这一组人的存在形式之一（Stark，1991）。新劳动力迁移经济学用投资组合理论和契约安排理论来解释劳动力迁移行为与家庭决策的关系。

按照投资组合理论的观点，由于农业生产易于受到气候和自然灾害等因素的影响，加上农产品价格的波动性较大，农业的长期收入是不稳定的。如果家庭中的所有劳动力都从事农业，其家庭总收入将是波动性的，这会与其长期的连续平稳消费偏好相矛盾。为了减少家庭总收入的长期波动性，家庭内部的劳动力资源要进行重新配置。如果有些劳动力能够外出打工，获得较为稳定的收入，即使获得的收入不稳定，只要其波动性与农业收入的波动性不具有同步性，都会缩减家庭总收入的波动幅度（Stark，1991）。也就是说，农村劳动力的外出迁移并非完全是为了获得城市中的更高的收入，也是出于回避农业生产风险的考虑，以求得更加稳定的家庭长期收入。

所谓契约安排理论是指迁移者和他的家庭成员都受制于一个共同选择的契约安排，在这个契约中汇款行为具有重要的作用和意义：汇款本身就是迁移者和他的家庭成员之间不断进行着的一种契约安排，而绝不是利他主义的结果（Stark，1991）。新劳动力迁移经济学对汇款这种契约安排形式的解释是，家庭成员首先对迁移者的迁移成本提供投资，但是这种投资是以迁移者向家庭提供汇款的预期收益为前提的；同时，迁移者也与家庭以汇款等形式一直保持着联系，但这种联系行为也是以其可获得的预期收益——比如说对家庭财产的继承——为前提的。总之，通过这种契约安排，迁移者与其他家庭成员既可获得各自的利益，又可以使家庭整体利益最大化。这样，以家庭个别成员形式出现的劳动力迁移行为才能不断地继续下去。

2.1.2.4　结构主义研究方法

结构主义研究方法对劳动力迁移过程中所面对的社会结构的特点予以特别强调，并认为对劳动力迁移的研究只有从结构的角度入手才能做出正确的理解和评价。持有结构主义研究方法的学者，如Safa、Mcgee、Standing和Breman等对托达罗及其他注重个体分析的理论研究提出了质疑，认为他们的研究忽视或脱离了社会结构的特性，而社会结构对于劳动力迁移行为具有重要的影响（Safa，1982；Mcgee，1982；Standing，1985；Breman，1987）。他们把劳动力迁移看作社会向资本主义转型过程中不可避免的现象：作为迁移本身，它不仅是贫困者的一种选择行为，而且是失去土地的人得以谋生的唯一出路。从社会结构出发的研究方法侧重于指出资本家的生产可以从劳动力迁移中得到的好处，并且强调资本家对之进行控制的手段。例如，当迁移出来的劳动力仍与其移出地（这里指农村）存在联系，即其在家乡仍有家人和亲属时，该劳动力再生产的成本就不仅包括其自身的再生产，而且包括维持其家人和亲属生活的再生产。这时，处于移入地的资本家就非常不情愿支付这样的成本。为了实现超额利润最大化，同时又能不断地再生产出迁移来的劳动力，移入地的资本家就利用外来劳动力数量多、成本低（相对于本地劳动力）的特点，降低本地劳动力的谈判力量，从而降低来自工资方面的压力和成本。与国内地区间劳动力迁移相似，结构主义对国际劳动力迁移的分析依然坚持从结构分析出发的立场。例如 Ruben Stein 在历史结构的框架下对墨西哥移民的分析。Ruben Stein 及其他专门分析劳动力国际迁移行为的人认为，所谓劳动力在国际的迁移无非就是发达国家从自身利益出发而操纵的一种全球移动行为，这种移动会进一步加剧"中心—外围"国家的这种国际社会结构刚性，对发展中国家来说只能是一种损失（Ruben Stein，1992）。正如缪尔达尔所说："市场力量趋向于累积地加剧国际的不平等，在一方为工业国而另一方为不发达国的两类国家间自由贸易的十分正常的结果，就是后一类国家走向贫困和停滞的累积过程的开始。"（缪尔达尔，1957）

依附理论持有的是典型的结构主义分析方法。该理论认为，作为核心地带的大都市的发展，是建立在农村地区的不发展基础之上的，换言之，都市地区的发展是以对作为边缘地带的农村地区的剥夺和剥削为前提的（Frank，1985；Santos，1985）。"依附论"提出了大都市与边缘卫星地带关系的观点，认为目前发达与不发达地区之间的关系是，发达的大都市地区剥夺了不发达的边缘卫星地带的剩余价值或经济剩余。发达的大都市地区与不发达的边缘卫星地带的关系是层层推进的，比如，相对于欧美发达国家而言，不发达国家就成了边缘卫星地带；而在不发达国家内部，相对于该国的中心大都市地区而言，该国的农村地区则成了边缘卫星地带。Frank 说，审视这种"大都市—卫星"的结构，我们可以发现，每个大都市都扮演着一种吸收其本身的卫星城市的资本和经济剩余，并将部分剩余输送至都市中心的角色（Frank，1985）。

刘易斯提出了一个劳动无限供给条件下的劳动力迁移模型（刘易斯，1954）。刘易斯模型中的一个假设条件是城乡二元经济结构。根据刘易斯的这个二元经济假设，有的人将刘易斯模型归为结构主义的研究方法。但是与结构主义方法最根本的两个假说相对照，很难看出刘易斯模型具有结构主义的特色。结构主义方法最根本的两个假说是结构刚性和经济发展的非均衡性。它认为，社会经济结构具有刚性，只要社会经济结构的性质不发生变化，任何要素的迁移都只能加剧经济发展的不平衡（地区之间、国家之间）。而在刘易斯模型中，虽然劳动力迁移所处的特定结构是城乡二元经济结构，但是刘易斯并没有假定或说明这种二元经济结构具有刚性；相反，刘易斯认为，随着在城乡实际收入差异引导下的劳动力迁移行为的进行，城市经济和农村经济的二元差异会不断地减少，直至最终消失，那时，包括劳动力在内的所有要素都是稀缺的，经济增长的利益为资本家和工人所共享。

结构主义的研究方法强调制度的强制性和约束性对劳动力所造成的损害。例如，殖民主义、资本主义劳动市场、欧洲的避难政策、南非的护照法都曾作为对劳动力迁移具有强制性或约束性的例子而出现过。关于劳动力迁移对农村地区的影响的观点，依附理论是典型的代表。依附论认为，由于结构刚性，劳动力迁移可能只对农村中比较适应城市生活的人最富吸引力，其结果首先是农村的人才流失，使农村已经很低的收入水平进一步降低。这种无助于经济发展的乡—城劳动力迁移不能带来普遍富裕，反而加剧了贫富悬殊，使富者越来越富、贫者越来越贫。这种情况也适用于国际的劳动力迁移。按照结构主义方法展开的理论分析得出的结论是：劳动力迁移对经济发展不利，尤其是对落后的地区和国家经济发展不利。

2.1.3　直接投资理论

由于直接投资的载体主要是跨国公司，所以 1960 年后许多相关理论和跨国公司密切地联系在一起。对跨国公司海外直接投资的理论最早源于国际贸易理论中的要素禀赋理论。20 世纪 60 年代产生了现代 MNCs 理论，相继出现了垄断优势理论（Hammer，1960）、产品生命周期理论（弗农，1966）、内部化理论（巴克利和卡森，1976）和边际产业扩张理论（小岛清，1977）。20 世纪 70 年代后期，邓宁（John H. Dunning）[①] 的折中理论对上述各流派进行了综合，形成了具有广泛影响的 MNCs 一般投资理论。20 世纪 80 年代后期到 90 年代，出现了邓宁的投资发展水平理论、拉奥

① John H.Dunning. Multinational Enterprises and the Global Economy. Addison-Wesley，UK，1993.

的技术地方化理论、投资诱发要素组合理论和波特战略管理理论等跨国公司投资理论。

垄断优势理论。1960年美国学者海默（Hymer，1960）在其博士论文《国内企业的国际化经营：一项对外直接投资的研究》中首先提出了以垄断优势来解释美国企业对外直接投资，并与他的导师金德尔伯格（C.P. Kindlebelger）一起创立了对外直接投资的垄断优势理论。“海默—金德尔伯格”理论以产业组织学为基础，认为对外直接投资的决定性因素是企业拥有垄断优势。以后不少西方学者对该理论作了进一步补充完善和发展，其中有代表性的理论有：核心资产论（The Core-Asset Theory）。核心资产是指资产的核心部分为技术和知识等无形资产，企业通过对核心资产的占有，形成垄断优势，借助垄断优势发展对外直接投资，能获取高额利润。

内部化理论。内部化理论是由英国里丁大学的巴克莱（Peter J. Buckley）和卡逊（Math C.Casson）在1976年提出的。内部化理论的根据是科斯的交易成本理论，市场不完全和交易成本促使企业进行内部化，通过建立企业内部市场来取代外部市场，节约成本，增加利润。

比较优势理论。1973年，小岛清在研究了日本企业对外直接投资的状况后，发表了《对外直接投资的宏观探讨》一文，运用比较优势原理，提出了边际产业扩张论，用于解释日本的对外投资问题。其理论核心是：一国应该从已经或即将处于比较劣势的产业开始对外直接投资，并依次进行。

产品生命周期理论。1966年，美国哈佛大学教授弗农在《产品周期中的国际投资与国际贸易》一文中提出，美国企业对外直接投资是与产品生命周期密切相关的。他分析了产品在其生命周期所经历的三个阶段以及相应的市场特性后得出结论：在国际市场范围内，某一产品所处的生命周期不同决定了其生产产地的不同，而外国直接投资则是生产过程或产地转移的必然结果。

国际投资阶段理论。第一阶段，人均GNP不超过400美元，较少接受直接投资，也没有对外投资，净对外投资为零或负数。企业没有所有权和内部化优势，该国也不具备区位优势。第二阶段，人均GNP在400~1500美元，吸收外资增加，但对外直接投资仍然为零或很少，净对外投资额为负数，并且随着GNP的提高日益扩大。这类国家的企业还未建立可靠的所有权优势和内部化优势，但区位优势有所增加。第三阶段，人均GNP在2000~4750美元，资本流出逐渐快于资本流入，对外直接投资额仍为负数，但数额日渐缩小。本国企业的所有权优势和内部化优势日益上升，竞争力大为增强，而外国子公司的所有权优势下降。第四阶段，人均 GNP 在 5000 美元以上，该国已成为净对外投资国。这反映了本国企业强大的所有权和内部化优势以及迅速下降的区位优势。

国际生产决策理论。赫胥（S.Hirsch）把影响国际生产的因素分为三类：比较投入成本；企业特有的生产要素收益；随经济距离而增加的通信交易成本。假设 A 区的一家企业计划设立一家工厂，向由 A 区和 B 区组成的世界市场提供产品。若用 C_A 和 C_B 分别代表在 A 区和 B 区的生产成本，K 代表企业专门知识和无形资产收益，M 代表出口的销售成本超过国内销售成本的差额，C 代表管理和协调国外经营的额外成本，则：当 $C_A+M<C_B+K$ 并且 $C_A+M<C_B+C$ 时向 B 区出口；当 $C_B+C<C_B+K$ 并且 $C_B+C<C_B+M$ 时就迁到 B 区直接投资。赫胥的这一模型起了重要的综合作用，它既包含了许多独立的对外直接投资理论，又指出了用出口或对外直接投资方式参与市场的各种条件。

波特（Porter）的竞争优势理论。波特将企业创造价值的过程分解为一系列互不相同但又互相关联的经济活动，其总和即构成企业的“价值链”，每一项经营管理活动就是这一价值链上的一个环节。由于价值链各个环节所要求的生产要素相差很大，因此国与国之间的比较优势便体现为价值链上某一特定环节的优势，从而导致国与国之间按不同的价值链环节分工的现象。波特进而认为，在一个企业众多的“价值活动”中，并不是每一个环节都创造价值，那些真正创造价值的经营活动，就是企业价值链的“战略环节”。企业在竞争中的优势，尤其是能够长期保持的优势，主要体现为企业在价值链战略环节上的优势。因此，战略环节要紧紧控制在企业内部，其他非战略环节则完全可以分散出去利用市场降低成本、增加灵活性。因此，企业对于战略环节的战略决策便决定了企业进行国际生产活动的方式和区位选择。Porter 的竞争优势理论是 MNCs 战略管理学派观点的一个反映。

投资诱发要素组合理论。近年来西方学者提出了投资诱发要素组合理论，认为对外直接投资的产生都是由投资直接诱发要素和间接诱发要素的组合而诱发产生的。直接诱发要素是对外直接投资产生的主要要素，如投资国拥有劳动力、资本、技术等要素优势，就会诱发对外直接投资。发达国家对外直接投资主要是直接诱发要素起作用，对外直接投资是优势要素向外的转移和扩张。间接诱发要素包括投资国鼓励性投资政策和法规，东道国投资环境等。

以上的理论主要是针对发达国家间 FDI 进行的分析。此外针对发展中国家的 FDI 现象，除了邓宁的国际投资阶段论、产品生命周期理论、投资诱发要素组合理论、小规模技术理论、技术地方化理论外，近年还有一些国际经济学者从不同角度，就发展中国家对外直接投资方面进行论述，进而形成一些理论，如市场控制论、分散风险论、提高公司形象论、国家利益优先取得论等。

2.1.4 国际产业转移理论

国际产业转移是指发达国家或地区的企业按照区域比较优势的原则，通过跨国界的直接投资方式和国际贸易方式，把部分产业的生产、销售甚至研发转移到发展中国家和地区，从而在产业的空间分布上表现出该产业由发达国家向发展中国家转移的现象。国际产业转移主要是通过国际技术转让和国际直接投资进行的，但由于技术等中间产品的交易费用较高，使它并未成为国际产业转移的主流。MNCs 是国际产业转移的最重要的微观主体，国际产业转移过程就是 MNCs 进行海外直接投资的过程，也就是企业国际迁移的过程。

国际产业转移在 20 世纪下半叶才成为国际经济联系的重要特征。经济学家对国际产业转移并未给予较多的理论研究，即使在克鲁格曼与奥波斯法尔德著的《国际经济学》一书中，对于国际产业转移也论述得极少。在经济学理论发展过程中，仅有少数经济学家在其研究中对国际产业转移理论进行论述。

阿瑟·刘易斯的劳动密集型产业转移论。刘易斯在《国际经济秩序》一书中，分析了在发达国家经济发展中，由于人口自然增长率下降，非熟练劳动力不足，某些劳动密集型产品的生产将迁移到发展中国家，发达国家从发展中国家进口劳动密集型产品。刘易斯未建立关于国际产业转移的完整理论。

弗农（Vernon，1966）的产品生命周期理论。弗农认为，美国之所以向国外转移产业，是企业为了顺应产品生命周期的变化，以规避某些产品生产上的比较劣势。产品从其进入市场开始，生命周期大致分为三个阶段：新产品阶段、成熟阶段、标准化阶段。新产品阶段是产品开发与投产的最初阶段，新产品的需求仅仅局限在国内，生产该产品的技术尚未定型，有待通过市场反馈的信息进行改进。在这个阶段，生产过程中投入最多的是技术知识和熟练劳动，产品的技术密集度较高，这个阶段主要发生在发达国家。[①] 在成熟阶段，产品的生产技术逐渐成熟，产品价值功能已为国外的消费者所认识，国外对产品的需求逐渐增强，该产品的出口大量增加。同时，国外厂商开始模仿或引进先进技术从事生产，需要投入较多资本与非熟练劳动，产业开始向国外转移。标准化阶段是产品及生产技术定型化阶段。在这个阶段，资本与熟练劳动力成本成为产品成本的主要部分。由于厂商众多，竞争日趋激烈，成本、价格成为竞争的主要焦点，产品生产地点向低成本地区转移，因此产业大规模向国外转移。

另一位美国经济学家赫希哲把世界贸易国分为三类：工业高度发达国家，如美国；较小的工业发达国家，如多数西欧国家；某些发展中国家或地区。根据上述分类，赫希哲提出了一个贸易动态化分析模型，可用图 2-2 表示。

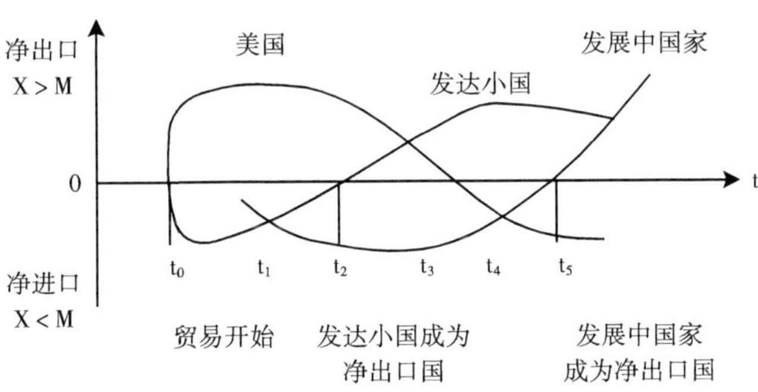

图 2-2　赫希哲贸易动态模型

图 2-2 横轴表示时间 t，纵轴表示新产品的贸易量，原点 0 的上方表示净出口，原点 0 的下方表示净进口。从 0 到 t_0 为新产品阶段，产品无出口，从 t_0 开始产品逐渐成熟，美国将产品出口到西欧发达小国，开拓了这些国家的市场，从而刺激了其本国厂商模仿或引进技术进行生产，并在 t_2

① 产品生命周期理论经常被认为是对 MNCs 进行企业国际迁移的经典解释。事实上，国际产业转移与企业国际化经营及中国公司配置生产能力之间具有互为因果的关系。

时期开始出口。与此同时，产品开始成熟化与标准化，成本与价格成为竞争的关键，美国的技术优势缩小，成本劣势凸显，产业开始向国外转移，至 t_4 期美国成为净进口国，至 t_5 期，该产品及其生产技术已经标准化，非熟练劳动成本高低成为产品价格竞争的重要武器，于是该产业逐渐转移到工资率低的发展中国家。

产品生命周期理论是富有启发性的一种理论，它说明了企业的资源配置战略应随产品生命周期而变化。但它并不是一种关于国际产业转移的完整理论，不能解释因利用外国资源和外国市场而进行的投资，也不能说明那些尚未进入成熟阶段的产品何以到国外设厂生产，充其量它只是说明了对外直接投资的一种经济动因。

雁行理论，最早是 1932 年由日本经济学家赤松在《中国经济发展的综合原理》一文中提出的，该文本意在于论证后进国可以通过经贸关系学习先进国家的经验，并吸收其资本和技术，以建立现代工业。最初是从先进国输入工业品，然后建立自己的工厂进行生产，以满足国内的需要，最后不仅可供出口，而且后来居上，可能取代领头雁的地位，上述过程可用图 2-3 表示。

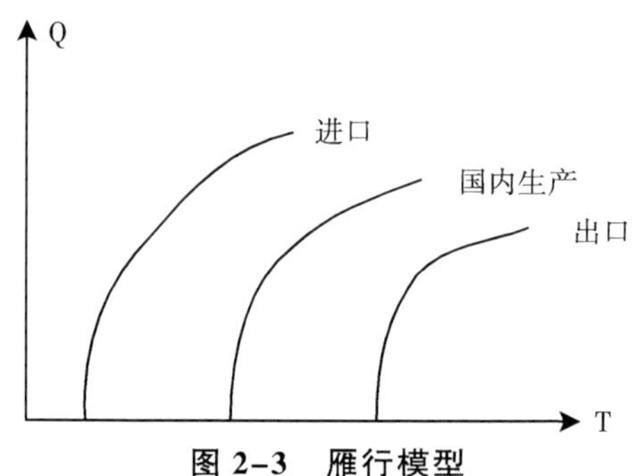

图 2-3　雁行模型

图 2-3 说明发展中国家的进口、生产、出口三个阶段如三只大雁结成雁群在空中飞翔，故被形象地称为“雁行模型”。后来赤松要、小岛清等学者对雁行模式进行了拓展，将其专门用于研究产业的国际转移。他们认为，由于产业在国与国之间转移，从而产生国际性的产业结构连锁变化，这一变化与各国（地区）比较优势（生产成本、要素禀赋、要素相对价格）的变化相对应。这一方面可以以亚洲 NIES 和 ASEAN 为例说明。典型

的例证是纺织业从日本转移到亚洲 NIES 再转移到 ASEAN，而整个转移顺序是：从纺织业到化学工业、钢铁工业再到汽车、电子工业。这个过程可用图 2-4 表示。

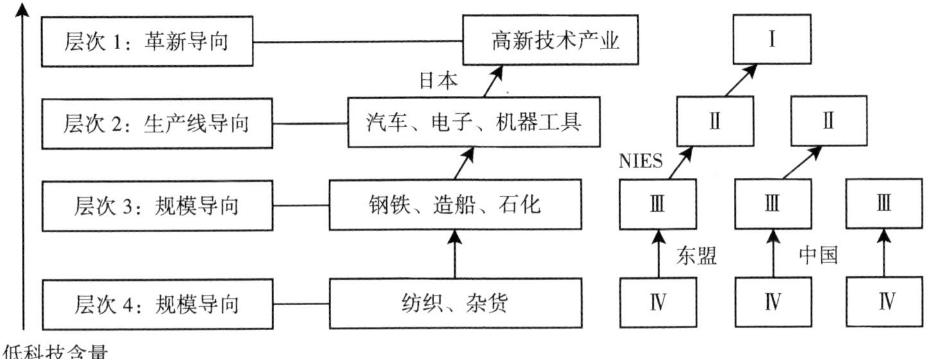

图 2-4　扩展的雁行模型

其中，层次 1：革新导向研究与开发密集型产业，如航空、计算机和制药业；层次 2：生产线导向零部件密集型产业，如汽车、电视机；层次 3：重工业和化学工业，如钢铁、重型机械和基础化工品；层次 4：劳动密集型轻工业，如服装、鞋类、杂货。

图 2-4 说明，日本发展了第 4 层次的产业后，便以第 3 和第 2 层次为目标优化产业结构，最近已达到第 1 层次。同时，日本通过对外直接投资和其他形式的技术转让向其他亚洲国家转移产业，首先向新兴工业化国家，在 20 世纪 80 年代，新兴工业化国家无法保持其在第 4 层次产业中的优势，只得将其向东盟国家和中国、越南转移。显然这是一种产业和技术下行性梯次转移的模式。

雁行模式说明了亚洲内部的国际产业转移的宏观过程，但目前没有证据表明它能普遍适用于全球发展中国家，还不是一种普遍性的完整的国际产业转移理论。

小岛清的边际产业扩张理论认为，一国对外直接投资应从本国已经处于或即将处于比较劣势的产业亦即边际产业依次进行，以规避产业劣势，或者说扩张边际产业。小岛清引入了“产业移植的比较优势”这一概念，建议投资国与接受国之间“从技术差距最小的产业依次进行移植”，同时由技术差距较小的投资国中小企业做这种移植的担当者。小岛清的理论未能很好地解释 MNCs 进行大规模同步产业转移的现实。

以上理论都想说明一个国家为什么要将产业向海外转移，显然，每一种理论都涉及动态比较成本问题，或许成本是进行产业转移的最主要的经济动因。可从发展中国家来说，它为什么要接受这种转移过来的产业而放弃自己建立产业的企图呢？一般认为，因为跨国产业转移能给接受国带来技术外溢效果和产业带动效果。但也有人认为，外国产业的大规模转移，将对发展中国家的产业升级和技术进步产生强烈的抑制作用，抑制其产业的自主性成长以及本国的产业技术开发能力，从而使发展中国家在国际产业转移中永远无法缩小与发达国家的差距。事实上，中国的很多产业在国际产业转移浪潮中成长为了具有强大竞争力的产业，而有的产业却在这其中日益退化，这恰好说明了对于产业转移的技术效应而言，有着另外的影响因素。

技术差距理论。由 Posner 提出并由 Hufbauer 等发展起来的“技术差距理论”认为，技术领先国家引入技术创新后，研究成功新产品，凭着技术领先差距，向国外出口这种新产品，然而当技术落后国家通过技术引进、MNCs 对外直接投资等途径掌握了这些高新技术后，就能模仿生产这些产品，从而减少进口，并最终凭借低廉的劳动力成本优势反而向技术领先国家出口这些产品，这时，技术领先国的创新利润将逐渐消失，但它们可以通过不断引入新产品和新工艺流程，制造新的技术差距，如此循环实现产业的国际转移。

2.2 企业迁移的影响因素

从中外文献来看，研究企业迁移的影响因素的文献最多，主要影响因素有外部因素、内部因素、区域政策和区位因素。

2.2.1 影响企业迁移的外部因素

最早对企业迁移动因进行研究的是麦克劳林和罗伯克的著作《产业为

什么会转移到南部》(McLaughlin 和 Robock，1949)，该书得到美国田纳西州计划发展委员会的支持。在书中，他们描述了 20 世纪中期美国制造业从其最初聚集地的东北部地区向东南部地区迁移的现象，指出导致这次大规模企业迁移的原因是美国东北部地区的劳动力成本居高不下和企业间的竞争异常激烈，以及美国东南部地区拥有大量的低成本劳动力和当地的贸易联盟少、竞争不激烈。在他们的研究中强调的是企业外部因素对企业迁移的影响力。加伍德（Garwood，1953）发表在《经济地理》杂志上的一篇文章，通过对犹他州和科罗拉多州的企业迁移进行研究，认为市场和原材料也是影响企业迁移到犹他州和科罗拉多州的原因。英国朴次茅斯大学经济系的斯考特（Scott，2002）用数据分析法，搜集了“二战”期间，迁往英国的企业历史数据，经分析得出结论：临时性关税是造成企业迁往英国的主要原因。随着企业由中心城区向其郊区迁移的现象不断出现，人们发现城市中心地区的空间缺乏、土地价格上升、交通拥挤和停车问题，以及劳动力市场是导致企业向外迁移的主要原因。总之，从“二战”后一直到 20 世纪 70 年代，学者们关注的是影响企业迁移的外部环境，即推动企业离开目前区位的外部推力和吸引企业到新区位的外部拉力。

2.2.2　影响企业迁移的内部因素

学者们对企业迁移原因的进一步研究发现，如果企业选择迁移，可能并不是由传统的外部因素导致的，而是由其内在动态调整所致。卡梅伦和克拉克（Cameron 和 Clark，1966）、基布尔（Keeble，1976）和唐诺（Townroe，1972）的研究都证实企业内部因素（如企业扩张）也是导致企业迁移的重要原因。企业空间扩张是企业扩张的一种形式，它主要有三种类型：空间集中化、空间一体化和空间多样化。空间集中化是指企业的生产经营活动集中在同一空间内的扩张行为；空间一体化是指企业的同一产业的经营活动分布在不同空间的扩张行为，它包括水平一体化和纵向一体化；空间多样化是指企业不同产业的经营活动分布在不同空间上的扩张行为。其中，水平一体化是指同一条生产线分布在不同的空间上；纵向一体化是指同一产业的不同环节分布在不同的空间上。企业空间扩张的一般规律是从区内单个生产点，到区内多个生产点；再到一个国家内区际扩张，即一个国家多个生产点；再到多个国家；再到全球许多国家很多生产点（Chapman 和

Walker，1987）。海尔的空间扩张路径就很好地诠释了这一规律。

2.2.3 区域政策对企业迁移的影响

自20世纪50年代以来，为减少区际收入和就业机会的不平等，许多国家对迁往落后地区和衰退地区的企业提供多种形式的津贴或其他刺激。例如，荷兰的“工业分散化”和“工业郊区化”政策，将工业从中心地区向其他地区转移并将工业区从城市（阿姆斯特丹、鹿特丹、海牙、乌德勒支）移到郊区。法国也采取了类似的政策来避免工业在巴黎过度集中，并取得了很好的效果。学者们开始关注政策因素对企业迁移的影响，并对企业迁移政策进行了评估。奥托纳和桑塔加塔（Ortona 和 Santagata，1980）描绘了在意大利都灵地区，当地土地使用政策对企业迁移的影响。基布尔（Keeble，1976）认为，区域政策是影响1966~1971年英国区际产业迁移形式的重要原因，其结论是所有政策包括区域政策都会对企业迁移产生一定的影响。20世纪70年代，人们认为企业迁移是一种协调区域发展的有效方法。一方面，企业迁移解决了核心区域的拥挤问题、劳动力问题和空间容量问题；另一方面，通过鼓励企业从核心地区迁移到外围区域，有效地促进了落后地区的发展，解决了区域发展不平衡问题。不过，这与卡梅伦和克拉克（Cameron 和 Clark，1966）在同一时期对同一问题研究所得出的结论并不一致。他们认为政府所期望的区域政策结果往往与企业迁移结果不一致，且往往是相互矛盾的。特别是到了20世纪90年代，人们从20世纪80年代的政策中吸取教训，认为通过企业迁移发展区域经济并非万能良策，区域发展的关键是通过建立区域创新环境，从而使经济富有活力。如果区域不具备创新所需要的资源，那么对该地区有效的补贴将是加强必需的基础设施建设和知识中心建设。

2.2.4 影响企业迁移的区位因素

近期，由于区域一体化是当今区域经济的一大特点，因此学者们尝试分析区域一体化对企业迁移的影响。美国怀俄明大学的巴比尔和赫尔伯格（Barbier 和 Hultberg，2001）讨论了在区域一体化条件下的企业迁移，认为除了市场规模外，区域一体化的程度也是企业迁移的影响因素之一，并建立了两国两企业模型。还有一些研究集中在就像因出生、死亡和迁移引起的人口变化这一宏观层面上一样，研究现有企业的成长、衰亡及老化而引起的企业数量变化。Van Wissen（2000）建立了宏观层面的仿真模型。

2.3　企业迁移的动力机制

对于企业迁移动力机制的解释，主要理论有新古典企业迁移理论、决策行为理论和新制度理论。

2.3.1　新古典企业迁移理论

新古典企业迁移理论的假设前提是：有理性的企业会选择使其利润最大化的最优区位。当企业不再位于其边际盈利空间中，它就促使企业从当前区位迁移到新区位（推力），后者可能是有利润回报的区位（拉力因素）。促使企业迁移的主要因素是运输成本和劳动力成本。事实上，新古典企业迁移理论隐含着两个关键的假设前提：决策者有完备的知识和决策能力，并为利润最大化而努力。

新古典企业迁移理论来源于古典经济学，关注成本最小化或利润最大化。古典区位论的一般原理是亚当·斯密理论（Porter，1998），由艾萨德（Isard，1956）于 1956 年提出，人们将之称为成本学派，其理论核心是企业根据其生产成本最低点确定最优生产区位。在杜能的农业区位论中，将农业生产者的成本作为最重要因素考虑，但它只讨论了产品由产地到市场的运输成本，未涉及燃料、原料及劳动力成本问题。成本学派的最早代表人物是德国学者龙哈特（Launhardt，1882），韦伯（Weber，1929）则将这一学派发展成为系统学说。韦伯的工业区位论根据投入与产出的运输成本最小来决定产业区位。对于其他区位因素的考虑，如劳动力和外部经济也与成本最小类似。显然，区位的总成本可由所有区位因素的成本相加得到，同理，空间收益也就可以被计算。企业在某一区位的收益等于其在该区位的总收入减去总成本。区位的总收入减去总成本就可以得出该区位盈利与否。这样就可以定义空间盈利边界的概念了。所谓空间盈利边界，就是企业配置在一定范围内才有利可图，稍一超过就会亏损。空间盈利边界的倡导者是英国经济地理学家罗斯特朗（Rawstron，1958）和美国经济学家史密斯（Smith，1966，1971）。

按照新古典区位理论的思路，美国印第安纳州埃文斯维尔大学的纳科斯廷和齐默（Nakosteen 和 Zimmer，1987）提出了一个解释企业迁移的决定模型，通过监控企业的利润来决定企业迁移的行为。安德森等（Anderson 等，1992）对企业空间均衡进行了研究，建立了两企业区位均衡模型：其一是价格与区位同一时间发生的博弈模型，其二是两步博弈模型，即先区位后价格的博弈模型。第二种情况下的均衡区位要更远一些，因为内部化削弱了价格对聚集的影响作用。

纳科斯廷和齐默的模型如下：假定企业的目标是实现利润最大化，且单个企业在产品和要素市场均是价格的接受者。在这种情况下，企业的迁移决定将是在影响利润率的许多因素之间的抉择。因此，对于一个追求利润最大化且位于地区 j 的企业 i 来说，其利润函数为：

$$E_{ij} = E(X_i, Z_j, \varepsilon_{ij})$$

这里，X_i 代表观察的企业或市场特定因素；Z_j 代表观察的区位特定因素；ε_{ij} 代表未观察的企业—区位特定因素，通常假定随着产业的不同呈随机分布状态。在某一特定产业 K 中，企业通常会随时检查自己的盈利情况，以便能够与该产业的目标盈利门槛相一致。这种盈利门槛取决于产业的竞争标准。由于外部环境以及企业内部条件的变化，一些企业的利润率可能会出现下降，且低于所在产业的目标盈利水平，即：

$$E_{ijk} = (X_i, Z_j, \varepsilon_{ij}) < E_k$$

按照标准的经济学理论，从长期发展来看，如果产出价格不能弥补平均可变成本，那么这些边际企业将会停产关闭。然而，在现实经济中，并非所有的边际企业都会停产关闭。一些企业可能会考虑迁移到其他成本更为低廉的地区，以便将利润率再次提高到目标盈利水平 E_k 之上。显然，如果企业期望在另一地方可以获得更高的利润率，实行迁移或者再迁移将是一个较好的办法。企业是否将某些活动从一个地方迁移到另一个地方，取决于两地之间的成本利润比较。因此，如果把迁移看成一个资本投资项目，那么在时间 t 该投资项目所带来的利润增加为：

$$PV_i(t) = \int_t^{\infty} (E_{ij'} - E_{ij})^{-rt} dt - C_{ij'}$$

这里，j′代表竞争区位，r 代表股东的贴现率，$C_{ij'}$代表现值的迁移成本。显然，企业决定是否迁移的前提条件是目标区位与现有区位间的盈利差额的贴现值，要大于企业的迁移成本。也就是说，$PV_i(t) > 0$。

2.3.2　企业迁移的决策行为理论

有些学者不满足于用推力因素、拉力因素和保持因素来解释企业迁移的决策过程，认为这是一种相当肤浅和表面的解释，事实上一些不为人知的原因恰恰是做出迁移决策的关键。在有理性和完全信息假设下，新古典企业迁移理论对于用经济学规范语言来解释企业的空间最优行为是很理想的，也是非常有价值的。但是，在不完全信息和不确定条件下，当利润最大化并非企业的最终目标时，就很难弄清在某一环境内企业迁移的内在动力是什么。这就需要挖掘出更深、更本质的因素，更详细地考察决策者如何进行企业迁移决策的过程，以及在这一决策过程中决策者必须面对的约束是什么。

对决策过程研究最早的是行为学派，它从不同于古典的视角解释区位决定（Hayter，1997）。Pred（1969）、Townroe（1972）等对行为学派都做出了贡献。在 20 世纪 70 年代，唐诺（Townroe，1972）对这种方法进行了描述，并提出决策过程的五个相关阶段，即：刺激；问题说明；寻找；明确表达并比较可选方案；选择和行为。其中选择阶段可以进一步分为八个步骤。随后，劳埃德和迪肯（Lloyd 和 Dicken，1977）提出了区位决策过程的更加复杂的模型，这些方法和模型在实证研究中很少被用到。因此，有关区位决策过程的知识依然是标准化的和描述性的，依然无法被检验。到了 20 世纪 90 年代，企业迁移决策过程的研究兴趣又一次被激起。罗（Louw，1996）在其博士论文中建立了一个荷兰大办公室区位选择的决策阶段模型。罗将决策过程分为三个阶段，即意向阶段、选择阶段和谈判阶段。这是对唐诺（Townroe，1972）的第三、第四、第五阶段的概括。它忽略了“空间因素”（包括地理位置、可达性、停车的方便程度、与公共交通和服务设施的接近程度以及空间品质或环境状况）在第一阶段和第二阶段所起的重要作用，但是金融和合同因素在第三阶段起到更大的作用，它是谈判的结果。当企业决定拥有自己的厂房和大楼时，空间因素在决策过程中就是最重要的；相反，当企业打算租用房屋时，空间因素对企业决策过程的重要性就不大。在理论研究方面，人们对企业迁移的决策过程非常感兴趣。但是到目前为止，人们对企业决策过程，特别是企业迁移决策过程的认识还处于一种初级阶段，许多本质性的东西并不清楚。研究企业迁移决策过程的方法还局限于描述性研究。较为严格的统计模型是荷兰企业迁移的个案研究（Van Dijkj 和 Pellenbarg P. H.，2000）。

该理论存在的缺陷是：过多地依赖问卷调查和实证研究工作，并以大量的描述和探索性的方式得出结论，缺乏适用性较强的解释模型；同时，与新古典企业迁移理论相类似，该理论对区位因素给予的关注过多，而对企业内部的生产过程、投资过程和扩张过程等的关注相对较少；另外，企业迁移行为理论过多地考虑诸如社会、心理等“软”变量（Scott，2000），而忽视了经济变量。因此，有人认为采用将企业迁移行为理论与新古典企业迁移理论结合起来的方法可能更有效。

2.3.3 企业迁移的新制度理论

到了 20 世纪 80 年代，新古典企业迁移理论和企业迁移行为理论遭到相当多的批评，因为两者都是在静态条件下研究企业如何从一组备选方案中做出选择的，都是在静态环境下研究企业迁移的决策机制：企业必须从几个区位中做出选择。于是，一些研究者认为空间上的经济过程主要是由社会的文化制度和价值观决定的。换句话说，在研究企业迁移时，不仅要考虑企业的行为，而且还要考虑植入这些行为中的社会内涵和文化内涵。

新制度区位理论的假设前提是：空间经济过程是由社会、文化制度和价值系统形成的，而不是由企业区位行为决定的。环境是被企业过滤过的区位要素的界面或信息载体，企业的区位行为是企业与供应商、政府、工会以及其他机构就价格、工资、税收、补贴、基础设施和其他企业生产过程中的关键因素进行谈判的结果。企业不得不与分销商、供应商、地方政府、工会等组织，就价格、工资、税收、补贴、基础设施等生产过程中的关键问题进行谈判，企业的区位行为是这些谈判的结果。这种研究方法很适合于大企业，因为大企业有更强的谈判能力，可以对其周围环境施加影响。企业迁移的制度理论对于理解企业的空间动态行为显然是很有帮助的。但对于制度理论，也有批评的声音：如果把经济因素和非经济因素一起考虑，那么企业迁移的决策者就成了人口计量学家或统计员（Pellenbarg，

Van Wissen 和 Van Dijk，2002）。

2.3.4　区位要素供给理论

在制度视角下，企业并不是独立存在的，而是与周围的社会制度密切相关的。企业并不能独立地获取成长所需的战略性资源，这些资源的获取与企业所在区位以及企业所面临的组织关系是紧密相关的。区位要素供给理论是在企业资源理论的基础上，吸收了集聚理论、资源依赖理论和交易成本理论中的观点，指出特定的区位特征能成为企业可利用要素，但这些要素供给呈现地理局限的特点（Brouthers，2008）。企业通过组织间关系获取外部资源，企业通过分享和合营彼此间的互补资源和协同绩效任务，可以克服内部资源的限制（Dye，1996）。知识密集型的组织间，合作的成功依赖于面对面的交流，也就是依赖于地理上的临近（Narula，2009）。假定企业的地理位置和它的区域嵌入性有助于企业获取重要资源，迁移行为被视为获取更好外部资源的一种企业战略，并且这些资源仅限于对企业绩效具有独特作用且难以模仿的战略性资源。

2.3.5　总部迁移和研发迁移的动机

也有人从企业迁移的价值链环节角度进行分类研究，即分别研究生产制造的迁移、总部迁移和研发（R&D）迁移。并且认为总部迁移、生产制造迁移和研发迁移的动力机制有所不同；不同行业的企业迁移也有其各自的动力机制，应进行分类研究。

（1）总部迁移变化规律和动力机制。大企业总部迁移通常是与国家的经济发展水平紧密联系在一起的（魏后凯，2006）。随着经济的发展和外部环境的变化，企业总部的区位将经历一个从分散到集中再相对分散的过程。根据经济发展水平的变化，森普尔和菲普斯（Semple 和 Phipps，1982）提出了企业总部区位变迁的四个阶段模型。在初期阶段，由于基础设施特别是交通通信条件的限制，大企业总部一般集中在全国性的支配中心。这一支配中心往往是一个国家的首都或首位城市。在第二阶段，随着国家经济的发展和交通条件的改善，除首都或首位城市之外，逐步形成了一些区域性的支配中心。第三个阶段代表区域开始走向成熟，各地区已不存在真正的支配中心，企业总部的区位逐步出现分散化的趋势。目前美国已开始进入这一阶段。第四个阶段则以国家成熟为特点，这时已不存在国家或区域性的支配中心，企业总部最大限度地分散在全国各地。中国学者的研究表明，大企业、大公司总部和研发机构日益向中国大城市地区集中。然而，在一些发达国家，由于交通通信技术突飞猛进的发展，大企业总部的区位出现了分散化的趋势。据研究，在 20 世纪 80 年代，美国 500 家最大企业总部设在亚特兰大、波士顿、华盛顿、费城、里士满、达拉斯等城市的数量在增加，而设在纽约、芝加哥、洛杉矶、底特律等大城市的数量则在减少。Holloway 和 Wheeler（1991）对世界 500 强的数据进行时间序列分析，研究发现世界 500 强企业的总部往往从纽约向中等城市迁移。这种区位变化主要是由企业总部的迁移以及企业间的并购引起的。

（2）R&D 迁移的变化特征和政策研究。跨国公司之所以把研究与开发活动集中在母国，主要有以下几方面的原因：①把主要的研究与开发活动集中在母国进行，可以对新技术的开发过程实施更大的控制，从而降低技术创新泄密的潜在风险；②公司的研究与开发活动具有明显的集中化优势，因此，在母公司所在国集中进行研究与开发，可以充分利用规模经济效益，降低因分散而引起的各种成本升高；③技术创新活动集中于母国便于企业总部进行财务控制，并可以充分利用各种科研设备和仪器，从而有助于降低成本；④研究与开发机构的集中设置，还可以避免在分散化条件下易于发生的重复研究以及由于空间距离和语言障碍所带来的高昂的通信费用；⑤母国政府为防止产业空心化，要求企业的基础技术与核心产品必须在母国研究与生产，如日本政府就是这样做的。

2.3.6 企业总部迁移绩效

企业总部迁移使得企业总部区位发生变化，也使企业的区位要素供给发生变化，从而引起企业绩效的变化。对企业总部迁移的绩效变化的研究，主要有两种研究思路。一种研究思路是通过上市公司迁移前后各年的资本收益率、净资产收益率等财务指标的变化判断迁移对企业绩效产生的影响。例如 Gregory、Lombard 和 Seifert（2005）以 1993~1998 年宣布总部迁移的 167 家上市公司为样本研究发现，迁移企业的总收益率、资产收益率、净资产收益率、有效利税率、销售与管理费用 5 个财务指标，在企业总部迁移前后 7 年的绩效与未迁移企业比较没有显著差异。

还有一种是将股票市场反应作为企业绩效的表现，通过分析上市公司发布总部迁移公告后，其股价波动及超常收益率的变化情况，判断迁移对企业绩效的影响。例如，Alli、Ramirz 和 Yung（1991）对 112 家宣告总部迁移的上市公司进行研究，发现上市公司宣布迁移后获得的收益率明显高于平均收益率。Chan、Gau 和 Wang（1995）将上市公司分成两组：总部迁移的企业和未迁移企业。对比两组上市公司，其盈利性没有显著差异；总部迁移公告可获得市场的正向反应，而生产工厂的迁移公告则带来市场的负向反应。Bhabra、Lel 和 Tirtiroglu（2002）以加拿大 87 家上市公司为样本进行的实证研究结果显示，股票市场对上市公司总部和生产工厂迁移具有持续显著的正向反应。

采用上述两种方法对企业总部迁移绩效研究的结果，并不能判断绩效的变动与否是由企业总部迁移唯一决定的。事实上，影响上市公司股票价格、资产收益率等的因素很多。

吴波、郝云宏（2014）对中国上市公司在 2001 年至 2011 年 6 月发生的 183 起总部迁移进行研究发现，目标区位的优势获取是一个长期过程，目标区位的总部集聚优势和信息沟通优势不能直接提升上市公司总部迁移后的绩效。

2.4　中国的企业迁移研究

20 世纪末，中国开始出现浙江企业特别是温州的企业大量向外迁移现象。受资源环境和发展空间的约束，浙江一些民营企业的生产工厂逐步向资源约束少、土地较便宜的地区迁移。2005 年 3 月，广东省政府出台了《关于我省山区及东西两翼与珠江三角洲联手推进产业转移的意见（试行）》（粤府〔2005〕22 号），其目的是通过珠三角地区与省内不发达地区共建产业园区，促进劳动力密集型产业从珠三角地区向粤北山区和东西两翼转移，实现广东省区域经济的协调发展。企业迁移现象的出现很快吸引了学者们的目光，刘怀德（2001）公开发表的论文是最早关注中国企业迁移现象的；魏后凯（2004，2006）在国内最早将企业迁移写入工业经济学和区域经济学教材，使人们对企业迁移的关注大为提高；白玫（2003a，2003b，2005）从博士论文开始关注企业迁移研究，她将国外企业迁移理论流派介绍到中国，并对企业迁移做了较为系统的理论研究；国家统计局企调总队和浙江省企调队（2005）则对浙江企业迁移现象进行问卷调查和分析，陈建军（2002）、赵奉军（2003）、钱文荣和郧静琼（2003）、温胜精（2004）、项后军（2004）、衣长军（2005）、任永菊（2012）、彭羽和沈玉良（2012）、于申和孙峻炜（2012）、李卫宁和邓乐天（2011）、仲崇高（2011）、孙希全和刘鑫（2011）等先后对中国企业迁移和企业总部迁移进行了有益的研究工作。

魏后凯（2003）则从企业迁移与企业竞争力、区位竞争力之间关系的角度进行分析，他认为企业迁移是企业与迁入区和迁出区政府之间的动态博弈过程，也是各地方政府之间的环境竞争过程。从空间扩张的角度看，企业经济活动的迁移最初是销售机构的迁移，然后是生产制造工厂的迁移，最后才是研究机构与开发机构和公司总部的迁移。企业迁移对企业、迁入区和迁出区的竞争力产生不同的影响。这种影响既可能是有利的，也可能是不利的。这样，从政府干预的角度看，就需要进行必要的引导和调节，以尽可能减少各种不利影响，充分利用各种有利影响，从而实现“三赢”的结果。

白玫（2003a）在多个案例分析的基础上，归纳总结了企业迁移的模式；在新古典理论分析框架下，建立了企业迁移动力模型；从企业、区域和城市多个视角，分析了影响企业迁移的内部因素、外部因素和区位因素；归纳总结了企业迁移的一些基本规律，认为制造业企业的迁移率要高于其他行业的企业，相对于中小企业，大企业的扩张性迁移活动要更加频繁；并对企业迁移补贴问题进行了理论探讨。白玫（2007）还对中国企业总部迁移及其政策进行了研究。

刘怀德（2001，2005）认为，企业迁移已变得很活跃，它除了对企业自身经营活动产生影响外，还有很强的外部性，可以改变地区经济发展的格局，提高国家的整体竞争力。因此，政府应鼓励企业迁移，努力减少迁移成本，并完善地区间竞争的治理结构。

复旦大学的赵奉军（2003）身处长三角地区，对中国民营企业迁移现象观察比较直接，体会也非常深刻，他认为企业发展所需的要素变化、地方政府间竞争是民营企业迁移的根本原因。衣长军（2005）则对闽东南地区民营企业迁移现象与动因进行了研究，认为福建本地民营企业融资瓶颈日益突出促使企业外迁。

在实证研究方面，目前国内的研究主要以浙江省为主。钱文荣等(2003)以浙江省经济较为发达的海宁市为研究对象，以 200 家企业的问卷调查为基础，考察了农村企业迁移的意愿，认为影响农村企业适度集中的主要因素有两个，即不同区域内企业家对生活的满意度及企业的迁移成本。

温胜精(2004)以三线企业为视角，考察研究了企业迁移对企业的作用，认为通过异地搬迁，企业摆脱了地理位置的桎梏，在新的经营地点进行资源整合，从而提升生产力各个要素的水平和企业竞争力。

从政府角度关注企业迁移的是浙江省。国家统计局企调总队和浙江省企调队(2005)在对近 600 家企业调研的基础上，研究考察了浙江省企业迁移以及江浙沪之间的企业迁移，并得出了一些有意义的结论：①浙江企业迁移，不论是外迁还是迁入都呈扩大态势。长三角内部的迁移水平要比跨长三角地区的企业迁移水平高。②外迁企业以劳动密集型居多，企业扩张是企业迁移的主要动力。浙江企业迁移到外省去投资办厂占迁移企业的比重高达 83.7%，要比外省企业迁移到浙江投资办厂的比重 49.3%高 34.4 个百分点。上海、江苏、江西等成为浙江企业外迁的主要区域，上海的中心优势对浙江企业吸引力较大(体现为总部吸引力)，江苏、江西等生产要素优势也吸引不少浙江企业(体现为要素吸引力)。浙江外迁企业更关注土地资源、电力、原材料供应等。土地资源的认同率占 55.6%，列首位；第二位是电力供应，认同率为 45.4%；第三位是原材料及能源供应，认同率为 42.9%；可以获得迁入地减免税的优惠政策列第四位，认同率为 41.8%。③外省迁入浙江的企业最关注因素中，认同土地资源的占 46%，列首位；提高企业形象，认同率为 42.7%，列第二位；获得迁入地减免税的优惠政策，认同率为 40.7%，列第三位；政府服务意识，认同率为 35.3%，列第四位；产业配套、市场规模大，认同率为 33.3%，列第五位。以整体迁移方式迁入浙江的比例为 15.3%，比迁往外省的比例高 10.2 个百分点。

2.5 公司总部迁移理论和实证研究的最新进展

学者很早就注意到公司总部区位的特殊性。对于大公司总部的增长模式和区位特征的研究可以追溯到20世纪60年代后半叶（Lichtenberg，1960）。20世纪70年代，有关公司总部的文献开始增加（Evans，1973；Semple，1973；Quante，1976），Semple（1973）等在20世纪70年代初就开始关注公司总部的区位问题，80年代对公司总部的研究热情高涨，文献很多。Ross（1987）比较了1955~1977年公司总部区位。在总部区位的研究中，许多学者做出了贡献。其中代表性的是Semple（1973，1985）、Semple和Philips（1982）、Wheeler（1985）、Alli等（1991）、Holloway和Wheeler（1991）、Lyons（1994）、Ghosh（1995）、Heen（1997）、Ho（1998）、Shilton和Stanley（1999）、Horst和Koropeckyi等（2000）、Yeung等（2001）、Klier和Testa（2002）、Little（2003）、Strauss-kahn和Vives（2005）、Davis和Henderson（2004）、Lovely（2002，2005）、Henderson等（2005）、Davis等（2008）。

公司总部迁移理论的文献主要包括以下四个方面的研究内容：公司总部迁移的现象描述及分析；公司总部的区位特征，主要是世界500强、跨国公司和美国上市公司；公司总部的决定因素和公司总部聚集的动力机制；公司总部迁移与城市发展理论。

2.5.1 公司总部迁移现象的描述和分析

公司总部迁移从20世纪70年代以来一直是国际学术界的研究热点。Semple（1973）、Semple和Philips（1982）、Semple等（1985）、Wheeler（1985）、Alli等（1991）、Holloway和Wheeler（1991）、Lyons（1994）、Ghosh（1995）、Horst和Koropeckyi（2000）、Klier和Testa（2002）以及Strauss-kahn和Vives（2005）等，都对公司总部迁移有极大的研究兴趣。对美国的公司总部迁移研究发现，近几十年来，美国公司总部有从纽约、芝加哥等特大城市向二级城市迁移的现象。Semple等（1985）、Holloway和

Wheeler（1991），以及 Lyons（1994）等都注意到美国的公司总部已出现了从纽约、芝加哥和洛杉矶等经济中心城市向外迁出的现象。在 1975 年，纽约将近有 150 家世界 500 强公司总部，即 30%的世界 500 强公司总部在纽约。到了 2003 年，下降为 80 家，即 16%的世界 500 强公司总部在纽约。也就是在不到 20 年的时间里，有接近半数的公司总部迁出了纽约。公司总部迁出速度是令人震惊的。Strauss-kahn 和 Vives（2005）发现美国 500 强公司的总部在 1996~2001 年中，有 36 家发生了迁移。这些公司总部迁移表现为两个较为显著的特征：①公司总部从较小的专业化城市向纽约、芝加哥等主要中心城市迁移；②从北方的传统制造业带城市向南部阳光地带的新兴产业中心城市迁移。日本学者 Takumi Hirai（2004）研究表明，1960 年以来，日本大阪的公司总部向以东京为主的其他城市迁移已成为一个长期存在的现象。大量以大阪为基地的公司将总部迁走，或常规地离开大阪到东京设立总部，对大阪经济产生了巨大影响，并且这种迁移趋势并没有减缓。

2.5.2　企业总部的区位特征

大量的研究集中在企业总部迁移的目标区位特征和决定因素上，研究发现企业总部更倾向于迁往少数的大中型城市，税收优惠政策、聚集经济、信息可获得性、相关人才等是企业总部迁移的决定因素。在这一领域的研究中，学者们更多的是使用世界 500 强公司的数据进行分析研究，从中发现世界 500 强公司总部的空间分布特征及其变化趋势。Shilton（1999）、Horst（2000）和 Shilton 等（2009）等大量研究重点探讨了企业总部迁移的区位选择，指出多数的企业总部会集中于少数的中心城市。

企业总部迁移目标区位的时空变迁是一个从分散到集中再分散的过程。最初，企业总部迁移的方向是指向少数大型中心城市；随着时间推移，企业总部开始向周边城市迁移，形成了总部集聚的各个次中心。Ross（1987）、Tonts 等（2010）等学者的研究则反映了这一过程。Ross 以《财富》500 强美国企业为对象，研究发现，在 1955 年 31%的企业总部位于纽约大都市区，其中 28%位于纽约市；但在 20 世纪 60 年代中期，总部开始迁往周边城市，位于纽约大都市区的企业总部开始减少，到 1999 年下降到 17%。Tonts 等（2010）对澳大利亚的研究发现了类似的规律，总部集聚中心从悉尼和墨尔本，逐步演化为涵盖 Adelaide、Brisbane 以及 Perth 等次中心城市的总部集聚体系。

企业总部迁移研究比较困难的原因主要是数据获取需要进行大量的整理工作。Horst 和 Koropeckyi（2000）、Holloway 和 Wheeler（1991）分析了世界 500 强公司总部的时间序列数据，Holloway 和 Wheeler（1991）用从 1980 年开始的 10 年的数据，进行了实证分析。Horst 和 Koropeckyi（2000）利用 1975~1999 年的同一数据（5 年间隔取值）进行研究。一系列不同论文包括了大量的数据，但是只利用了其中的截面资料。Shilton 和 Stanley（1999）得出了所有上市公司（不论其公司规模大小）的数据。Davis（2000）的数据则是来自对人口普查的补充调查（Census Survey of Auxiliary Establishments）。Klier 和 Testa（2002）则是将文献和当前资料结合起来，用面板分析方法追踪所有大的上市公司自 20 世纪 90 年代以来的公司总部区位。

Little（2002）的研究表明，迁往瑞士的跨国公司全球总部，55%由欧洲其他国家迁出，23%由美国迁出，12%由亚洲国家迁出；迁往瑞士的跨国公司地区总部，89%来自美国。

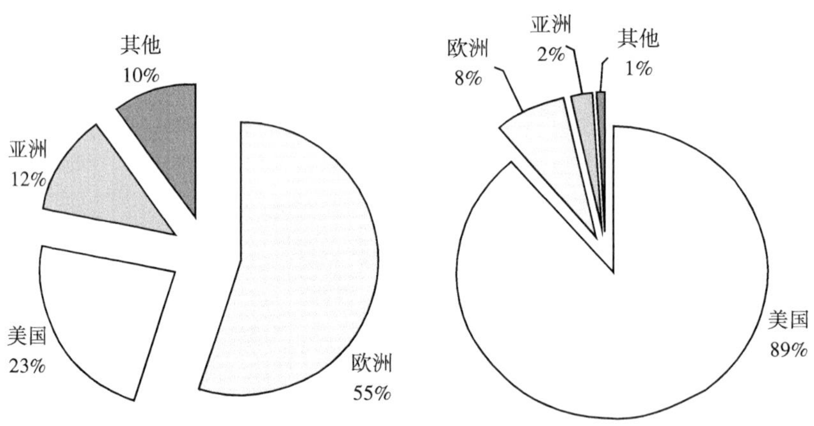

图 2-5　迁往瑞士的跨国公司总部迁出区位特征

2.5.3　公司总部聚集的动力机制

公司总部聚集的动力机制是什么呢？Davis 等（2004）、Lovely 等（2002，2005）以及 Henderson 等（2005）从理论上探讨了公司总部的空间聚集的动力机制，用区位模型提示公司聚集的动力所在。Davis 等（2004）证实了服务多样性的规模效应、金融服务业的聚集效应、总部的外部规模效应等对公司总部的影响。Lovely 等（2005）发现，由于出口商需要国外市场的特定信息，公司总部在空间上聚集有利于相互交流信息，因此，出口商总部较一般总部在空间上更为聚集。Davis 等（2008）的研究发现，企业总部更倾向迁往商务服务更加多元化以及总部更加集中的城市。

Henderson 等（2005）强调其他公司总部带来的信息溢出效应、总部与生产基地的地理分工关系、总部对各种服务业的需求投入、总部特性等对总部利润的影响。Shiltion 等（1990）研究了相关产业内的总部在城市间和城市内的区位特征。中国学者赵弘在 2002 年提出了总部经济的概念，认为企业将总部与生产基地在空间上分离从而实现资源最优配置和利益最大化是总部向大城市迁移的动力（赵弘，2002），在一定程度上解释了中国公司总部从中小城市向上海、北京等城市聚集的现象。

2.5.4　公司总部迁移与城市发展理论

许多国家、地区和城市非常重视吸引跨国公司地区总部，将吸引公司总部作为经济发展战略。1974 年，菲律宾最早提出了吸引跨国公司地区总部的优惠政策。1986 年，新加坡将吸引跨国公司总部作为经济发展战略，出台了吸引跨国公司地区总部的“国际综合商务中心构想”，并为跨国公司地区总部的迁入制定了包括税收在内的一系列优惠政策和计划，如特准国际贸易计划、商业总部计划、营业总部地位和跨国营业总部奖励计划等，对不同类型的总部给予针对性的优惠政策（Yeung 等，2001）。新加坡的总部发展战略效果非常显著，到 2000 年，大约有 200 个跨国公司地区总部设在新加坡。1990 年初，中国台湾也提出了类似的“亚太运营中心计划”，1993 年，中国台湾在《振兴经济方案》中，将“亚太运营中心计划”延伸至制造业运营中心、金融运营中心、电信运营中心、媒体运营中心。中国香港吸引了大量的跨国公司地区总部，2000 年大约有 855 个跨国公司的地区总部，这也得益于中国香港的经济发展战略。

综上所述，关于总部迁移的区位研究主要集中在以下几个方面：一是公司总部的区位特征，其中多以世界 500 强、跨国公司和美国上市公司的总部为研究对象，通过对这些公司总部的区位进行归纳，得出公司总部的区位特征；二是公司总部的区位变化特征，通过比较上述公司不同时期总部的区位变化，从而归纳出公司总部的区位变化特征；三是以一些特定城市的公司总部为研究对象，分析比较该城市公司总部的迁入迁出情况；四是分析影响公司总部聚集和迁移的因素，通常是通过对公司的访谈来获取信息，并对这些信息加以归纳；五是公司总部地理集中的动力机制和效应，通常用区位决策模型和计量模型来分析公司总部的区位决策机制和公司总部地理集中的效应。这些研究对于本课题有很大的借鉴意义，但是上述研究都较少涉及本书所要研究的中国公司总部。

国内学者有关总部经济的研究也非常值得本书借鉴，特别是赵弘（2002）、魏后凯（1998，2002）、吴敬琏（2004）的研究，以及张静（2006）、王解宇（2005）、秦岩（2005）的工作对本书的研究很有帮助，对研究的思想形成有很大的影响。还有一大批学者，如陈淮、刘世锦、余钟夫、陈东琪、陈江生、许为平、龚霞、林向阳、胡睿宪、张景安、杨宜勇、王凤洲、崔杰、李健、汪洪等的相关研究对于本书有着非常重要的借鉴意义。他们的研究多以在华跨国公司地区总部为研究对象。

除此之外，一些相关领域的研究成果也值得借鉴。①企业迁移的一般理论。从中外文献来看，研究企业迁移的影响因素的文献最多（McLaughlin 和 Robock，1949；Garwood 1953；Cameron 和 Clark，1966；Keeble，1968；Townroe，1972；Ortona 和 Santagata，1980；Pellenbarg、Van Wissen 和 Van Dijk，2002;），影响企业迁移的因素有外部因素、内部因素、区域政策和区位因素（白玫，2003），分析企业迁移的动力机制有空间盈利模型、企业迁移的决定模型等（白玫，2005）。本书作者的博士论文《企业迁移研究》（2003），参与的课题报告《中国企业迁移及区位政策研究》（2005），发表的论文《企业迁移的三个理论流派》（2005）、《企业迁移研究现状》（2006）、《跨国公司的企业迁移战略研究》（2003）、《英特尔“CPU”的中国造》（2006），工作论文《企业迁移的威胁》等均是关于企业迁移的研究成果。由于这些研究都是企业迁移的一般性理论，并没有针对公司总部迁移，因而从本书设计的角度看，对中国公司总部迁移进行系统研究，在国内具有创新性。②产业地理集中的相关研究，特别是金融业地理集中和金融中心的研究。在这一领域，可以借鉴的国内外文献很多，主要包括：Kindleberger（1974）从比较经济史的角度对金融中心的形成原因及过程进行了细致的研究；H. C.Reed（1981）运用识别分析方法，通过大量数据处理对 20 世纪 70 年代主要国际金融中心的地位进行了分析和排序；Economists Advisory Group（1984）的《城市 2000 年：伦敦作为国际金融中心的未来》对古典与现代国际金融中心的特点、条件、规模经济效应、经营地点对不同种类金融机构的竞争能力的影响以及政府监管等众多问题做出了全面的分析；D. Scholey（1986）阐述了国际金融中心的本质特征。经济史学家 Gras（1922）曾深入地分析了作为大城市功能之一的专业化金融机构的发展。英格兰银行经济学家 E. P. Davis（1988，1990）则将企业选址理论运用到金融中心形成的研究中去，用于解释金融中心的形成和发展。与跨国企业建立地区总部相关的理论还有聚集理论、沉淀理论、本土化理论、市场不完全理论、差异化理论、区位优势理论（王建新）。

2.6　小结

在研究中我们注意到，与国内相比，国外的企业迁移服务也非常引人注目。在美国，有许多咨询公司会为企业提供“迁移服务”，也向政府提供各地吸引企业的“报价”。温汉国际是世界上最大的全球迁移管理公司，总部设在美国，它为世界范围的企业提供顾客个性化的企业国际迁移和人力资源管理服务（白玫，2003a）。由温汉国际和美国国家对外贸易会主持，随后国际人力资源研究所、社会人力资源管理全球论坛也参与全球企业迁移调查，从 1993 年起至今，每年进行一次，并发布一个年度调查报告，该调查主要针对企业国际迁移中的人力资源问题①。一些全球性的会计公司也会提供企业国际迁移的咨询服务，如安永（Ernst and Young）和

① GMAC Global Relocation Services. National Foreign Trade Council（NFTC）. SHRM Global Forum：Global Relocation Trends Survey Report，http：//www.windhamint.com.

德勤（Deloitte and Touche），企业迁移服务内容包括提供迁入地政府规章、税收、基础设施、劳动力、厂房设备和居住条件等信息服务。

企业迁移理论为区域经济学研究开启了微观研究视角，国内外学者已从影响企业迁移的因素、企业迁移的形成机理、企业迁移的区域影响和迁移政策等诸多方面进行了大量研究，这些研究将有助于我们认识企业迁移活动的基本规律和发展趋势。同时，大量的企业迁移活动为理论研究提供了良好背景和政策应用前景。但是，从企业迁移文献的数量和内容来看，国内外都存在企业迁移理论研究落后于企业迁移活动实践的情况，企业迁移研究还没有成为区域经济学的主要分支，其研究空间相当大。结合中国企业迁移现实和区域经济发展特点，今后企业迁移研究的方向包括：①将企业迁移与区域协调发展联系起来进行研究，探讨企业迁移在促进区域协调发展中的作用，即从中央政策层面上如何根据企业迁移规律制定企业迁移政策，合理引导企业迁移和产业转移，从而起到协调区域发展的作用；②探讨企业总部迁移、研发迁移等基本特征和规律，更有效地配置稀缺的公司总部资源和研发资源；③对中国企业迁移的一般规律进行深入探讨，使国内研究尽快与国际接轨。

第3章　企业总部迁移的特征、效应和迁移风险

3.1　企业总部迁移的类型

为了全面认识、厘清企业总部迁移的特征，有必要对企业总部进行合理的分类。本章从目标城市与迁出城市的规模、两城市之间的迁移距离、迁移动因等角度进行分类。

3.1.1　上行流迁移、平行流迁移和下行流迁移

根据迁移前后企业总部所在城市规模的不同，企业总部迁移可分为上行流、平行流和下行流三种迁移模式。上行流迁移是指企业总部从规模等级较低的城市迁往规模等级较高的城市的迁移方式；下行流迁移是指企业总部从规模等级较高的城市迁往规模等级较低的城市的迁移方式；平行流迁移是指企业总部迁移前后两个城市的规模等级相同的一种迁移方式。这种分类方法主要用于考察企业总部迁移的方向。

聚集型迁移是指在一国内，企业总部迁移的目标区位较为集中并指向某几个区位，而迁出区位则较为分散，描述的是通过企业总部迁移实现企业总部向某几个区位聚集的过程。相反，如果目标区位分散、迁出区位集中，则称之为扩散型迁移。通常，上行流迁移往往表现为企业总部向中心城市迁移，最终结果是企业总部在中心城市聚集，因而也可以称为聚集型企业总部迁移。

有时上行流迁移也特指企业总部从欠发达地区向发达地区的迁移，也

将这种迁移称为西—东迁移，这里“西”代表落后欠发达地区，“东”代表经济发达地区，即西—东迁移表示，在企业总部迁移中，欠发达地区往往是企业总部迁移的迁出地。下行流迁移往往表现为企业总部从中心城市向中小城市迁移，最终结果是企业总部区位扩散，因而也可以称为扩散型企业总部迁移。

3.1.2 区内迁移与区际迁移

根据迁出区位与目标区位是否在一个特定的空间进行分类，可以将企业总部迁移分为区内迁移与区际迁移。这里的“区”可以是城市、省、都市圈，也可以是国。区内迁移是指企业总部迁移发生在一个区域内，区际迁移是指企业总部迁移发生在两个区域之间。这种分类方法主要用于考察企业总部迁移是否具有俱乐部迁移特征，即企业总部迁移是否更易在俱乐部内发生。

表 3-1 区内/际企业总部迁移的类型

企业总部迁移类型	定义	备注
城市内迁移	企业总部迁移发生在一个城市内	城市中心—郊区型迁移
		郊区—城市中心型迁移
城市间迁移	企业总部迁移发生在两个城市之间	
区域内迁移	企业总部迁移发生在一区域之内	
跨区域迁移	企业总部迁移发生在两区域之间	
省内迁移	企业总部迁移发生在一省之内	
省际迁移	企业总部迁移发生在两省之间	又称跨省迁移
国内迁移	企业总部迁移发生在一国之内	
国际迁移	企业总部迁移发生在两国之间	也称跨国迁移

资料来源：笔者归纳。

如果企业总部迁移的目标城市与迁出城市是一个城市，称为城市内迁移，换句话说，城市内迁移是指企业总部在一个城市内的搬迁，它主要包括城市中心—郊区迁移和郊区—城市中心迁移两种，这里连接线“—”前面表示迁出区位，后面表示目标区位，即城市中心—郊区迁移是指企业总部从城市中心地区向郊区的迁移，郊区—城市中心迁移是指企业总部从郊区向城市中心地区的迁移。根据目标城市和迁出城市是否在一个省进行分类，企业总部迁移可以分为企业总部省际迁移和省内迁移，即省际迁移是指目标城市与迁出城市不在一个省的企业总部迁移，而省内迁移是指目标城市与迁出城市在同一个省的企业总部迁移。根据目标城市和迁出城市是否在一个国家进行分类，企业总部迁移可以分为企业总部国际迁移和国内迁移，即国际迁移是指目标城市与迁出城市不在一个国家的企业总部迁移，国内迁移是指目标城市与迁出城市在同一个国家的企业总部迁移。

3.1.3　短距离迁移、长距离迁移和远距离迁移

根据企业总部迁移距离的远近，可以将企业总部迁移分为短距离迁移、长距离迁移和远距离迁移。这种分类方法主要用于考察企业总部迁移是否具有距离衰减性。

根据国际经验和中国的实际情况[①]，短距离迁移通常是指迁移距离在1000 公里以内；长距离迁移通常是指企业总部迁移的距离在 1000 公里以上 3000 公里以内；远距离迁移通常是指迁移距离在 3000 公里以上。

3.1.4　成本导向型迁移、市场导向型迁移、业务导向型迁移、形象导向型迁移

根据企业总部迁移的动因不同，可以将企业总部迁移分为成本导向型企业总部迁移、市场导向型企业总部迁移、业务导向型企业总部迁移、形象导向型企业总部迁移。这种分类方法主要是为了考察企业总部迁移的主要动因。

成本导向型企业总部迁移是指企业总部迁移主要出于节约成本的考虑；市场导向型企业总部迁移是指企业总部迁移主要出于追逐新的市场机会；业务导向型企业总部迁移是指企业总部迁移主要是业务重心转移所致；形象导向型企业总部迁移是指企业总部迁移主要考虑的是要寻求适合企业新形象的城市。

---

① 短距离迁移、长距离迁移与远距离迁移的划分标准与国家有关，大国与小国有很大的差别。有些国家，如荷兰将短距离迁移的距离标准定为 300 公里。

3.1.5 管理总部迁移、投融资总部迁移、研发总部迁移、营销总部迁移

如果按价值链分工的不同，可将企业总部分为管理总部、投融资总部、研发总部、营销总部、采购总部等，企业总部迁移可分为管理总部迁移、投融资总部迁移、研发总部迁移、营销总部迁移等。这样分类的目的是为了考察企业总部的哪些部门的迁移意愿更强一些。

类似地，可以根据企业管理结构进行分类，分为行政总部、投资总部、融资总部、研发总部、销售总部、采购中心、（跨国公司）地区总部、办事处、代表处等，相应地就有行政总部迁移、投资总部迁移、融资总部迁移等。

3.1.6 建立区域企业总部、重置企业总部职能及转移企业总部

企业总部国际迁移主要有三种类型：建立区域企业总部、重置企业总部职能及转移企业总部。这种分类，可以用来观察跨国公司地区总部迁移在不同国家所表现出来的特征。

建立区域企业总部：目前跨国公司最常见的总部调整战略就是设立区域总部，这些区域总部一般都设在可以提升公司在全球生产体系中的战略形象的城市。以新加坡为例，截止到 2000 年，3600 家跨国公司在新加坡设立了从事区域性业务和行使部分总部职能的机构，相当于全新加坡 6000 家跨国公司的 60%（Yeung，2001）。美国的 IBM 在新加坡设立了一个地区总部。在 2002 年 1 月到 2003 年 3 月间，全球大约有 800 余家企业建立了地区总部，涉及 52 个国家，其中 31 个为发展中国家（王解宇，2005）。

重置企业总部职能：部分跨国公司倾向于将一些企业总部特殊的职能转移出去。如飞利浦在 20 世纪 90 年代就将荷兰企业总部的一些部门转到美国加利福尼亚。

转移企业总部：转移企业总部是指将母公司总部从一个国家转移到另一个国家，主要是由于不同国家的跨国公司跨国界兼并或合并所造成的。如 1995 年美国的 Upjoin 公司与瑞典的 Pharmacia 合并，然后将其公司总部

建在伦敦，2000 年，该公司和美国孟山都合并，企业总部迁到美国新泽西州的 Peapack（王解宇，2005）。

3.2　企业总部迁移的特征

3.2.1　与经济政治中心一致性

3.2.1.1　企业总部迁移与经济政治中心一致性

与经济政治中心一致性是指企业总部迁移的目标区位往往是经济政治中心。根据贸发会议统计，最大的 100 家跨国公司的总部都设在发达国家。Holloway 和 Wheeler（1991）、Horst 和 Koropeckyi（2000）等对世界 500 强企业的总部区位特征进行的研究表明，企业总部更倾向于向大城市聚集。联合国贸易和发展会议（UNCTAD，2001）的报告也显示，大多数跨国公司总部集中位于少数发达国家的经济中心城市。

美国世界 500 强企业总部主要分布在东北部大西洋沿岸和五大湖区，西部太平洋沿岸和南部的墨西哥湾地区，中部地区分布较少，空间格局不平衡，与美国的经济发展格局基本一致。法国 91%的跨国公司总部在巴黎，瑞典 66%的跨国公司总部在斯德哥尔摩，奥地利 45%的跨国公司总部在首都维也纳，也与其各自的经济中心一致。

日本企业总部分布与日本的经济格局基本一致。日本经济中心是东京，GDP 占本国的 17%，日本 3609 家上市公司中的 1721 家（47.7%）企业总部在东京，一半以上的日本跨国公司总部位于东京，70%以上的日本世界 500 强企业总部在东京。

观察中国上市公司总部迁移的目标区位，北京、上海、成都和广州等城市成为企业总部迁移的目标城市。这与北京是中国的政治经济中心、上海是长三角地区的经济中心、广州是珠三角地区的经济中心、成都是西南地区的经济中心相一致。

中国香港作为一个高度国际化的经济中心城市，具有良好的商业环境、法治体制、自由贸易制度、自由资讯服务、公平开放的竞争环境、发展完备的金融网络，吸引了数千家集团公司的总部。根据香港政府统计处发布的 2002 年海外公司驻香港的地区代表统计调查结果，香港以外注册公司驻港的地区总部共有 948 家，驻港的地区办事处则有 2171 家。

表 3-2 企业总部迁移的目标城市与经济政治中心城市

国家	经济/政治中心城市	企业总部迁移的目标城市	一致否
法国	巴黎	巴黎	是
瑞典	斯德哥尔摩	斯德哥尔摩	是
奥地利	维也纳	维也纳	是
美国	纽约	纽约	是
日本	东京	东京	是
中国	北京	北京	是
韩国	首尔	首尔	是

资料来源：笔者归纳整理。

3.2.1.2 企业总部迁移的目标区位随经济中心的变迁而变化

跨国公司总部或地区总部布局也随经济活动重心的变化而发生变化。在 20 世纪 90 年代之前主要集中在美欧日三极区域，90 年代后开始向新兴工业化国家和发展中国家扩散，在 90 年代的扩散过程中，又表现为 90 年代中前期跨国公司地区总部布局倾向于新加坡和中国香港，而 90 年代后期跨国公司的地区总部布局重点转向中国。20 世纪 70 年代美国经济相对衰落，西欧、日本经济获得迅速发展，美欧日经济发展水平出现均衡化趋势，20 世纪 80 年代欧洲共同体和日本已经具备与美国相抗衡的经济实力，在国内生产总值、对外贸易、海外投资、科学技术及黄金外汇储备等方面都迅速赶上或超过美国。但是 20 世纪 80 年代末期开始，美日欧三大区域经济中心的较量越来越复杂激烈，直接推动了西欧、北美、亚太经济区域化的发展，全球区域经济合作正在打破原有的世界经济格局，塑造新的世界经济格局。20 世纪 90 年代，日本随着泡沫经济的崩溃，丧失了与美欧平等参与全球区域经济合作的机会，与大西洋两岸区域经济合作的蓬勃发展相比，东亚地区的区域经济合作非常滞后，三足鼎立的世界经济格局出现倾斜的兆头。同时，新兴工业化国家和地区正在逐渐参与到世界经济格局中来，在世界经济体系中的地位不断提高。20 世纪 70 年代在亚洲、拉丁美洲出现了一批新兴工业化国家和地区，它们是：新加坡、韩国、中国香港、中国台湾、巴西、阿根廷和墨西哥等。20 世纪 80 年代，在世界经济不稳定、低速增长的大背景下，各种不同类型的国家普遍进行了经济调整和改革，这种调整和改革促使世界经济格局在 20 世纪 90 年代进一步发生变化，中国、印度、以色列显示出蓬勃的发展活力，成为世界经济的活跃区域和繁荣区域。

3.2.1.3 原因分析

由于高层行政管理、财政、法律、广告以及研究与开发等职能主要集中在企业总部，一些大公司大都把企业总部区位设在大城市特别是中心城市。大企业总部在大都市区集中可以获得许多方面的好处。①中心城市一般是国际和国内的交通中心，拥有一个甚至多个国际机场。发达快速的交通网络特别是航空网络，为加强企业总部与分布在世界各地的子公司之间的人员联系提供了方便。②由于企业总部每天都要发送或接收来自海内外子公司和其他经济组织的大量信息，并对这些信息及时进行处理、加工和传递，因此，大企业总部一般需要建立一个高效畅通的全球信息网络。中心城市尤其是首位城市一般具有较发达的信息产业和完善的通信设施，这就为大企业总部信息网络的建立创造了条件。③企业总部需要一批高素质的管理技术人员，特别是经营管理、投资、财务、律师、广告策划和研究开发人员，而中心城市一般是这些高级管理技术人才相对集中的地方。这样大公司就可以根据自己的需要随时招聘到一些最优秀的人才。同时，中心城市的各种社会文化设施也满足了公司高层管理技术人员的需要。④中心城市一般是政府的行政管理中心，也是众多金融机构的所在地。因此，大公司把其企业总部设在这里，既可以加强与政府部门之间的交往，及时掌握政府减税的各种动向，又可以凭借地缘优势不断改善与金融机构之间的关系，同时迅速对金融市场的变化做出反应。⑤大公司相对集中在中心城市地区，为工商业者提供了面对面打交道的机会。尽管目前通信条件已有了很大的改变，但许多工商业者仍然喜欢亲自结识与他们打交道的人。他们认为这样做可以更有效地进行经营管理，增进信任，并且使思想得以自由交流。⑥便利的交通运输。包括与公司内其他分部、子公司之间，与其他主要市场之间，应有方便的交通联系。以便主要决策者与相关人员之间有良好接触，掌握公司运营脉搏，及时发现问题、解决问题。

3.2.2 距离衰减性

所谓企业总部迁移具有距离衰减性是指企业总部迁移时，更倾向于近距离迁移。世界各国企业总部迁移的经验表明，企业总部迁移具有距离衰减性。观察 1994~2003 年世界 500 强企业总部在美国城市间的迁移距离发现：65%的为近距离迁移，多发生在美国老工业区（如五大湖区、纽约周边地区），如先灵葆雅公司总部从新泽西州的 Farms Madison 迁到 Kenilworth；20%的是长距离迁移，如弗莱明公司总部从得克萨斯州的 Lewisville 迁到俄克拉何马州的 Oklahoma；15%的是远距离迁移，如在美国，一批世界 500 强企业将其企业总部由东北部转向西部和南部，像诺斯洛普格鲁曼公司总部从伊利诺伊州迁到洛杉矶[①]。意大利的企业总部迁移几乎都是短距离迁移。中国企业迁移也表现为以短距离迁移为主，上市公司总部迁移中约 59%为短距离迁移（见第 7 章）。

企业总部迁移具有距离衰减性的原因主要是在企业总部迁移过程中存在信息成本、心理成本和就近扩张的偏好。第一，企业总部迁移之所以具有距离衰减性，是因为企业总部迁移时会产生空间成本。所谓空间成本是指因距离带来的信息成本和心理成本。信息成本是指企业总部从目标区位获得信息的成本，通常迁出区位与目标区位的距离越远，企业获得目标信息的难度就会越大，从而获得目标区位信息的成本就越大。心理成本是指由于各地区传统、习惯、文化、宗教、语言以及种族等方面的差异，使得迁出城市与目标城市距离越远，转移的心理成本就越高。由于企业有减少信息成本和心理成本的要求，从而使得企业总部迁移具有距离衰减性。第二，企业总部迁移之所以具有距离衰减性是因为内部扩张带来的空间扩张常具有就近迁移的特点，外部扩张也有距离衰减行为。事实上，外部增长即并购也具有距离衰减性。由于被并购的公司原已存在，因而迁移距离一般不确定性较大。但是也有不少学者认为，所兼并企业的区位也具有从中心区向外不断扩张的特点。美国一些关于兼并场（Merger Field）的研究也类似地发现，如公司总部在纽约、洛杉矶和芝加哥的公司，其兼并场随着时间的推移而不断外扩，但其仍以公司总部周围地区为主实施兼并，这种

① 新浪网上有相关报道。

兼并的距离衰减现象也发生在国际层面上。

3.2.3 上行流迁移主导性

尽管世界各国的企业总部迁移方向有所不同，但是总体表现为上行流迁移。上行流迁移主导迁移方向，其含义是多数国家的企业总部迁移是以上行流迁移为主，如中国、日本、法国、英国等国都是以上行流迁移为主，但也有不同的，像美国就以下行流迁移为主。

一些世界 500 强企业总部为了充分享受大城市带来的各种好处，从原先较小的城市迁到中心城市（如东京、伦敦、巴黎等）；一些在小城市成长起来的中国企业，为了获得信息、人才等战略性资源，将企业迁到北京、上海等中心城市。第一，中国企业总部迁移以上行流迁移为主。从 20 世纪 90 年代末以来，中国出现了企业总部迁移的浪潮，并表现为上行流迁移的特征，北京、上海、深圳及省会城市成为这波企业总部迁移的目标城市。四川“东方希望”、山东“春兰”、浙江“杉杉”等企业将总部迁往上海；山东“浪潮”、山西“经纬纺机”、湖南“远大空调”等企业将总部迁往北京；“乐百氏”、“健力宝”、“今日”等企业将总部迁到广州；“科龙”将企业总部迁往香港；“东风汽车”将企业总部从十堰搬到了武汉；浙江“吉利”企业总部从台州迁到杭州；等等。由于企业初期都是在小城市发展起来的，像春兰出生在泰州，小天鹅出生在无锡，美的、格兰仕、科龙出生在顺德等，企业发展到一定阶段后，其所需的人才、科研、信息等战略性资源的获取受到限制，成为企业进一步发展的制约瓶颈，“迁移企业总部”因而成为突破这一瓶颈的一种选择方式。第二，日本世界 500 强企业总部迁移主要是上行流模式，如日本日绵企业总部由大阪迁到东京。第三，欧洲世界 500 强企业总部迁移的结果是，企业总部区位更趋于集中，如英国 BAE 系统企业的企业总部由 Farnborough 迁到伦敦；法国邮政从法国 Boulogne 迁到巴黎等，都是将企业总部迁往首都。

不过也有例外的，如美国在 20 世纪 60 年代中期以后，企业总部迁移以下行流迁移模式为主，迁移的结果是企业总部区位趋于分散。鉴于商务成本、生活环境、安全等因素，很多大企业总部迁往郊区或“阳光地带”，纽约是这种下行流迁移的主要迁出城市。如可口可乐公司总部从纽约迁到了亚特兰大，壳牌石油公司总部从纽约迁往了休斯敦，莫比尔石油公司总部从纽约迁往弗吉尼亚的费尔法克斯，美国航空公司总部由纽约迁往沃思堡。

3.3 主要国家企业总部迁移的特征

不同国家的企业总部迁移表现出各自的特点。美国企业总部迁移的特征是中型规模企业总部迁移率高，并向以服务业为主导产业的城市聚集；20 世纪 60 年代中期后以下行流迁移为主，60 年代中期以前企业总部迁移以上行流迁移为主；美国大企业总部迁移指向是发展迅速的中等规模城市。日本的世界 500 强企业总部数急剧下降的同时，空间聚集在不断加强；企业总部迁移的区位指向是东京，双企业总部是日本企业总部迁移的一种典型形式。意大利企业总部迁移几乎都是短距离迁移且主要发生在服务业。荷兰企业总部迁移几乎都是小企业包括总部的整体迁移。

3.3.1 美国企业总部迁移的特征

第一，美国大企业总部迁移指向是发展迅速的中等规模城市。1955~1965 年，美国的世界 500 强企业大多位于像纽约这样的大城市，并且在这期间企业总部在主要大城市分布的比例变化不大。如在 1955 年，美国世界 500 强企业总部有 31%在纽约，这种情况持续了约 10 年。但是，从 20 世纪 60 年代中期开始，企业总部就开始向郊区迁移或向美国其他经济中心城市迁移。随后 30 年，位于纽约的企业总部数量逐年下降，到了 1999 年，美国世界 500 强企业总部只有 10%在纽约了。与 1955 年相比，减少了 1/2 还要多（Quante，1976；Horst 和 Koropeckyi，2000）。这些跨国公司总部的目标城市是美国其他经济中心城市，这些中心城市有足够的基础设施吸引企业总部入驻，通常这些城市的人口增长较快。Klier 和 Testa（2002）在更大范围调查的基础上发现，20 世纪 90 年代，美国企业总部的下行流迁移是一个长期的趋势。

第二，企业总部迁移经历了两个不同阶段：20 世纪 60 年代中期以前，企业总部迁移以上行流迁移为主，60 年代中期以后，企业总部迁移以下行流迁移为主。在 60 年代中期以前，美国大企业总部主要集中在大都市区，特别是美国东北部和中西部大都市区。美国最大的 500 家工业企业中，有 281 家企业总部集中在纽约、芝加哥、匹兹堡、克利夫兰、底特律、圣路易斯等 12 个大城市，占 56%。其中，仅纽约市就有 137 家，占 27.4%；芝加哥 38 家，占 7.6%；克利夫兰和底特律各 18 家。然而，自 60 年代中期以来，随着城市郊区化的迅速推进以及经济活动（主要是制造业活动）不断由集中走向分散，一些大企业也开始把企业总部从纽约这样的大都市区中心搬迁到大都市的外围地区，甚至是美国其他地区。例如，埃克森美孚是石油公司的总部设在得克萨斯州爱文市，其合并前的埃克森和美孚两家世界最著名、最老牌的石油企业，企业总部曾设在纽约。埃克森石油公司总部从纽约的曼哈顿区中心搬迁到得克萨斯州达拉斯附近的欧文市，美孚石油公司把总部从纽约搬迁到了弗吉尼亚的费尔法克斯（Fairfax）。

Holloway 和 Wheeler（1991）的研究发现，导致企业总部分散迁移的原因是企业并购。他们的观点认为企业并购导致企业总部的空间分散，而新建企业是企业总部聚集的重要原因。

第三，中型规模企业总部迁移率高，并向以服务业为主导产业的城市聚集。Strauss-Kahn、Vanessa 和 Xavier Vives（2005）在对大约 3 万个美国的企业总部数据观察的基础上，研究了 1996~2001 年企业总部迁移的特征。企业总部以聚集型迁移为主，特别是中型规模企业总部在以服务导向的都市区聚集的趋势尤其显著，并且迁移的速度也是显著的，以每年 5% 的速度迁移。大企业（根据规模确定大小）、成立时间较短的企业、国外大企业（以企业分支数量确定大小）以及由于合并而新产生的企业，其总部迁移更频繁一些。企业总部向大都市区域迁移，与该大都市具有便利的机场、较低的企业税收、较低的平均工资成本、高水平的商业服务以及同行业企业总部的聚集等因素紧密相关。

3.3.2　意大利企业总部迁移的特征

意大利企业总部迁移表现为两个较为显著的特征：第一，企业总部迁移几乎都是短距离迁移；第二，企业总部迁移主要发生在服务业。

意大利的企业总部迁移几乎都是短距离迁移。企业总部通常迁移到相邻的地区，如北部地区与中部地区间的迁移。与短距离迁移相比，中等距离的迁移数量要少得多。长距离迁移主要发生在从北部、中部地区向南部地区的迁移，南部大约一半的迁移是来自西北部的 Lombardy 和 Emilia Romagna 地区，约 10%来自东北部的 Veneto 和 Friuli-Venezia Giulia 以及 Trentino-Alto Adige 地区。

服务业企业总部迁移最活跃，约有半数以上的企业总部迁移发生在服务业。1999 年，有 5559 家服务业企业的总部发生了迁移，占迁移总数 10198 家的 55%；其次是批发和旅馆业，有 2332 家企业的总部发生了迁移，占企业总部迁移总数的 23%；接下来是制造业，共 1269 家企业总部发生了迁移，占总部迁移总数的 12%；最后是建筑业，共 1040 家企业总部发生了迁移，占总部迁移总数的 10%。从迁移率上看，1999 年，意大利服务业的企业总部迁移率最高，为 0.41%；排在第二位的是制造业与建筑业，其企业总部迁移率都是 0.25%；批发和旅馆业的企业总部迁移率是 0.19%。1999 年，意大利企业总部平均迁移率是 0.29%。

表 3-3　1999 年意大利分行业的企业总部迁移情况

产业	企业数（家）	迁移数（家）	产业特征（%）	迁移率（%）
制造业	501804	1269	12	0.25
服务业	1358269	5559	55	0.41
批发和旅馆业	1200749	2332	23	0.19
建筑业	413792	1040	10	0.25
合计	3474614	10198	100	0.29

资料来源：Mariotti（2002）-ISTST 数据库。

企业总部迁移率不高，企业总部迁移的绝对数量却相当大。登记数据表明，1999 年在意大利共有 10198 家企业的总部所在地发生变动，占企业总数的 0.29%。

在意大利还没有建立企业迁移的专门数据库，但是企业登记注册数据（包括企业登记注册和 ASIA 档案）中可以提供企业空间变化的信息。在企业登记注册数据中，企业有唯一特定的代码（纳税人代码），通过它可以了解企业所在位置，以及企业空间变化和发展的历程。所有的 ASIA 档案和企业注册簿提供了完整的企业总部在各省份的迁移信息。这些数据可供研究意大利企业总部在意大利省际的迁入和迁出。例如，2003 年，在企业登记注册数据库中有 590 万个企业注册记录，其中 480 万家企业处于正常经营状态中。在正常经营的企业中，有150万家批发业企业，140万家技术类企业，100万家农场和75万家制造加工企业。在这个数据库中，有企业何时建立、何时倒闭的统计数据，主要是企业总部的数据。

企业总部迁移的区位特征。企业总部迁移的目标地区是Lombardy、Lazio、Veneto、Toscana、Puglia、Sicilia和Sardegna，企业总部迁移的迁出地区主要是Piemonte、Liguria、Campania、Emilia Romagna和Friuli-Venezia Giulia。

从地区来看，意大利西部的企业总部迁移非常活跃，企业总部迁移量占全国的31%，其中迁入量占全国的30%，成为最吸引企业总部的地区。其次是中部地区。从都市区来看，迁入量比重依次是Lombardy地区（20%）、Emilia Romagna地区（12%）、Lazio地区（11%）、Veneto和Piemonte地区（9%）。批发和酒店业的企业总部更愿意去Emilia Romagna地区。Lombardia地区，特别是Milan都市区，之所以能够吸引企业总部迁入，是因为金融和商业服务方面的优势。

3.3.3 荷兰企业总部迁移的特征

荷兰企业总部迁移的特征表现为：第一，企业总部迁移几乎都是小企业整体迁移；第二，有非常完善的企业迁移数据库。

荷兰企业总部迁移几乎都是小规模企业整体迁移。2001年，荷兰共有127家制造业企业整体迁移，这些迁移企业的平均规模是44人，规模最小的企业雇员有10人以上。除了食品和饮料业，12个行业的企业迁移的资本规模基本类似。127家企业总部迁移涉及5578份工作的转移，目标区位是Randstad地区，目标省份是North Brabant和Gelderland（Kemper和Pellenbarg，1997）。

企业总部迁移存在行业特征。与制造业相比，服务业企业迁移量要大得多，增长速度也快一些。1994年，荷兰企业总部迁移中，制造业为3700家，建筑业为3620家，其余都是服务业企业的总部迁移案例。表中，商业服务业是指交通、运输、通信、仓储物流、银行、保险、商业服务等，个人服务业是指旅馆、房屋租赁业、健身、美容美发等，其他服务业是指金融支持（Financial Holdings）。

表 3-4　1994~1995 年荷兰企业总部迁移情况

企业总部迁移	迁移量（1994 年）（家）	迁移量（1995 年）（家）	增长率（%）
制造业	3700	3950	6.8
建筑业	3620	4250	17.4
批发	9300	9800	5.4
零售	6280	6550	4.3
商业服务业	16800	18400	9.5
个人服务业	5300	5750	8.5
其他服务业	18000	19000	5.6
合计	63000	67700	7.5

资料来源：Kemper 和 Pellenbarg（1997）。

在荷兰开展企业总部迁移研究很方便，既可以从企业登记机构获取相关研究的数据，也可使用专门的企业迁移数据库。从 1921 年开始，荷兰要求，新建企业必须在 Trade Register（CoC Register）上注册，每个企业有一个特定的代码，即便企业发生迁移，这个特定的代码也不会更改。Trade Register 包括了所有合法注册的公司信息，也涵盖了非营利组织的信息。从 1980 年，荷兰经济贸易机构开始实施所谓的转变平衡项目（Mutation Balance Project），该工作每年会产生非常有价值的企业空间变动信息，如企业迁移和企业倒闭的数据。该工程的目的就是建立一个企业空间变化的注册簿，为国家提供企业经济活动的空间变化情况。该数据库不仅涉及企业的总部变动信息，也包括企业分支机构的变动信息，不过分支机构的变动只是部分地体现出来。这个数据库为国家制定恰当的区域政策提供了有力支持。

3.3.4　日本企业总部迁移的特征

日本企业总部迁移的特征表现为以下三个方面：第一，总部位于日本的世界 500 强企业数量锐减的同时，在东京的聚集程度不断提高；第二，上行流迁移主导企业迁移，目标区位指向东京；第三，双企业总部被推崇。

对比 2007 年与 1995 年总部位于日本的世界 500 强企业数量，1995 年是 141 家，2007 年是 67 家，共减少了 74 家，平均每年减少 5.5 家。总部位于东京的世界 500 强企业数量从 1995 年的 93 家减少到 2007 年的

50 家，净减少了 43 家，平均每年减少 3.5 家。尽管如此，东京依然拥有世界 500 强总部数量最多的城市（50 家），比同一数据排名第二的巴黎（26 家）多近 1 倍，比同一数据排第三的纽约（22 家）多 1 倍多。世界 500 强企业总部在日本的集中度也是最高的，在东京的集中度高达 74.63%。

企业总部的迁移区位指向是东京。日本学者 Takumi Hirai（2004）研究表明，1960 年以来，总部位于大阪的企业一直不断向东京迁移，这种现象已持续了近 40 年。许多出生在大阪的企业，或整体搬迁到东京等城市、或将企业总部迁到东京、或将企业总部的部分功能迁移到东京，这种持续的企业总部迁移对大阪经济造成了深刻的影响。研究还表明，大阪企业总部的外迁趋势并没有得到遏制。

双企业总部是日本企业总部迁移的一种典型形式。所谓双企业总部就是将企业总部功能分由两个企业总部执行，两个企业总部在功能上进行分工。在大阪成长起来的且目前总部还在大阪的企业中，有 12%是采用双企业总部的形式（Takumi Hirai，2004），即一部分功能在大阪，另一部分功能在东京。

3.4　企业总部迁移效应

尽管企业总部迁移是企业的微观行为，但是企业总部迁移所产生的影响并不仅局限于企业本身，而且对目标城市和迁出城市的经济结构、区域发展产生深刻影响。企业总部在空间上的集群与分散现象，显著地影响着一个地区的成长（Aksoy 和 Marshall，1992），并表现为就业效应、财富转移效应与税收转移效应、产业带动效应、资金聚集效应、密切区域间联系、促进区域新型分工形成、提升城市形象等正面影响，同时也会起到加剧区域经济发展的不平衡作用和对小企业的挤出作用。

3.4.1　就业岗位转移效应

企业总部迁移直接带来的是工作岗位的转移。大多数情况下，大企业总部的迁入为当地带来了就业，也为城市发展注入了动力。在1988年8月至1999年12月的11年间，英国共有251289家企业总部发生了迁移，伴随着企业总部迁移的是31767466个相关的工作转移（Ilaria Mariotti，2001）。不过也有学者研究认为企业迁移的就业效应并不明显。Steven R.和Holloway（1991）对美国工业企业总部区位在1980~1987年的变化情况进行了观察，研究表明尽管东北部的企业总部数量有所下降，南部和西部地区的企业总部数量有所上升，但企业总部迁移对阳光地带就业增加贡献较小，对东北部地区的就业机会减少所造成的消极影响也很小。

3.4.2 税收转移效应

财富转移效应是指因总部迁移所引起的企业资产、应交税金、销售收入、销售利润、市值等在迁出区位和目标区位间的转移。税收转移效应是财富转移效应的一种。

企业总部迁移导致的税收转移是一个复杂的过程（Papke，1991），不同国家不同时期都会不一样。税收转移效应是指由于企业总部迁移所带来的目标城市的税收增加和迁出城市的税收减少的现象。企业总部对所在区域贡献的税种主要包括增值税、消费税、营业税、城市维护建设税、企业所得税（外商投资企业和外国企业所得税）、个人所得税、房产税、契税、资源税、土地使用税、车船使用税和印花税等。企业总部由高级管理人员、高级技术人员、高级营销人员等组成，他们的收入相对于普通员工要高得多。根据中国现行个人所得税法的规定，无论是工资、薪金所得，还是股息、红利所得，其应缴纳的个人所得税，都应由企业代扣，并向企业所在地的税务机关代为缴纳。企业总部迁移的高管人员的个人所得税也会随总部从迁出区域转移到目标区域。

不同形式的企业总部，其纳税方式也不同。①单一管理职能的企业总部，税收没有转移。按照现行税法规定，当企业总部与子公司、分公司不在一个区域时，企业总部本身并不创造利润，在不合并纳税的情况下企业总部的收益是分公司（独立核算）或子公司的税后利润，此时企业总部所在地没有所得税收入。②具有资金控制和调配职能的企业总部，营业税、企业所得税等可能发生转移。资金通过企业总部统一结算，为企业总部所在地带来营业税及相关税源。另外，根据税法规定，企业所得税可以汇总到总公司缴纳，因而企业可以根据情况，选择是否合并纳税。③具有销售中心的企业总部，可以通过价格转移实现税收转移。可以将外地的生产部门利润通过内部转移价格的方式转移给企业总部所在地，此时，企业总部所在地不仅可以有增值税收入，而且可以有企业所得税的收入。即使企业总部在外地设立了销售部门，也可以通过在企业总部设立销售部门的方式实现在不同地区的利润转移。④具有管理、研发、生产和销售功能的企业总部，企业总部所能贡献的税收种类最多，税收转移效应也最大。在这样的组合模式下，其能够给企业总部所在地带来全部税源，但关键还要考虑企业总部所在地能否为企业总部提供制造基地。如果能够提供制造基地，这样的企业总部带来的税收种类将比较全面，包括个人所得税、企业所得税、营业税、增值税以及附加税等多种税源。

表 3-5　企业总部职能与企业总部所在地税源

企业总部的职能					企业总部所在地的主要税源				
行政管理	资金调配	销售	研发	生产	高管个人所得税	企业所得税	增值税	营业税	城市维修建设税
√					√				
√	√				√	√			
√	√	√			√	√	√		
√	√	√	√		√	√	√	√	
√	√	√	√	√	√	√	√	√	√

资料来源：笔者归纳。

3.4.3　产业带动效应

企业总部迁入带动餐饮、娱乐等服务业的发展。企业总部对所在区域的消费带动也包括两个方面：一方面是企业总部的商务活动、研发活动以及保障商务活动和研发活动所必需的各种配套消费；另一方面是企业总部高级白领的个人生活消费，包括住宅、交通、子女教育、健身、旅游、购物等。这些消费必然推动餐馆、娱乐、健身等第三产业的发展。

企业总部的聚集，带动现代服务业的发展。包括信息服务、金融、教育培训、会议展览、国际商务、现代物流业等的发展。企业总部是一个企业或集团的战略决策中心、投融资中心，决定着企业的投资方向。企业总部的迁入带来资金的聚集，资金的聚集将促进企业总部所在地金融业的发展。经验表明，一个制造业跨国公司总部向一个区域迁移，会带动几个甚至是十几个与其有紧密业务关联的知识型服务公司随之迁移。一个大规模的企业或企业集团对上下游配套服务企业有强大的吸引力，企业总部的聚集将在一个区域快速形成产业集群。

3.4.4 资金聚集效应

资金聚集效应是指由企业总部迁移引起的资金聚集效应，即通过企业总部对资金实行归集和统一管理使得分散在全国的资金向企业总部所在地集中的过程。企业总部为了加强对资金的调控能力，实现资金的优化管理，众多企业集团和跨国公司选择对资金实行归集和统筹管理。以北京地区最大的企业存款户中国移动集团为例，该集团定期将各省子公司的资金归集到北京，形成巨大的资金存量。据不完全统计，截至 2006 年 6 月末，中国移动集团在北京各银行的存款余额超过 1800 亿元。以中国移动为例，仅 2006 年 1~2 月，集团总部从 31 个省的子公司抽取的资金就达到 274.5 亿元，其中规模最大的广东省达到 96.6 亿元（周丹，2007）。

北京地区作为公司总部聚集地，资金归集带来的存款资金集中的影响更为显著。据不完全统计，2006 年 6 月末，北京地区存款前 50 户企业（基本上都是企业集团企业总部或其资金调度中心，不含金融、保险业和军队存款）人民币存款余额合计 5447.9 亿元，占北京市中资银行人民币存款余额的 33.8%，户均存款达到 109 亿元。企业总部在北京贷款市场上占据着重要地位。银行信贷登记咨询系统显示，2005 年末，中央单位贷款余额占北京市金融机构贷款余额的 41.89%；贷款余额前 20 户中央企业集团贷款余额合计 4842.1 亿元，户均贷款为 242.1 亿元，贷款户数占比仅为 0.12%，但贷款余额占同口径全部贷款余额的 33.7%。企业总部在债券市场上的主体地位更为突出。2005 年，北京企业债券和短期融资券的融资主体全部为大型企业集团，其发行量在全国的占比很高。这些企业当年累计发行短期融资券 834 亿元，占同期全国发行额的 60%；累计发行企业债券 460 亿元[①]

① 数据来源：中国债券网。

(不含短期融资券，含可转债)，占同期全国发行额的 74%。

3.4.5 区域分工效应

区域分工效应是指企业总部迁移具有密切区域间联系，促进区域新型分工形成的作用。一方面，企业总部有很强的辐射能力，通常它的辐射半径是到离企业总部最远的分支机构的距离。通过企业总部对其分支机构的管理、协调、资金调配和战略影响，实现了企业总部所在城市与分支机构所在地的联系，增加了两地区间人员和经济的往来。另一方面，企业总部向中心城市集群布局，生产工厂向成本比较低的、远离中心城市的地区集群布局，这种企业总部和加工生产基地在空间上的分离，形成区域间新型分工，即功能分工。企业总部形成中心区域和外围合作分工的关系(Duranton，G.和 D. Puga，2002)，利用不同区域的比较优势，对要素重新组合、聚集，从而形成区域分工协作、区域协调发展的局面。

3.4.6 城市形象提升效应

企业总部向中心城市迁移，对提升城市形象有着积极的作用。一个区域聚集了大批的企业总部，说明该区域的商务环境、综合环境比较优越，有利于提升这个地区的知名度、美誉度和国际地位。伴随企业总部迁移的是高级人才、资本和信息的聚集，而这些高级要素的聚集程度代表着城市发展水平的高低。同时，企业总部迁入加速知识型人才的培养与再造、多元文化的融合与互动，提高城市的开放度，加快城市的国际化步伐。这些都提升了城市的形象。

3.4.7 不平衡发展效应

企业总部迁移除了具有提升城市形象、密切区域间联系、促进区域新型分工形成、带动产业发展等作用，还会起到加剧区域经济发展不平衡以及地方政府间无序的税收竞争的作用。

加剧区域经济发展不均衡。由于企业总部向中心城市迁移使得产业价值链高端的研发和销售向发达地区聚集，价值链低端的生产、制造、加工迁到或留在欠发达地区，进一步加剧了区域经济结构、层次的不均衡。①加剧金融资源配置的区域不均衡。企业总部的资金集中管理加速了资金从非企业总部所在地向企业总部所在地流动。而企业总部所在地多为经济较发达的中心城市，这就进一步加剧了发达地区与欠发达地区之间金融资源配置的不均衡性。②加剧人才资源配置的区域不均衡。随着企业总部向中心城市的迁移，总部在中心城市的集中程度不断提高，同时企业总部所在城市的高级人才也将向中心城市集中，这必然导致人才资源配置的区域不均衡，即落后欠发达地区更加难以留住人才。③加剧地方政府间无序的税收竞争。一些地区除了提高地区公共服务水平以吸引企业总部外，还采取不规范的税收手段，造成国家税收的流失，加剧地方政府间无序的税收竞争。

3.4.8 挤出效应

挤出效应是指企业总部所在地对非企业总部和小企业融资和发展排斥，使小企业和非企业总部发展受到影响，即总部聚集地因大企业总部的聚集使得在该地区的小企业被排斥、被挤出。在企业总部聚集的地区，融资向大企业总部倾斜是必然趋势，这就对其他企业特别是中小企业的发展产生一定的不利影响。从北京地区来看，贷款不断向大型企业集团集中的现象愈来愈显著。银行信贷登记咨询系统显示，2006 年第三季度末，北京地区金融机构贷款中，中央单位占比为 43.02%，比年初提高了 2.92 个百分点。而与此同时，中小企业贷款增长速度较慢，截至 2006 年 12 月末，北京地区金融机构对中小企业贷款余额为 3077.9 亿元，同比增速 7.2%，低于人民币各项贷款增速 5.4 个百分点（周丹，2007）。

3.5 企业总部迁移的风险

企业总部迁移作为企业空间位置调整的一种手段，有其内在要求，但是也不能忽略企业总部迁移给企业带来的风险。企业经营活动要面临诸多风险，企业总部迁移也有许多风险。我们将企业总部迁移所带来的新风险称为企业总部迁移风险。

企业总部迁移的风险主要有高迁移成本风险、进入风险、退出风险、不确定性风险和文化冲突风险。

3.5.1　进入风险

企业总部迁移首先面临的是进入风险。所谓进入风险主要是指企业迁入目标城市所产生的成本风险。

与生产迁移不同，企业总部迁移是典型的净成本项目（Net-cost Projects）。净成本项目是指总部迁移带来的是成本的增加，或者短时间里成本节约远远无法弥补迁移成本。如果是企业从高成本的地区迁移到低成本的地区，一般是下行流企业总部迁移。那么，这种类型的企业总部迁移，有可能会随着时间的推移节省很多的成本。当然迁移的最初一段时间里，成本通常非常高且往往远远高于成本的节约，短时间里成本节约无法冲抵迁移成本。如果企业是从低成本地区迁移到高成本地区，一般是上行流企业总部迁移。那么，这种类型的企业总部迁移的结果带来的是成本增加。①企业总部迁移必然带来高安置费。总部从一个城市向另一个城市迁移，居高不下的安置费让许多有迁移企业总部想法的企业望而却步。例如，随企业总部迁移的高管人员安置费、配偶安置、子女安置等都是需要首先考虑到的。②企业总部迁移后，特别是对从小城市迁移到大城市的企业来说，综合商务成本的提高是不可避免的，在短期内将会导致企业利润空间缩减，很可能产生投资失败的局面。例如，格林集团的企业总部从郑州迁移到北京。由于两地的工资差异和租房成本的差异，每年多支付人员工资成本及营业用房成本近 400 万元。

红豆集团企业总部首次搬迁失败就是因为对进入风险考虑不周。红豆集团企业总部搬迁到上海是出于发展战略上的综合考虑。早在 1998 年就做过一次尝试，但没有成功，只能退回去。当时，反对集团企业总部迁移的声音不仅来自公司外部，公司内部的反对声音也很强烈。红豆集团有限公司总经理周海江表示，准备不充分、两地沟通不便（信息成本）、关键员工不愿去上海（安置成本）是这次企业总部迁移失败的关键原因。

3.5.2 退出风险

企业总部迁移面临着如何协调企业与原地方政府之间的关系问题这一退出障碍。“迁移企业总部”对地方经济社会发展将产生以下影响：①对地方经济实力造成一定影响。有能力“迁移企业总部”的企业一般都是当地的纳税大户，这样一个“财政支柱”的迁址绝对不是简单的企业行为，它的去留关乎当地民生的兴衰，业界所认为的“东风迁往武汉使十堰沦为废都”之说即为生动注解。企业总部迁移后，必将使原有产值、利税分流到新的企业总部所在地，在一定程度上削弱原来地方的经济实力。②影响地方官员的业绩考核。目前中国各地方政府在以“经济发展”作为首要任务的前提下，把“GDP”、“税收”等经济指标作为政府官员业绩考核的重要标准，这就使得地方领导必将采取种种措施来阻挠企业总部迁移。③增加当地就业压力。一部分企业总部迁移，并不会把企业总部原有职工全部迁移到新的企业总部所在地，这些员工就可能面临下岗问题，这在一定程度上会增加当地的就业压力，破坏地方稳定局面。同时一些企业发展长期依赖地方扶持，如果离开当地政府的“庇护”，企业总部迁移也必将存在一定的风险。

3.5.3 不确定性风险

企业总部搬迁是否都能取得理想的成效有待检验，企业总部迁移所产生的成本也往往难以事先全面估计到。

第一，政策不确定性风险。向大城市搬迁企业总部的企业大多是发展到一定规模、具备向全国市场进军实力的企业，而这些企业在当地都是纳税大户，是政府树立的典型，享受的优惠政策和政府扶持也较多。一旦迁走，它们将失去当地政府的眷顾；而迁入的大城市，由于大企业较多，能否引起当地政府的重视，也是一个未知数。所以，如果在时机不成熟的时候搬迁，则两边优势尽失，对企业特别是一些还处在成长期的企业将是一个沉重的打击。1999 年，杉杉公司确立了新的发展战略，其中之一便是把公司总部迁往上海。这是浙江省最早也是影响最大的一次企业总部外迁行为。虽然，杉杉的一些加工基地还在宁波，但由于企业总部的搬迁，在考虑优惠和支持政策时，浙江省和宁波市都把杉杉排除在外。而在上海，巨型跨国公司云集，杉杉得不到特殊的支持和优惠政策。

第二，市场不确定性风险。企业在起源地发展起来之后，一般已经把当地的市场培育得相当成熟。一旦迁移，虽然市场扩大了，但有可能占领不了新的市场，成熟的市场反而失守。杉杉服装有限公司就是一个例子。1996 年之前，杉杉是中国服装业的第一大品牌，在西服市场的占有率达到了 30%~40%。但是到 2003 年，杉杉西服在国内服装市场的占有率已经下降为 4%。有人把它如此惨痛的下滑归结为企业总部迁移。

第三，成本不确定性风险。企业在一个地方发展起来，一般来说，此地大多是具备这个行业发展的优势资源，或是廉价的劳动力资源、或是丰富的自然资源，而盲目地搬到大城市，反而会增加企业的管理成本。比较郑州与北京两地，因文化习惯不同所新增的费用往往是企业在总部迁移时无法估计到的。格林集团在搬迁时没有估计到的费用支出包括班车费、午餐费、通信补贴、人员辞退成本等。在郑州员工的交通工具多为自行车，而在北京员工多采用公共交通工具，员工的月通勤成本在两地相差 300 元/人之多；在郑州员工的午餐多在自家解决，而在北京员工的午餐多由食堂、快餐店解决，员工的月午餐费用的支出差异为 250~300 元/人；在郑州多数公司不提供通信补贴，而在北京绝大多数公司都提供通信补贴；在郑州辞退员工一般没有多发两个月工资的惯例，而在北京往往要严格按劳动法执行，提前解除劳动合同，要给予相应的补贴。

上行流迁移往往伴随的是企业扩张，在企业扩张过程中所产生的成本往往难以预料。海航企业总部迁移计划流产正是因为资金没有跟上扩张的需求。无论海航从取名“中国新华航空集团”，还是打算将企业总部搬迁到北京，都预示着海航不满足定位为一个地方性航空公司，而是想要成为全国性的集团公司。早在 2001 年 2 月，民航重组方案刚出台，海航集团便将目标移向了北京。当时，国航借全国航空公司重组的风势，想要和神华集团携手重组新华航空，但最后双方协议没有达成。海航集团和海航股份便迅速从神华集团总裁叶青手中收购新华航空 9%和 51%的股份，并很快统一航班号，把这家以北京为基地的航空公司纳入旗下。这为海航的今后发展埋下了伏笔。但海航资金没有跟上扩张的需求，致使海航企业总部搬迁的计划流产。

3.5.4 文化冲突

文化的冲突与融合是企业迁移必然遭遇到的一个重要问题。不同地区由于经济发展水平的不同，员工的受教育程度不同，文化底蕴也必然不同，企业要取得成功，就必然要融入当地的文化氛围中，致使企业的管理成本增加。浪潮集团企业总部在迁入北京之前，管理层清一色是山东汉子。但现在不同了，在浪潮北京企业总部，有来自各地的人才，包括一群拿着美国绿卡的员工。在这种多元文化的背景下，思想观念差异的影响必然会加大，领导的权威也会受到挑战，甚至还会形成偏离主流的亚文化。

3.5.5 企业总部迁移的成本风险

企业总部迁移发生的成本主要包括：运营冗余成本、雇员冗余成本以及员工迁移成本等。

运营冗余成本是指因企业总部迁移可能会发生双重运营所形成的成本，如工资和租金。因为迁移需要有一个过渡期，在这个过渡期里，一般需要两个总部并行运行。研究表明，通常企业总部迁移的过渡期最长是3个月。许多企业在总部迁移到新址的初期，往往会保留原址企业总部的职能，如销售和财务支持。因而，在这段企业总部迁移过渡时期内，企业通常付出的是双倍的成本。

员工冗余成本是指因企业总部迁移而支付的员工离职成本。在企业总部迁移的过渡期内，有些员工并不打算随企业总部迁移，这样企业就需要向这些员工支付离职补贴。如果需要这其中的员工继续留在原来的企业总部直到企业总部迁移完成，那么离职补贴可能需要更多一些。

员工迁移成本是由企业总部迁移导致的最大一项成本增长，是现有员工随企业迁移带来的成本。

财产处置成本是指处置老企业总部的财产所发生的成本。

当然，许多企业可以通过激励补贴来抵减迁移成本。激励通常是影响企业总部最终区位选择的重要因素。为抵减高额的迁移成本，地方往往会有一些激励，如税收减免和特别项目补贴。

第 4 章　企业总部迁移的动力机制

4.1　基本分析框架

企业总部迁移是企业发展与成长过程中，对资源、要素、市场、环境等做出的一种综合选择，资源禀赋的城市差异是企业总部迁移的前提条件，要素需求的改变是企业总部迁移的内在动力。

4.1.1　企业总部迁移的逻辑

企业总部迁移是企业发展与成长过程中，对资源、要素、市场、环境等做出的一种综合选择，是市场经济发展到一定阶段的必然产物。企业总部为什么要迁移呢?

第一，企业总部的功能决定企业总部对要素需求与生产工厂不同，有其特殊要求，企业总部对高级要素的需求多于对低级要素的需求。

第二，城市的要素供给与城市的经济发展水平、基础设施、教育水平等紧密相关，不同的城市或同一城市不同发展阶段其要素供给是不同的，即城市的要素供给是动态变化的。

第三，企业总部所需要的要素与企业的发展水平、发展战略紧密相关，不同企业或相同企业不同发展阶段对要素的需求也会不同，即企业总部的要素需求是动态变化的。

第四，企业总部目前所在城市的要素供给，并不一定能够完全满足企业总部对要素的需求。当这种不满足达到一定水平时，就有了推动企业总部迁出的动力。

第五，企业选择新企业总部所在城市的标准是该城市具有满足企业发展所需要的要素供给。

第六，一些城市的发展积累了企业总部所需要的要素，当这种要素不断积累，就有了吸引企业总部迁入的动力。

第七，当企业总部需求与城市的要素供给一致时，企业总部就有可能从要素供给不足的地区迁移到要素供给满足企业总部发展的城市。

4.1.2 资源禀赋的城市差异

城市资源禀赋差异为企业总部迁移提供了前提条件。经济活动的地域差异首先取决于自然资源、劳动力、资本等生产要素分布的不均衡性。某些要素在一些城市相对充裕，而在另一些城市则相对贫乏。这种要素分布的不均衡性使得各城市之间客观上存在着资源禀赋的差异。造成各城市的资源禀赋差异巨大的主要原因是资源的不可流动性，这种不可流动性包括两个方面：一是具有不可流动性质的自然资源和条件，如土地、矿产、地形、气候等；二是具有流动性但在短期内不能够改变的资源，如人口、劳动力、原料、设备、技术等。一个城市的资源禀赋条件并不是一成不变的，通过对具有流动性的资源进行改造往往可以改变一个城市的资源禀赋状况。企业总部在选择区位的过程中，首要考虑的是目标城市资源禀赋情况，那些与企业总部要素需求相吻合的城市有可能最终成为企业新总部的所在地。

在发展水平差异比较大的不同区域之间，禀赋差异很大，形成的成本差异很大。在发达的中心城市，高级要素（信息、高级人才、金融）密集，成本低；低级要素（加工工人、土地、材料）稀缺，成本高。在欠发达地区，低级要素密集，成本低，高级要素稀缺，成本高。由于各城市的经济发展水平、产业结构、政策环境、基础设施不同，因而城市的要素供给也是不一样的。影响城市吸引企业总部的因素很多，主要包括城市性质、职能定位、与周边区域关系、社会经济发展基础、资源禀赋等诸多因素，城市的公共产品供给也起着重要的作用。城市的要素供给由劳动力、科技、资本、生产服务、生活服务、交通通信以及政府服务等诸多方面组成。一个城市要素供给体系决定着城市吸引企业总部的能力。

4.1.3　企业总部要素需求的改变

由企业总部功能的特殊性决定，企业总部所需要的要素供给与生产、研发、销售等部门所需要的要素供给是有差异的。企业总部功能决定其对要素需求的特殊性。第一，企业总部的决策功能。所谓决策功能，是企业针对社会环境的变化，对企业未来的发展方向和目标做出决策与实施的过程，而不考虑企业的具体日常经营活动，目的在于能使企业与其外部环境达到良好协调。企业总部的决策功能决定它重点工作是应付或处理社会环境因素，包括文化、政治、法律、自然资源和社会经济等，而这些环境因素具有高度的不稳定性和不确定性。因而，要求企业总部所在城市具有较好的信息供给、人才供给，最关键的要素是信息与核心人才供给。第二，企业总部的管理功能，主要是协调企业内部所有活动、协调企业内外关系。它所面临的外部环境是那些直接与企业组织发生密切联系的环境，包括客户、供应商、竞争对手和政府管理部门等。因而，要求企业总部所在城市具有良好的生产服务支持、金融服务和高效的政府管理，关键要素供给是资本供给与生产服务供给。第三，企业总部的营运功能，主要完成企业利润的实现。因而，要求企业总部所在城市具有较大的市场需求、较弱的竞争环境，关键的要素是市场。

要实现企业总部的这些特殊职能，市场影响力、信息水平、交通发展水平、融资信用资源、技术及技术创新能力、人才等要素成为关键要素。换句话说，企业总部对于区位要素有一定的要求，它要求企业总部所在区位相对于其他区位而言，更易获得市场、信息、融资、技术、人才，交通更便利。上述这些特殊要素是高级要素，通常集中在首都和综合性经济中心城市。由此可见，企业总部功能的特殊性，要求企业总部所在城市的要素供给具有畅通的信息供给、核心人才供给、良好的生产服务供给、充足的资本供给和广阔的市场辐射能力。这与企业的生产工厂所需要的要素供给、研发所需要的要素供给是有差别的。生产工厂所需要的关键要素供给是充足的专业劳动力、生产管理人才和完善的生产配套；研发所需要的关键要素供给是科技人才和创新环境。

表 4-1 企业组织形式与要素供给

企业组织＼要素	信息	制度	政策	资本	劳动	市场辐射	服务
企业总部	产业信息	高效的政府	强	强	资本运营等核心人才	强	生产服务：法律、会计、咨询、设计
生产工厂	生产信息	弱	弱	弱	熟练操作工人	中	配套服务
研发部门	科技信息	创新制度	弱	中	科技人才	中	风险投资服务

资料来源：笔者归纳。

要素需求的改变主要由企业发展阶段和企业发展战略决定。第一，企业不同发展阶段对要素的需求是不同的。①在企业发展初期对资源的需求重点在于价值链的生产环节，主要是对与生产相关的有形资本需求，如先进的生产设备、熟练的技术工人等。②随着企业规模的扩大、产品质量的稳定，企业的需求将转移到初期的辅助功能，如资本运作、技术研发、市场营销等方面的能力。这种转变使得企业必须改变获取要素的渠道，如资本需求按照以往的企业自身积累将大大限制企业规模的进一步扩大，而通过与资本运作的公司进行合作则将大大加快这一进程。同时企业为了获得高端的人力资源以及获得市场需求信息，企业区位条件的限制将使获得这些资源的成本大大提高。第二，企业发展战略的改变。企业发展战略随着环境变化而不断进行变化。网络经济、知识经济以及全球经济一体化的到来，对企业的发展战略也带来了非常大的变化，企业的竞争形式也经历着由排斥到合作的过程，企业价值链的高端功能出现了各种形式的新合作，如技术战略联盟、营销战略联盟、虚拟经营等。公司发展战略的重心已经由追求短期、外在的竞争优势转向追求持久的、内在的竞争优势，并且由目前的产业与产品竞争转向为创造未来而竞争，战略管理的均衡与可预测范式开始被不均衡与不确定性所取代。面对日益复杂、动荡的环境，企业在全球竞争中能否获得持续竞争优势，关键在于有效的技术创新，建立和培育企业核心能力，用不断更新的差异化产品来满足顾客的需求，不断为顾客带来有价值的差异化产品。这种战略的改变要求企业必须要将更多的精力放在企业的外部而不能拘泥于内部的发展，与外界加强信息的沟通与交流。

企业总部对高级要素需求强烈，生产工厂对低级要素需求大，高级要素与低级要素不能完全相互替代。传统上，企业总部和生产工厂布局在一起，这样做的结果是，无论企业布局在发达的中心城市，还是在欠发达地区，都不能实现企业资源的最优配置。①如果企业布局在发达的中心城市，由于高级要素密集，企业可以用较低的价格取得高级要素。但是，由于城市的发展，使得低级要素变得稀缺，企业取得低级要素的成本提高，比如，一般来说，中心城市土地价格高、环境成本高、人工工资高等。②如果企业布局在欠发达地区，情形正好相反。在欠发达地区，低级要素的取得成本相对较低，但由于高级要素稀缺，企业要取得同样的高级要素，不得不支付较之中心城市高得多的成本，甚至一些要素即使愿意付出再高的成本也难以取得。

如果把企业总部从原来适合生产的地区迁出，把企业新总部设在银行集中、高级人才聚集、信息发达的中心城市，将大大降低企业获取这些高级要素的成本。而生产工厂留在欠发达地区，由此使企业能够以较低的成本价格取得中心城市的高级要素和欠发达地区的低级要素，实现两个不同区域最优势资源在同一个企业的集中配置，由于“企业总部—加工基地”在一个区域布局而被“损失”掉的那部分企业“利润”被“释放”出来，这种被释放出来的“利润”正是企业总部迁移利益动因。

4.2　企业总部迁移的直接原因

究竟是什么因素驱动着企业总部迁移，或者说企业总部迁移的动因有哪些呢？即“Why does HQ relocate”？根据企业逐利的假设，企业总部迁移的根本动力应该是追逐企业更大的利益；根据对地方政府考核方式，城市政府吸引企业总部迁移的根本动力应该是创造更多的就业岗位、更高的GDP和税源。

传统上，把推力和吸力看作企业总部迁移动因，至少认为它们对企业总部迁移起着决定性的制约作用，而把其他因素（动因）撇开不论。但是究竟什么是推力，什么是吸力，并不是十分清楚的。

企业若要进行总部迁移一定要考虑清楚为什么要迁移，即迁移的理由是什么。要回答这个问题，首先我们认为企业总部迁移在本质上是一种函数，是各种独立或交互作用着的因素（自变量）共同驱动的结果。企业总部迁移的动因是多方面的，通过对众多案例的分析，接近市场或现有业务、接近金融市场、企业形象、成本、并购、产业环境变化等是企业总部迁移的直接动因。

Move = F（X_1，X_2，…，X_n），这里 X_1，X_2，…，X_n 表示影响企业总部迁移的原因。

4.2.1 并购引致

4.2.1.1 并购引起企业总部迁移的机理

并购是企业总部迁移的一个重要原因。两家企业的合并导致双重企业总部的存在。如果两个企业总部不在一个城市，往往要关闭其中一个企业总部，导致企业总部区位发生变化。由于并购前两个企业的总部可能不在一个城市，或从企业发展战略考虑，企业重组并购后，往往引起企业总部区位的变动。

并购使得企业总部的要素需求发生改变，如果原有企业总部城市的要素供给都可以满足并购后的新企业对要素的需求，这时出于成本和管理的考虑，就要关闭其中一个总部；如果只有一个城市可以满足并购后的新企业总部对要素的需求，那么就会关闭无法满足需求的另一个总部；如果两个城市都无法满足并购后的新企业总部对要素的需求，就需要选择一个新城市。

最为典型和熟悉的案例是中国联想集团收购 IBM PC 业务后，将新联想的公司总部从北京迁移到纽约。还有 2002 年美国最大的两家线缆运营商 AT&T 宽带公司和 Comcast 公司完成价值 286 亿美元的合并，在 Comcast 公司收购 AT&T 宽带公司之后，企业总部将新的公司总部设在费城。此前，AT&T 宽带公司总部在丹佛。辅仁药业的公司总部原来位于河南周口鹿邑县，在收购上市公司民丰实业后，将公司总部迁到了上海。

4.2.1.2 来自世界 500 强企业总部迁移的例证

世界 500 强企业总部跨地区迁移中，很大一部分是由企业兼并引起的。1994~2003 年，14%的世界 500 强企业由于发生大规模兼并引起了企业总部区位的变化。其中，约 62%的兼并发生在同一座城市，即就地兼并，企业总部区位变化不大。如意大利英萨塔银行合并意大利商业银行，企业总部仍位于米兰。这一比重约占 500 强企业的 8.6%，即 8.6%的 500 强企业发生就地兼并。大约 38%的被购方 500 强企业总部迁移到并购方的

500 强企业总部所在地，原址被撤销或改为其他用途，如西班牙桑坦德集团收购英国阿比银行，企业总部设在马德里。这一比重约占 500 强企业的 5.4%。

表 4-2　1994~2003 年 500 强企业总部区位变化情况

企业总部区位状态		企业数（家）	占比（%）
企业总部未迁移或城市内迁移	未变化	400	80
	就地兼并	43	8.6
企业总部跨地区迁移	跨地区兼并	27	5.4
	非兼并迁移	30	6

资料来源：笔者归纳。

80%的 500 强企业总部在 10 年内没有发生变化。1994~2003 年，世界 500 强企业总部在一国之内城市间的迁移时有发生，但是，绝大多数（80%）的 500 强企业总部在 10 年内没有发生变化。10 年来企业总部位置基本没有发生变化或者由于企业内部因素只在城市内部进行迁移（不包括世界 500 强就地兼并引起的企业总部区位变动）。另外，有 6%的 500 强企业总部发生了并非因兼并引起的跨地区迁移。

4.2.2　企业新形象推动

寻求满足企业新形象的城市大多是处于快速发展期的企业所为。

4.2.2.1　寻求满足企业新形象的城市引起企业总部迁移的机理

寻求满足企业新形象的城市是指企业形象发生改变后，原来企业总部所在城市的形象不能满足企业新形象对城市形象的要求，需要寻找一个新企业总部所在城市，该城市的形象可以满足企业新形象对城市形象的要求。

要理解企业总部迁移的动力是寻求适合企业新形象的区位，可以从两个角度考虑：一是随着企业在市场中的地位和声誉不断提升，企业总部所在地形象与企业形象不相匹配，企业总部需要迁移到与其新形象相一致的城市。二是企业希望通过迁移，来实现其企业形象的改变。人们认为企业总部从最初的创办地迁到商业密集、经济发达的城市，有利于提升企业的形象。

有时候，随着公司的发展和经营环境的变化，公司也许需要通过调整其企业总部位置来应对这些变化。甚至要切断与原有地点的联系，通过企业总部迁移获得一种新的地位和商业身份，来改变企业原有形象。

面对新的需求或为了在新的商机中获得优势，公司需要改变其在市场中的形象。当公司需要新的形象或当公司形象发生变化后，它发现其企业总部的所在地与其新的公司形象不相符合。美国波音公司（Boeing）将其企业总部迁往芝加哥的理由正是这样（Jeannette，2004）。当波音公司的商用飞机和防卫系统两个领域的生意都做得很好时，它发现企业总部需要远离其商用飞机的所在地。于是就要为企业总部找一个新的安家之地。

在企业总部迁移决策中，公司形象或公司声誉是极为重要的因素。随着城市分工的深化，特定类型的产业往往需要与某个或某些特定的城市联系在一起。例如，在美国，金融服务业类的公司，如果企业总部没有设在纽约，那么就不容易得到客户的信任。

4.2.2.2 企业总部所在地形象的识别作用

不少人认为，企业总部的区位是体现企业形象的一个重要方面。对于员工而言，企业总部所在地是他们对企业认识的最重要的组成部分。同样，企业总部的区位也是投资者和顾客辨别其身份和商业地位的重要标志之一。例如，通用汽车企业总部所在地是美国的底特律，是汽车产业的聚集地。

消费者往往会对某一城市有种刻板印象（Country Stereotypes），进而对该城市所生产的产品或提供的服务形成晕轮效果（Halo Effect）。晕轮效果在理论上有两层含义：一层含义是消费者将从产品或服务来源国的形象来推断产品或服务的品质；另一层含义是城市形象影响消费者对于产品属性和服务价值的评估。换句话说就是假若一城市的某个产品或服务已经建立起良好的形象，则该城市的其他产品或服务也可享受到“搭便车”的利益。例如消费者可能认为日本的小家电品质最优良、法国的时装最具时尚感、意大利的皮具质好款新、美国的软件技术先进，诸如此类的信念往往深刻地影响消费者在产品或服务上的购买决策。

企业总部所在城市具有以下两个作用：①企业来源的指示作用。企业总部所在城市首先指明了企业的来源，用以和其他同类企业区别开来。消费者一看到企业总部所在城市就联想到它具有的特殊品质，从而可以指导消费。②企业品牌的替代作用。对生产者来说，它有利于吸引顾客、扩大市场占有率；对消费者来说，可以认准城市购货，保护自己的利益。人们选购产品总是和产品质量相联系的，企业总部所在城市展示了产品的特殊质量，是产品信誉的形象，必将起到刺激和引导消费者消费需求的作用。企业总部所在城市反映了企业产品的质量和信誉，自然就成为产品的广告手段。在企业还无力创造自己企业品牌的情况下，使用产地品牌推销产品成了一个广泛采用的经营策略。浙江企业迁往上海看中的就是上海全国性的品牌资源，在 20 世纪 80 年代末温州产品在全国普遍受到抵制的情况下，温州企业在上海注册，产品在全国市场上使用的是上海品牌，利用上海产地品牌资源使企业度过困境，并且不断地发展壮大。

案例：格林集团的新形象与集团企业总部的迁移

作为金融服务业公司的格林集团，当初创办时其企业总部设在郑州。但是随着中国两大金融中心的形成，金融公司就有必要将其企业总部设在北京和上海，这对公司的声誉和形象提升有着很大的帮助作用。格林集团刚开始成立时，只是一个小的期货营业部，郑州作为公司总部是非常合适的，因为它就在当时最活跃的商品期货市场——郑州商品期货交易所的所在地郑州。随着事业的发展壮大，期货公司逐步进入期货行业的前列。当公司的注册资本金成为全国最大、连续数年交易量名列前茅、品牌最好的全国性期货公司，公司的业务已延伸到保险、投资等领域，郑州已不再适合作为格林集团的企业总部。正因如此，其公司总部从郑州迁移到北京，并设在金融街的投资广场。这与格林集团的全国性金融服务类公司的地位非常符合，也为它今后的发展奠定了非常好的基础。

2007 年 10 月，格林期货经纪有限公司获得首批中国金融期货交易所交易结算会员资格，拥有首批交易结算会员资格的只有 5 家。

2007 年 5 月，中环德辅道环球大厦——香港金融重地，格林期货香港分公司在这里正式挂牌成立。作为国内首批获准在港开设分支机构的期货公司，格林期货在赴港期货机构中首个获得香港交易所（HKEX）期货交易结算会员席位及欧洲期货交易所（EUREX）交易会员席位。格林期货（香港）有限公司将可以代理香港和海外所有期货市场的商品期货、金融期货、期权等衍生品交易，这是格林集团通往世界的平台。全国 180 多家期货公司中，享此权利的仅有 3 家。

或许有一天，当格林集团能帮助 GE、波音等公司进行风险管理时，当沃尔玛、丰田、劳斯莱斯成为它的客户时，格林集团的企业总部会考虑迁往纽约。事实上，在 2005 年 4 月，格林集团已经在纽约设立了一家公司，尽管这家公司截至目前只负责为格林期货搜集相关信息，并没有实质性业务，但是格林集团把企业总部迁往纽约的梦想也许有一天能实现。

4.2.3 接近金融市场

有些企业总部迁移是为了接近金融市场。随着企业不断发展，对金融服务的需求也会从单纯的贷款到多样化的金融服务。企业总部原来所在地的金融服务将难以满足企业发展的金融需求，因而企业就有接近金融市场的动力。

接近金融市场引起企业总部迁移的机理。企业从小到大，在不同的发展阶段，对金融服务的需求是不一样的。在企业初建时期，由于生产规模、市场规模都比较小，因而对于金融服务的要求不高，企业总部所在地的金融服务就能满足其对资金的需求。然而，随着企业的生产规模和市场规模的不断扩大，企业对于金融服务的需求从单一渠道融资，到外资、委托贷款、民间借贷、上市等多渠道融资；从单一融资便利，到结算快捷、理财、资信资讯服务、衍生避险、资本运营等一系列金融服务。国家统计局上海调查总队开展的企业金融状况调查显示，对于银行的金融服务产品，企业最需要的是融资便利产品（62.2%），其余为结算快捷产品（52.9%）、理财增值产品（40.8%）、资信资讯服务产品（34.5%）以及衍生避险产品（26.9%）（上海统计局，2007）。

不同城市提供金融服务的能力是不一样的。与大城市相比，中小城市提供金融服务的能力要小得多。一项对大庆金融服务能力的调查显示，民营企业中，60.38%的企业比较难甚至很难获得银行贷款，只有 6.66%的企业比较容易获得银行贷款（大庆统计局，2006）。这表明，大庆市为民营企业提供金融服务的能力较弱。国家统计局上海调查总队的调查显示，有 28.1%的企业对银行的金融服务持满意态度，65.4%的企业感觉一般，不满意的企业仅占 6.4%（上海统计局，2007）。对大庆、上海的调查结果表明，上海的金融服务能力远远超过大庆的金融服务能力。

案例：波音公司总部搬家的动力

接近金融服务、寻找新机会、接近消费者是波音公司总部搬家的动力。全球最大的飞机制造公司波音计划把其企业总部从西雅图迁移到美国中部，以便和消费者及华尔街保持更紧密的联系。这对西雅图来说是一个不小的打击，因为波音公司总部驻扎西雅图已达 85 年之久，是该市的重大支柱产业之一。芝加哥、丹佛或达拉斯地区是波音新企业总部候选地区，最终，2001 年 9 月，波音公司将其企业总部迁至伊利诺伊州的芝加哥市。新企业总部将会雇用 1000 名原本工作于西雅图企业总部的员工，波音的主要制造工厂仍将留在西雅图地区。

公司背景。波音公司（Boeing）是世界上最大的航空航天公司。其前身是 1916 年由威廉·波音创立的太平洋航空制品公司（水上飞机工厂，1912 年取得美国国防部订单，专门制造军用飞机），1934 年建立波音飞机公司，1961 年改为波音公司。1996 年，波音收购了罗克韦尔公司的防务及空间系统部；1997 年，波音与麦道公司合并；2000 年 1 月，波音公司与通用汽车公司达成协议，出资 37.5 亿美元收购其下属的休斯电子公司航天和通信业务部，从而使波音成为世界上最大的商业卫星制造商。波音公司不仅是全球最大的民用飞机和军用飞机制造商，也是最大的飞机出口商之一，波音公司还是美国航空航天局（NASA）最大的承包商。据 2007 年美国《财富》杂志公布的世界 500 强数据，波音公司排名第 87 位，年收入 615 亿美元，利润 22 亿美元。

迁移动机。波音公司表示随着公司的发展，公司总部应设在由所有业务部门、用户和金融界所组成的大圈子的中心位置，而且要与当前的业务部门分开。新企业总部的任务是在全球范围内寻找新的增长机会。公司还强调公司总部迁移与能源危机毫无关联，与西雅图地区的地震也没有任何关系。

波音公司由 6 个主要业务集团组成：波音民用飞机集团、航天与通信集团、军用飞机与导弹集团、空中交通管理公司、波音联接公司和波音金融公司以及联合服务集团。这次企业总部迁移，民机集团的企业总部和生产部门不受影响。

目标城市的选择。新企业总部选址的基本条件是：有多元化文化背景、连接全球市场的畅通渠道、很好的商业环境，而且方便联系波音主要的业务基地和用户，换句话说，企业总部新址应该位于所有营运单位、客户及财务部门的中心部位。要“迁移至一个靠近营运部门、客户和金融机构，与现行的运作机构分开的地方”。按此要求，波音新企业总部的备选城市包括芝加哥、得州的达拉斯/沃斯堡（Dallas－Fort Worth）和科罗拉多州的丹佛。经过1个多月的选择，波音高层分赴这三个城市考察，并与当地政府探讨了有关迁移事项，最后选定了芝加哥。

企业总部迁移成本。波音企业总部的搬迁费用高达1亿美元。

企业总部迁移目标。波音目前在全美26个州设有分部，波音选择芝加哥从地理上看是向美国中部靠拢，显然将更有利于管理和运营。波音借迁移重组机构，把发展战略从飞机和军品制造扩大到飞机服务、空间技术及通信、航空管制系统和网络服务等多个领域。

企业总部迁移中的员工安置。在西雅图波音企业总部工作的员工大约有1000多人。按照公司的安排，有将近一半会被调到新企业总部去。其他的员工则或被分散到波音在西雅图的分支机构、或被解雇。

对迁出地西雅图的影响。西雅图因为是波音公司总部所在地而扬名世界，波音已成为当地社区的支柱和文化与经济的灵魂，素有“波音之城”之称。因此，普遍认为波音公司总部搬走是西雅图的重大损失。波音公司的用户遍布145个国家，业务部门分布于美国的20多个州和全球60多个国家，共有雇员约20万名，主要业务基地集中在华盛顿州的西雅图、南加州、堪萨斯州的威奇托、密苏里州的圣路易斯等地。波音公司在西雅图地区有78400名员工，这次企业总部迁移带来1000个工作岗位的流失。但是，这个庞大的飞机帝国企业总部的搬迁带走的绝不仅是1000个工作岗位。

从波音公司上层的多次安抚中，我们可以从另一侧面体会波音公司总部迁移对西雅图的影响。波音公司上层表示，波音的庞大商用喷射机制造工厂以及大多数的研发单位仍将位于西雅图地区，企业总部搬迁只带走了1000个工作岗位。

4.2.4　接近市场或现有业务

接近市场或现有业务引起企业总部迁移的机理。随着企业的发展，有可能出现企业总部与企业市场和业务在空间上分离的情况，当业务或客户的重心区位与企业总部越来越远时，就可能出现企业总部对市场、业务或客户管理不力的情况。因而，许多企业总部为了接近他们的客户或是市场，随着时间的推移可能将其企业总部迁移到市场或客户重心所在地。旺旺集团的市场 90%以上在大陆，旺旺有接近市场的要求，因而，其管理、营运中心必然选择迁往大陆，这是旺旺集团将企业总部从台北迁移到上海的主要原因。

业务重心空间转移后的企业总部迁移。随着公司业务重心在空间上发生变化，远离企业总部的子公司/分公司对企业总部的政策就有可能难以很好地实施，甚至有的办事处常常违背企业总部指令，这就迫使企业总部伴随业务重心的转移而迁移。稳居台湾最赚钱食品企业宝座的旺旺集团在大陆一直处于高速发展状态，到 2005 年已有 90%的业务在大陆。随着业务重心向大陆不断转移，为了降低营运成本、提升管理效率以及贴近市场需求，旺旺渐进式地将运营中心转移到大陆，到 2005 年，企业总部正式从台北迁移到上海。

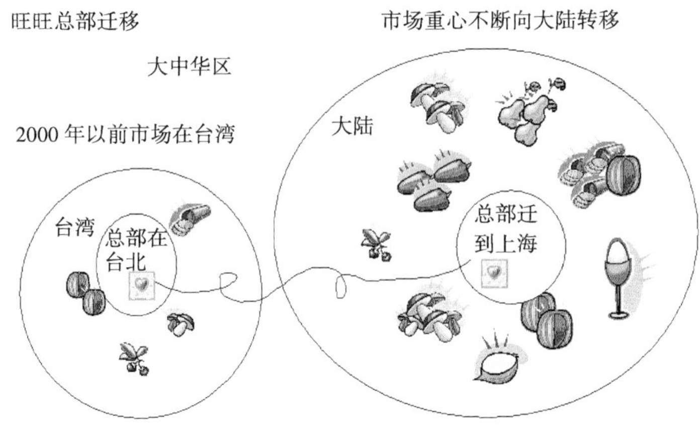

图 4-1　接近市场或现有业务的企业总部迁移

案例：浙江科华集团企业总部迁移

伴随生产迁移的企业总部迁移。有些企业由于生产工厂的转移，企业总部也随之迁移。浙江科华集团的企业总部迁移是伴随着其生产迁移的。科华集团的第一次生产迁移是1998年8月。经过深入细致的市场调研和科学分析论证之后，科华决定“跳出浙江”，成为浙江第一家跨省投资的企业，在江西贵溪创办“江西贵溪新世纪水泥有限公司”，年产水泥40万吨，2003年又扩建一条日产2500吨新型干法回转窑水泥生产线，一跃成为江西鹰潭地区的主要骨干企业。推动科华跳出浙江的原因在于浙江水泥市场竞争异常激烈，市场规模有限。浙江市场产量1.2亿吨，而市场需求量8000万吨，市场竞争日趋激烈。科华集团的第二次生产迁移是2003年7月，投资13亿元，在重庆的綦江和万州各建年产300万吨新型干法水泥生产线项目。接着，万州科华日产2500吨新型干法水泥生产线项目投产。2005年12月，开工建设万州科华二期日产5000吨新型干法水泥生产线项目。吸引科华进入重庆的原因主要有：市场需求大、当地水泥企业竞争力弱、政府的特殊支持。相比较而言，重庆有三峡建设项目，市场需求量大，当地生产企业竞争力不强。万州政府对科华的重视也是吸引科华企业总部迁移的重要原因。科华在浙江很难得到政府的特殊重视，而在万州则完全不同，所有的事都是特办，效率高、被重视、被尊重。在各级机关部门的支持下，万州科华日产2500吨新型干法水泥生产线项目还享受到国家财政部“三峡库区产业发展基金”贷款贴息的优惠政策。科华多条生产线正式投产之后，重庆市委、市政府、市人大、市政协和綦江县、万州区各级领导都率领有关部门的同志亲临生产现场视察调研，听取生产经营情况汇报，及时解决企业发展中遇到的困难和难题。万州区政府还主动当起“红娘”，搭起“戏台”，组织召开万州科华产品推介暨招商洽谈会，让科华唱“大戏”，使更多企业和用户了解科华企业和科华产品。

4.2.5　成本驱动

4.2.5.1　成本驱动企业总部迁移的机理

成本是企业总部迁移的一个非常重要的原因，因为成本对于企业经营而言永远是最重要的因素之一。企业面临的环境时刻都会发生变化，关键因素也会随之变化。有时开拓市场对企业来说是最为重要的，有时节约成本对企业来说就是最重要的。例如，当企业发展遇到困难时，节约成本就成为最重要因素。中心城市的信息优势、人才优势固然突出，然而较高的商务成本对发展面临困难的企业而言就是生死攸关的大事。当成本对于企业而言是最关键因素时，企业就会选择将企业总部迁往综合商务成本较低的城市。联想企业总部的第二次迁移就是成本推动的企业总部迁移。

4.2.5.2　不同城市的经营成本

企业总部在不同城市进行管理、经营活动，所需要负担的成本并不相同。企业通过综合比较，选择对企业发展最有利的城市作为企业总部所在地。对企业总部影响较大的成本是生产要素成本、生产服务成本、税收成本、行政成本和隐性成本。生产要素成本主要包括综合劳动力成本、用地成本和融资成本；生产服务成本主要包括水、电、气、暖、运输成本、通勤成本、通信成本、租房成本、教育成本、购房成本等；企业税费成本主要包括税收成本、摊派成本和各项收费；行政成本主要包括行政审批时间、公共事务公开度和透明度，是指政府向社会提供公共服务所需要的行政投入和耗费的资源，是政府行使职权的必要支出；隐性成本主要包括社会治安状况、社会信用环境和人力资源的可获得性等。

第一，生产要素成本主要包括综合劳动力成本、土地成本、融资成本等。综合劳动力成本指数用于反映每增加一个单位工业增加值的平均劳动力成本。①比较京津唐三城市的综合劳动力成本。与京津相比，唐山市的城市单位在岗职工平均工资最低，为 15096 元/年·人，北京、天津分别相当于唐山的 200%和 148%。唐山、北京、天津的综合劳动力成本指数分别是 0.18、0.286、0.279，也就是每增加 1 亿元的工业增加值，需要为每个劳动力付出 0.18 元、0.286 元和 0.279 元的成本。②比较京津唐三市的用地成本。根据国土资源部国土资发（2006）307 号《全国工业用地出让最低价标准》，北京工业用地出让价为 204~720 元/平方米，天津为 168~480 元/平方米，唐山市为 120~384 元/平方米。显然，唐山在工业用地成本上有明显的比较优势。

第二，生产服务成本主要包括用水成本、用电成本、交通通信成本等。比较北京、天津、唐山三城市的用水用电成本。与京津相比，唐山工业用水成本很低，只有京津的一半左右。商业用水、生活用水，唐山也比北京、天津低。与北京相比，唐山市的用电成本比较低，特别是大工业用电成本和生活用电成本，北京分别是唐山的 112%和 115%。用电成本唐山与天津差别不太大。

表 4-3　京津唐三市用水用电成本

城市	工业用水		商业用水成本（元/立方米）	生活用水	
	成本（元/立方米）	对比（%）		成本（元/立方米）	对比（%）
唐山	2.85	100	5.55~20.55	2.70	100
北京	5.60	196	6.1~100	3.70	137
天津	5.60	196	5.6~20	3.40	126

城市	商业用电		普通工业用电		大工业用电		生活用电	
	成本（元/千瓦时）	对比（%）	成本（元/千瓦时）	对比（%）	成本（元/千瓦时）	对比（%）	成本（元/千瓦时）	对比（%）
唐山	0.695	100	0.629	100	0.464	100	0.417	100
北京	0.75	108	0.67	107	0.52	112	0.48	115
天津	0.7	101	0.64	102	0.46	99	0.49	118

资料来源：表中数据为各地 2007 年公布的数据。

比较北京、天津、唐山三城市的通勤成本、平均通勤时间、通信费用。与京津相比，唐山的通勤成本低、平均通勤时间短。据调查，2005 年北京 878 万就业人员中有一半以上是坐车上班，每人每天上下班的平均通勤时间超过 2 小时，上下班时间堵车严重。如果以每人每小时的社会成本 20 元计算，每天因通勤带来的社会成本高达 1 亿多元。天津的交通情况略好，但堵车也很严重。相比之下，唐山只是在高峰时间略有堵车。与京津相比，唐山的通信费用也要低得多。唐山的移动电话通信费用只有京津的一半。

第三，企业税负成本。比较北京、天津、唐山三城市的企业税负成本。采用地方财政收入占 GDP 比重进行衡量，北京、天津的税负水平均

表 4-4　京津唐三市通信费用比较

城市	固定电话月租费	移动电话		宽带入网费（元）
		月租费（元）	通信费（元）	
唐山	住宅 18 元；办公 30 元	30	0.20	8
北京	住宅 25 元；办公 35 元	50	0.40	315
天津	住宅 25 元；办公 35 元	50	0.40	200

资料来源：唐山市发展和改革委员会。

高于唐山，北京为 14.6%、天津为 19.6%、唐山为 11.2%。

表 4-5　2005 年京津唐三市企业税负水平比较

城市	地方财政收入（亿元）	地区生产总值（亿元）	税负水平（%）
唐山	226.5	2027.6	11.2
北京	1007.4	6886.3	14.6
天津	725.8	3697.6	19.6

注：因统计口径不同，天津、唐山的地方财政收入为全部财政收入，北京为地方一般预算收入。
资料来源：唐山市发展和改革委员会。

案例：寻求税收优惠昆山外资企业总部迁出

在昆山，随着一些地区税收优惠政策到期，许多外资企业把生产基地留存当地，而把企业总部迁往别的地区，以继续享受新地区的优惠政策。由于地区间税负不平衡，一些企业通过两地注册的办法进行税收的隐性转移，最终达到少缴税和各项基金的目的。这类企业往往通过设立总分机构等手段，千方百计地脱离原企业所在地的行政管辖，造成主体税收转移，严重扰乱了市场经济秩序和税收属地征管秩序。如一些企业利用昆山和上海之间的税负不平衡，同时在昆山和上海两地注册，利用昆山资源从事生产，在上海公司销售、缴税，致使税源外流。据昆山市财政局对其下辖与上海交界的淀山湖的三家企业调研分析，估计年转移开票金额为 15000 万元左右，流失 525 万元左右。上海与昆山的税负差异主要表现在以下两个方面：一是上海对企业的增值税优惠返还，一般为 3%~10%；二是上海地区对企业的所得税征收率较低，以年销售收入 100 万元计算，上海缴所得税为 1 万元，昆山缴 1.89 万元。

从大量企业总部迁移的案例中，可以归纳得出：并购、接近市场（或现有业务）、接近金融市场、寻求与企业形象相吻合的城市、成本都会推动企业总部迁移。除此之外，产业环境变化、城市政府都在一定程度推动了企业总部迁移。第一，随着城市的产业结构发生变化，原有的产业环境也发生变化。比如说北京，在20世纪50年代，其产业结构以重化工业为主。而到了90年代，其产业结构则变化为以服务业为主。这种环境的变化就会引起企业迁移。一方面，不适合在北京发展的污染类企业、北京严格限制发展的企业就会寻找适合其生存、发展的区位。另一方面，北京也会吸引一些企业迁入，当这些企业迁出北京时，有些企业总部也随之迁移。第二，地方出台的优惠政策往往是企业总部选择搬迁的动力。一些地方政府各自为政，从自身利益出发，竞相出台名目繁多的税收减免、土地批租优惠等政策，成为企业总部迁移的直接推动力。

4.3 企业总部迁移的影响因素

企业总部迁移的决策过程极为复杂，最终促成企业总部迁移的因素也是多方面的。通常，影响企业总部迁移的因素包括区位因素、企业自身因素、外部环境因素、制度文化因素以及技术因素等。

4.3.1 区位因素

区位因素，是指区位的绝对和相对的特征，如可扩展空间的大小、与顾客和供应商的距离、与市场的距离、公共交通设施的临近性、本地政府政策（土地使用）等。Pellenbarg（1976）研究指出，19世纪六七十年代芬兰的某些边缘区域，人们收入水平和教育程度的不断提高减少了该地区吸引寻求廉价和低技能劳动力企业总部迁移的潜力。

市场因素。作为经济运行的协调手段，企业与市场可相互替代，替代量取决于企业与市场协调机制成本差异的大小。企业的规模一旦确定，那么某一个区域内企业的数量将由市场需求规模来确定。相应地，如果确定了企业的数量，那么市场规模将直接影响企业规模的大小，企业自身规模的大小又直接影响到企业结构的选择和变化。

一项对已迁入上海或有迁入上海意愿的企业总部迁移动机调查表明，企业认为市场、人才、目标城市是其迁移时要考虑的主要影响因素。此时考虑更多的是目标城市的区位因素，如表 4-6 所示。

表 4-6　已迁入上海或有迁入上海意愿的企业总部迁移动机调查

迁移因素	描述	比重（%）
市场	更大的市场空间	35
	国际化经营平台	30
人才	企业发展所需要的高层次人才	25
目标城市	迁出地基础设施不全	20
	迁出地信息不畅	15
	迁出地知名度太低	10

资料来源：上海：企业总部下一个目的地［J］. 中国企业家，2000（11）.

4.3.2　企业自身因素

企业自身因素会影响企业总部迁移目标区位的选择。Van Dijk 和 Pellenbarg（2000）通过对荷兰企业的研究指出企业迁移的区位决策主要由企业的内部因素决定，这里内部因素包括分工因素、成本因素、企业规模、企业生命周期以及迁移经验等。管理质量、组织目标、所有权结构、销售收入增长率、就业、成本、利润、迁移经验、分工等都是企业自身因素。

分工因素。企业的产生和发展就是企业内部分工体系的产生和发展，劳动分工可分为企业内部的技术分工、企业间的社会分工以及劳动的空间与国际分工三个层次。企业内部技术分工的目的在于通过规模经济降低单位产品的生产成本，从而实现利润的最大化。如果企业内部的技术分工转化为企业之间的社会分工，即每一个企业只从事某一种劳动过程的专门化生产，那么这些企业会因投入产出的各种交易活动而被连接为一个生产系统，即产业综合体。在综合体内，每个生产单位（企业）进行一系列专门工作，而随着生产过程专门化日益深入，整个综合体将发生变化，反过来要求企业不断地调整其内部组织结构，从而推动企业层次不断递进。

成本因素。在企业追求最小成本以获取最大效益，即追求规模经济和范围经济这一目标下，经济运行过程也是企业规模扩大和企业间协作日益加强的过程。企业内部结构也将发生变化，力图剔除其中的不合理、不经济因素，以达到企业运营的最佳效果。

迁移经验。根据人们认识事物的一般规律，通常认为有过企业总部迁移经验的企业，再次运用这一手段的可能性要大一点。因此，迁移经验是影响企业总部迁移的一个内在因素。2004 年将公司总部从河南迁入上海的“上海一担坊公司”不久之前又把一担坊的行政中心由上海迁回了郑州。理由是，河南是农业大省，对于生产植物食用油的一担坊来说，既有政策优势又有资源优势。有过迁移经验的上海一担坊再一次迁移时，显得从容了许多。

4.3.3 外部环境因素

外部环境因素包括政府政策、区域经济结构、技术进步、一般经济条件等。Garwood（1953）指出外部因素（原材料供应）与企业迁移具有一定的相关性。企业是市场的主体，企业的发展离不开市场环境，而市场环境对企业的发展影响很大。在一个法制健全、政府效率高、市场体系完善的环境中，企业可以集中精力从事经营活动，提高经营效率。相反，如果企业处在一个市场混乱、政府效率低下的环境中，其经营风险就会明显上升，企业的资源就会耗费在解决市场不完善所带来的危机上。为了寻求快速发展，企业必然要寻求良好的发展环境，在条件允许的情况下，重新选择企业驻地也就成了众多企业的选择。另外，企业迁移涉及众多利益相关者，为了减小企业迁移难度，得到迁出地政府的支持，企业总部迁移是企业的一种折中选择，留存量，做增量。这样既能获得迁入地的良好发展环境，又能顺利实现迁移。

技术因素。技术在某种意义上决定着企业的规模，也决定着企业的空间结构。因为企业的中间产品和信息的流动需要通过一定的交通运输条件和通信条件来实现。在某些时段、某些区域，交通通信条件的优劣直接关系到企业内部分工体系的建立。企业总部是相对于企业生产加工基地而言的，企业总部迁移导致企业组织结构在空间上分离，使企业原先的组织界面从职能部门与职能部门之间的关系转变为企业与企业之间的关系，如何解决由此带来的企业协调难度的增加成为企业总部迁移必须考虑的问题。现代化通信技术突破了人们沟通上的空间局限，远距离即时对话等大大节约了企业总部与生产加工基地分离所导致的远距离协调成本，很好地解决了企业跨空间、远距离的协调问题。另外，交通网络的完善也有利于企业总部与企业其他分部、子公司或加工基地间的各种联系与物质输送，使企业管理人员与其他相关人员能保持良好的接触，及时、准确地掌握企业的运营状况。因此，现代通信网络和交通网络的完善成为企业总部迁移的另一个重要前提条件。

4.3.4 制度文化因素

制度文化因素强调正式的和非正式的网络对企业迁移行为的影响，认为“外部”或“制度”因素（空间调整，如扩张、兼并、收购、接管、信任、互惠、合作和惯例等）在企业的结构与功能、市场的运作以及政府干预形式等经济的各个层面都起着非常关键的作用（Martin，2000）。

企业总部迁移是企业生产要素在不同地区的流动，其实质是生产要素在不同地区重新分配。生产要素自由流动实现的重要条件是统一、开放的市场的形成，主要包括企业迁出地与迁入地在市场政策、税收政策等方面的衔接。调查发现，很多企业都有总部迁移的意向，但之所以没有采取行动，迁出地政府的干预是主要因素。这说明地方保护主义的存在对企业总部迁移行为的发生具有重要影响。不同地区之间市场体系的不统一，使企业总部迁移的风险性极高。因此，统一、开放的市场体系是企业总部迁移的首要条件。

行政机制对企业总部的迁移起着重要的影响作用。受长期计划经济体制的影响，企业资本所有权与管理权没有完全分离开，企业的运作主要为纵向关系，行政性质比较明显，企业中包含了大量非经济成分，这在一定程度上阻碍了企业的发展；同时，地方保护主义造成企业的条块分割，制约着企业纵向结合和横向结合的空间范围。

归纳上述各因素，形成影响企业总部迁移的因素一览表，如表 4-7 所示。

表 4-7 影响企业总部迁移的因素

企业总部迁移的影响因素	一级因素	二级因素	说明
区位因素	市场的辐射能力		经济腹地的大小
	接近市场	与顾客的距离	接近消费者
		与供应商的距离	产业配套
		与市场的距离	—
	公共交通设施	与机场的距离	国际机场
		高速公路	
	当地政策	土地政策	—
		税收政策	—
		迁移政策	—
	劳动力	专业技术人才的可获得性	
企业自身因素	企业规模	资产规模	—
		就业规模	—
	成本因素	—	—
	分工因素	—	企业内部的空间分工
	企业生命周期	—	企业发展的阶段
	迁移经验	—	企业有无迁移经验
外部环境因素	技术进步	—	—
	一般经济发展	—	—
	经济政策	—	—
	政策行政效率	—	—
	法律环境	—	—
	技术因素	—	—
制度文化因素	行政机制	—	—
	文化传统	—	—
	制度	—	—

第 5 章 企业总部迁移的区位决定

无论是出于提升企业形象的动机，还是接近金融市场、寻求更多市场机会和多样化服务的支持考虑，一个基本的事实是：中国企业总部迁移的目标城市主要是北京、上海和省会城市。这种区位选择的决定因素是什么？

5.1 企业总部迁移的区位决定模型

假设满足企业总部迁移的目标区位不止一个，那么企业是如何选择企业总部迁移的目标区位呢？专业化和效率会使企业总部聚集于特定的地区（Shilton 和 Stanley，1999），因而将信息因素纳入生产函数中来加以考虑，这当中包括了技术与市场竞争的信息（Poter，1998），称之为生产力函数（Productivity Function）。企业总部需要面对面（市场竞争）的信息，以提供专业化服务和效率为诉求，从接近竞争对手来获取、交换或提供快速的信息，并经由对市场信息的了解程度而立即做出决策反应。因而必须利用大城市完善设施来获取信息，并吸引具有该信息的专业劳动力。Shilton 和 Stanley（1999）将企业总部的生产力函数表示如下：

$$Q = f(OS, K, N, I_f, I_e) \tag{5-1}$$

其中，Q 表示企业总部在特定区位的产出；OS 表示企业总部空间；K 表示资本；N 表示劳动力；I_f 表示面对面信息；I_e 表示电子信息。

企业总部的区位成本和利润函数可以分别表示为：

$$\pi = P \cdot Q - C \tag{5-2}$$

$$C = s \cdot OS + c \cdot K + e \cdot N + t \cdot I_f + h \cdot I_e \tag{5-3}$$

其中，s，c，e，t，h，P 分别代表企业总部空间价格、资本劳务价格、每单位劳动力成本、面对面信息成本、电子信息成本和企业总部区位价格。

Keith 和 Michael（1990）的研究指出，已知企业总部空间的变动受到投入价格和需求的影响，而利润极大化又与企业总部空间、劳动力、资本、面对面信息和电子信息等要素投入产生的需求方程式有关。因此，i 企业选择 j 方案（备选的目标城市），企业总部空间的需求函数可表示为：

$$OS_{ij} = f(s_{ij},\ c_{ij},\ e_{ij},\ t_{ij},\ h_{ij}) \tag{5-4}$$

其中，j = 1，…，n，表示可供企业总部迁移选择的目标城市有 j 个。

由于个别企业总部的区位选择为一个不连续的选择行为，因此进一步可用 Logit 模型加以估计，假设个别企业在理性的经济选择行为下，必定会选择一个利润最大化的备选方案。则 i 企业选择 j 方案作为企业总部的利润将是 π_{ij}，π_{ij} 可表示如下：

$$\pi_{ij} = V_{ij} + \varepsilon_{ij} \tag{5-5}$$

其中，V_{ij} 为利润中可衡量部分；ε_{ij} 为不可衡量的误差项。

利润极大化又与企业总部空间、劳动力、资本、面对面信息和电子信息等要素投入产生的需求方程式有关。因而，i 企业选择 j 方案作为企业总部的利润与其影响因素可以用线性方程式表示如下：

$$V_{ij} = \alpha_{ij} + \beta x_{ij} \tag{5-6}$$

其中，V_{ij} 又可视为备选方案，而由于 i 企业选择 j 方案做企业总部的概率为 P_{ij}，并取决于选择 j 方案所带给企业的利润大小，因而当利润越大时，则选择 j 方案的概率就越大，以数学式表示如下：

$$\begin{aligned} P_{ij} &= prob(\pi_{ij} > \pi_{ik},\ \forall k \neq j;\ k,\ j \in J) \\ &= prob(V_{ij} + \varepsilon_{ij} > V_{ik} + \varepsilon_{ik}) \\ &= prob(V_{ij} - V_{ik} > \varepsilon_{ik} - \varepsilon_{ij}) \end{aligned} \tag{5-7}$$

若式（5-7）中的 ε_{ik} 与 ε_{ij} 呈现相同且一致性的极端值分配，则可以推导出多项 Logit 模型，其数学式如下：

$$P_{ij} = \exp(\pi_{ij}) / \sum_{j=1}^{n} \exp(\pi_{ij}) \tag{5-8}$$

P_{ij} 最大的 j 就是企业总部迁移所选择的区位。

5.2 世界 500 强企业总部的区位特征

有关文献集中研究跨国公司（特别是世界 500 强企业）企业总部区位选择及其决定因素。这些文献通过案例分析或是访谈和问卷调查等方法，得出某一类跨国公司总部区位选择的特征，以及影响选择决定的区位因素。很多文献的兴趣集中在跨国公司地区总部的区位决策特征及影响因素方面，这种集中研究隐含着各地区的需求及一定的政策含义，表明各地区也有制定相应政策以吸引跨国公司地区总部的迁入。

在考察公司总部区位特征时，从考察样本资料的可获得性及样本的重要性考虑，本章将考察的重点放在世界 500 强企业总部的区位特征上。通过对文献的归纳和 2007 年世界 500 强企业总部区位的分析，可以看出，世界 500 强企业总部的区位特征表现为以下几个方面：第一，世界 500 强企业总部更倾向于向大城市聚集；第二，这些大城市主要是首都、综合性经济中心城市和专业化工业城市；第三，东京、巴黎、纽约、伦敦和北京是聚集世界 500 强企业总部最多的城市。

5.2.1 企业总部的区位指向

5.2.1.1 首都和综合性经济中心城市

除美国、加拿大、澳大利亚、德国、巴西和瑞士等国家的首都，其政治文化功能较强、经济功能较弱外，其余国家的首都在该国具有垄断地位。31 个国家中有 27 个国家的首都是世界 500 强的聚集地，集中了世界 500 强总数的 38%，甚至个别国家的首都集中了该国 80%以上的世界 500 强企业总部。事实上不仅世界 500 强企业总部有这种首都指向，大部分的跨国公司、大企业的总部也都集中在首都，而且首都的世界 500 强企业总部的行业呈现与该城市优势行业一致的多样性。

综合性经济中心城市是指除首都城市外其他具有经济中心地位的城市。很多城市尽管不是首都，但是由于历史、地理位置等因素同样担负着金融中心和经济中心的重任，如纽约、法兰克福和多伦多等城市，这些城市拥有众多不同行业的世界 500 强企业总部。其综合性功能反映在城市拥有世界 500 强企业总部的行业结构的多样性上，并且与该地区的优势行业基本一致。

5.2.1.2 专业化城市和高科技工业园区

专业化城市主要包括普通工业城市和资源型城市。在美国五大湖南部的“制造业带”，即被称为“美国经济地理横轴”的大工业带里，集中了众多专业化方向十分明显的中心工业城市，如“汽车城”底特律拥有通用、福特等著名世界 500 强企业总部，“钢城”匹兹堡拥有美国钢铁和美国铝业等大企业总部，这些专业化工业城市的总体经济实力和科技文化水平远不及首都和综合性经济中心城市，但在各自的专业领域里，它们的生产和科研水平均居于全国前列。以资源开采和初加工生产为主的产业，统称为资源产业，包括电力工业、化学工业、冶金工业、石油工业、煤炭工业、建材工业、纺织工业、森林工业、食品工业和造纸工业。把资源产业世界 500 强聚集的城市称为资源型城市，如休斯敦、爱文、达拉斯、Mumbal、Espoo 等城市分别拥有大陆飞利浦石油、埃克森美孚石油、得州公用、印度斯坦石油公司、芬兰富腾等著名的石油及能源类世界 500 强企业总部，其企业总部行业结构与该专业化城市的优势行业完全一致。

有部分世界 500 强企业总部集中在高科技工业园区，以美国硅谷为典型代表。硅谷的世界 500 强企业总部行业结构绝大部分以计算机（硬件和软件）和 IC 工业（集成电路工业）及与之相关的电子批发零售行业为主，如惠普、英特尔、甲骨文、英迈等，与当地的优势行业完全一致。

5.2.1.3 企业总部区位变迁

大企业总部区位的变迁往往是与国家的经济发展水平紧密联系在一起的。Semple 和 Philips（1987）曾提出了企业总部区位变迁的四个阶段模型。在初期阶段，由于基础设施特别是交通通信条件的限制，大企业总部一般集中在全国性的支配中心。这一支配中心往往是一个国家的首都或首位城市。在第二阶段，随着国家经济的发展和交通条件的改善，除首位城市之外，逐步形成了一些区域性的支配中心。第三阶段代表区域开始走向成熟，各地区已不存在真正的支配中心，企业总部的区位逐步出现分散化的趋势。美国目前已开始进入这一阶段。第四阶段则以国家成熟为特点，这时已不存在国家或区域性的支配中心，企业总部最大限度地分散在全国各地。这一模型对于解释国土面积较大国家企业总部区位变迁有一定作用，但对日本企业总部的变迁就很难用这一模型来解释。

国家经济的发展阶段（以基础设施、交通通信条件表示）

低 ——→ 高

	阶段 1	阶段 2	阶段 3	阶段 4
基础设施	极为不均衡	不均衡	较为均衡	无差异
交通通信	限制较多	有一定改善	较方便	很方便
支配中心	全国性支配中心	区域性支配中心	不存在真正的支配中心	不存在国家或区域的支配中心
企业总部	高度聚集	以聚集为主	逐步出现分散	分散

低 ——→ 高

企业总部从聚集到扩散的过程

图 5-1 企业总部区位变迁四阶段模型

资料来源：笔者根据 Semple 和 Philips（1987）的研究整理归纳。

随着交通通信特别是电子信息技术的迅速发展，有些国家的企业总部向大都市区集中的趋势正在逐步减弱。在世界最大的 100 家企业中，有一些企业总部并不在大城市。例如，雀巢公司是世界第二大食品公司，企业总部设在瑞士韦维市；丰田汽车公司是世界第三大汽车公司，企业总部设在日本丰田市；飞利浦公司是世界著名的电子工业公司，企业总部设在荷兰埃因霍温市；大众汽车公司是德国最大的汽车公司，企业总部设在德国的沃尔夫斯堡。

5.2.1.4 来自世界 500 强企业总部区位的证据

世界 500 强企业总部更青睐于东京、巴黎、纽约、伦敦和北京。2007 年《财富》世界 500 强企业排行榜中，如果按城市统计，东京有 50 家企业上榜，从而成为拥有 500 强企业最多的城市，巴黎有 26 家企业，列第二，纽约和伦敦并列第三，各有 22 家上榜企业，北京列第五，有 18 家。

在中国，世界 500 强企业总部集中在北京（60%）、台北（13%）、香港（7%）、上海（7%）四个城市，$HQCR_4$ 为 87%。

表 5-1 世界 500 强企业总部的空间分布

<table>
<tr><th colspan="4">世界 500 强企业总部的分布</th><th colspan="4">世界 500 强中国企业总部的分布</th></tr>
<tr><th>城市</th><th>城市类型</th><th>企业总部数量（家）</th><th>比重（%）</th><th>城市</th><th>城市类型</th><th>企业总部数量（家）</th><th>比重（%）</th></tr>
<tr><td>东京</td><td>1</td><td>50</td><td>10</td><td>北京</td><td>1</td><td>18</td><td>60.00</td></tr>
<tr><td>巴黎</td><td>1</td><td>26</td><td>5.2</td><td>台北</td><td>2</td><td>4</td><td>13.33</td></tr>
<tr><td>纽约</td><td>2</td><td>22</td><td>4.4</td><td>上海</td><td>2</td><td>2</td><td>6.67</td></tr>
<tr><td>伦敦</td><td>1</td><td>22</td><td>4.4</td><td>香港</td><td>2</td><td>2</td><td>6.67</td></tr>
<tr><td rowspan="2">北京</td><td rowspan="2">1</td><td rowspan="2">18</td><td rowspan="2">3.6</td><td>长春</td><td>—</td><td rowspan="4">1</td><td rowspan="4">3.33</td></tr>
<tr><td>广州</td><td>—</td></tr>
<tr><td rowspan="2">其他</td><td rowspan="2">—</td><td rowspan="2">362</td><td rowspan="2">—</td><td>麦寮</td><td>—</td></tr>
<tr><td>桃园</td><td>—</td></tr>
<tr><td colspan="2">合计</td><td>500</td><td>100</td><td colspan="2">合计</td><td>30</td><td>100</td></tr>
</table>

注：1 表示该城市是首都，2 表示该城市是综合性经济中心。
资料来源：笔者根据 2007 年世界 500 强排名整理。

5.2.2 典型国家的企业总部空间分布模式

5.2.2.1 集中型分布模式和分散型分布模式

在本章中，我们将首位城市定义为一国大企业总部最多的城市。

企业总部首位城市集中度：首位城市的企业总部数与企业总部总数的比值称为企业总部首位城市集中度，在不致混淆的前提下，简称首位集中度。

从企业总部的地区分布看，各个国家由于具体情况的不同，大企业总部的区位大体可分为以下两种模式：

集中型分布。一些大企业的总部高度集中在首位城市，呈现出明显的首位城市集中分布。一般来说，如果企业总部首位城市集中度大于 60%，则称该国的大企业总部分布为企业总部集中型分布模式。

分散型分布。虽然一些大企业的总部大多位于大城市，但首位集中度不一定高。一般来说，如果企业总部首位集中度小于 30%，则称该国的大企业总部分布为企业总部分散型分布模式。

5.2.2.2 主要国家世界 500 强企业总部分布模式

本部分观察美国、日本、德国、法国、英国、中国、韩国的世界 500 强企业总部的分布模式并计算首位城市集中度，如表 5-2 所示。

集中型分布的典型国家。很明显，日本、英国、法国、中国、韩国、

表 5-2　主要国家 500 强企业总部的分布模式

国家（年份）	首位城市	该国企业总部数量（家）	首位城市企业总部数量（家）	企业总部首位城市集中度（%）	企业总部分布类型
日本（2007）	东京	67	50	74.63	集中型
法国（2007）	巴黎	38	26	68.42	集中型
英国（2007）	伦敦	32	22	68.75	集中型
中国（2007）	北京	22	18	81.82	集中型
韩国（1995）	首尔	12	11	92	集中型
比利时（1995）	布鲁塞尔	6	6	100	集中型
美国（2007）	纽约	163	22	13.50	分散型
德国（1995）	慕尼黑	40	8	20.00	分散型

资料来源：笔者根据世界 500 强排名资料计算归纳。

比利时等国家是典型的企业总部集中型分布国家。2007 年，日本世界 500 强企业共 67 家，约 88%集中在东京和大阪，其中 50 家企业总部设在东京，企业总部首位城市集中度高达 74.63%；中国世界 500 强企业共 22 家，其中 18 家企业总部设在北京，首位集中度为 81.82%；英国世界 500 强企业共 32 家，其中 22 家企业总部设在伦敦，首位集中度为 68.75%；法国世界 500 强企业共 38 家，其中 26 家企业总部设在巴黎，首位集中度为 68.42%。2003 年加拿大有 78%的世界 500 强企业总部集中在多伦多和蒙特利尔；西欧约 70%的世界 500 强企业总部集中在 11 个大城市，分别为伦敦、巴黎、法兰克福、慕尼黑、苏黎世、米兰、罗马、斯德哥尔摩、杜塞尔多夫、马德里、布鲁塞尔。1995 年，韩国共有 12 家世界 500 强企业，其中 11 家企业总部设在首尔，首位集中度为 92%；1995 年，比利时 6 家世界 500 强企业总部设在布鲁塞尔，企业总部首位城市集中度为 100%。

企业总部首位城市集中度最高的城市是比利时的布鲁塞尔、韩国的首尔和中国的北京。

分散型分布的典型国家。美国和德国是分散型分布的代表。在 1995 年按销售收入排列的世界最大的 500 家企业中，德国共有 40 家，其中 8 家企业总部设在慕尼黑，7 家设在法兰克福，5 家设在杜塞尔多夫，4 家设在埃森，首位集中度为 20%。2007 年，美国世界 500 强企业共 163 家，其中 22 家企业总部设在纽约，首位集中度为 13.5%。

美国和德国大企业总部的首位集中度较低的一种可能解释是与其国土面积较大、工业化和城市化已进入较高级阶段等诸多因素紧密联系在一起的；而集中型分布模式的国家，除中国外，都是国土面积不大的国家，如法国、英国、日本、韩国、比利时。由于涉及内容和因素可能非常复杂，这一问题暂时不作研究。

5.2.3 企业总部空间分布的行业特征

不同行业的总部空间分布具有差异性，如：汽车主要集中在日本、德国和美国，东京和底特律是汽车业企业总部最集中的城市；金融业的总部较汽车业分散，主要集中在纽约、巴黎、东京、伦敦、法兰克福、苏黎世、慕尼黑、米兰、多伦多 9 大城市；零售服务业的总部比较分散。

汽车及零部件行业的世界 500 强分布在亚洲、北美和欧洲，主要集中在日本、德国和美国，三国汽车产量占世界汽车总产量的 76%，其中东京和底特律两大城市的产量占三国汽车总产量的 38%。

钢铁业主要分布在日本、西欧和美国。尽管日本矿产资源贫乏，但日本利用优越的临港条件，钢铁工业迅速发展，东京和神户钢铁工业尤为发达；德国发展钢铁工业的最有利条件是焦煤资源丰富，鲁尔区是德国最大的钢铁基地；美国的钢铁工业主要集中在五大湖以南地区，有芝加哥、匹兹堡、克利夫兰。

航天国防工业企业总部主要分布在美国的东北部老工业区、洛杉矶以及西欧的伦敦和巴黎。

信息业的研发投入较大、产品技术含量较高，其发展水平能够反映一国的科技实力。电信企业分布较广，五大洲的著名大城市皆有分布；信息制造业强调技术创新和适宜环境，信息业世界 500 强企业总部分布具有“大分散，小集中”的特点。“大分散”是指企业总部位于大城市的较少，多位于靠近大学和科研机构、风景优美的中小城市，即使拥有信息业世界 500 强企业总部最多的东京和巴黎也只占总数的 15%，纽约、伦敦仅拥有电信企业。“小集中”是指这些中小城市彼此靠近，通过产业聚集的技术溢出效应达到利益最大化。例如，美国硅谷是众多中小城市的集合体，汇集了一大批世界 500 强知名企业，占美国信息业世界 500 强企业总数的 20%，如太阳微系统、思科系统等。西欧信息业世界 500 强企业较少，60%是电信企业，其中德国慕尼黑是欧洲最大的微电子生产基地，西门子企业总部就位于此。美国东北部分布大量的信息业世界 500 强企业总部。

化工业世界 500 强企业总部主要分布在美国、西欧和发展中国家。休斯敦是美国最大的炼油中心，南部墨西哥湾沿岸是石油化工产品的生产中心，东北部大西洋沿岸和五大湖地区是基本化工产品的生产基地。西欧的化工业与其他行业相比较为发达，主要化工中心有德国的鲁尔区，荷兰、比利时的鹿特丹—安特卫普—阿姆斯特丹石油加工与化工中心，法国的巴黎，英国的北海沿岸化工中心。发展中国家以石油开采和冶炼为主，其世界 500 强企业总部主要分布在莫斯科、吉隆坡、里约热内卢、墨西哥城、北京等城市。能源类 500 强与石油类分布基本一致。

金融服务业 500 强在各国经济中居于主导地位，分布的城市较多。有 54%的金融服务业 500 强企业分布在纽约、巴黎、东京、伦敦、法兰克福、苏黎世、慕尼黑、米兰、多伦多 9 大城市。金融服务业企业总部有不断集中的趋势，其中纽约、东京和伦敦的金融服务企业总部数占 9 大城市的 85%，即全世界 40%以上的金融服务企业总部集中在纽约、东京和伦敦 3 大城市。

零售服务业世界 500 强企业总部的分布较为分散。

5.2.4　世界 500 强企业总部的区位变化

通过上述比较，不难得到以下结论：在 1995~2000 年，世界 500 强企业在日本、英国和法国呈聚集分布的特点，其中日本与法国的集中程度在加强，英国则呈现出集中程度下降的趋势；世界 500 强企业在美国的分布特点依然是分散型特点，而且这种分散的速度不是很快。

观察表 5-3 中 2007 年与 1995 年世界 500 强企业总部的分布情况，可以做以下的比较：

第一，比较 2007 年与 1995 年世界 500 强企业总部在日本的分布情况。①世界 500 强日本企业从 1995 年的 141 家，下降到 2007 年的 67 家，减少了 74 家，减少了 52%。②在 1995 年世界 500 强企业中，日本有 141 家，其中 93 家企业总部设在东京，32 家设在大阪，首位集中度为 65.96%；2007 年世界 500 强企业中，日本有 67 家，其中 50 家在东京，首位集中度为 74.63%，集中水平增加了 8.67%。

第二，比较 2007 年与 1995 年世界 500 强企业总部在法国的分布情况。在 1995 年世界 500 强企业中，法国共有 42 家，其中 27 家企业总部设在巴黎，首位集中度为 64.29%；在 2007 年世界 500 强企业中，法国有

38 家，其中巴黎 26 家，集中水平增加了 4.13%。

第三，比较 2007 年与 1995 年世界 500 强企业总部在英国的分布情况。1995 年，世界 500 强企业英国共有 32 家，其中 25 家企业总部设在伦敦，首位集中度为 78.13%；2007 年，英国有世界 500 强企业总部 32 家，其中伦敦有 22 家，首位集中度为 68.75%，下降了 9.38%。

第四，比较 2007 年与 1995 年世界 500 强企业总部在美国的分布情况。1995 年，世界 500 强企业美国共有 153 家，其中 22 家企业总部设在纽约，7 家设在亚特兰大，5 家设在旧金山，各有 4 家设在芝加哥、华盛顿、休斯敦和圣路易斯，首位集中度仅有 14.38%；2007 年，美国共有世界 500 强企业总部 163 家，其中 22 家在纽约，首位集中度为 13.5%，集中水平下降了 0.88 个百分点。

表 5-3 主要国家世界 500 强企业总部分布变化

国家	首位城市	2007 年			1995 年			变化数		
		该国企业总部数量（家）	首位城市企业总部数量（家）	企业总部首位城市集中度（%）	该国企业总部数量（家）	首位城市企业总部数量（家）	企业总部首位城市集中度（%）	该国企业总部数量变化（家）	首位城市企业总部数量变化（家）	企业总部首位城市集中度变化（%）
美国	纽约	163	22	13.5	153	22	14.38	10	0	-0.88
日本	东京	67	50	74.63	141	93	65.96	-74	-43	8.67
法国	巴黎	38	26	68.42	42	27	64.29	-4	-1	4.13
英国	伦敦	32	22	68.75	32	25	78.13	0	-3	-9.38
中国	北京	18			—	—	—			

资料来源：笔者归纳计算。

5.3 中国企业总部的区位特征

5.3.1 中国 500 强企业总部

中国 500 强企业总部高度集中在北京。以 2006 年中国 500 强企业为观察样本，区域范围以省为单位。95 家企业总部设在北京，企业总部集

中度 $HQCR_1$ 是 19%；这 95 家企业的总资产、营业收入、利润总额和从业人员的集中度分别是 76%、49.6%、63%和 49.4%。2006 年中国 500 强企业在各地区的分布情况详见表 5-4。以 2010 年中国 500 强企业为观察样本，有 100 家企业总部位于北京，较 2006 年增加了 5 家。

表 5-4　中国 500 强企业总部的空间分布

地区	企业总部数（家）	企业总部集中度（%）	总资产集中度（%）	营业收入集中度（%）	利润总额集中度（%）	从业人员集中度（%）
北京	95	19.0	76.0	49.6	63.0	49.4
广东	53	10.6	5.6	7.7	7.9	5.6
浙江	47	9.4	0.8	3.9	2.3	2.8
山东	40	8.0	1.3	4.6	2.5	4.8
江苏	40	8.0	0.9	3.9	2.5	2.9
上海	32	6.4	6.0	8.0	7.6	4.1
天津	29	5.8	0.9	3.7	2.1	1.9
河北	21	4.2	0.5	1.8	1.4	1.9
辽宁	17	3.4	0.9	2.5	1.1	3.3
山西	11	2.2	0.7	1.6	1.2	3.3
安徽	11	2.2	0.4	1.2	0.7	1.7
湖北	11	2.2	0.8	1.9	1.9	1.9
福建	10	2.0	1.3	0.9	1.1	0.2
河南	9	1.8	0.3	0.9	0.5	1.9
四川	9	1.8	0.6	1.1	0.6	2.0
云南	9	1.8	0.5	1.0	1.0	0.9
重庆	8	1.6	0.2	0.5	0.2	0.8
陕西	7	1.4	0.3	0.6	1.9	1.0
江西	7	1.4	0.3	0.7	0.2	1.1
湖南	6	1.2	0.2	0.6	0.5	0.6
内蒙古	6	1.2	0.3	0.7	0.1	0.7
黑龙江	4	0.8	0.3	0.6	–0.5	4.1
广西	4	0.8	0.1	0.3	0.1	0.7
新疆	4	0.8	0.2	0.3	–0.3	0.3
吉林	3	0.6	0.3	1.0	0.2	0.8
甘肃	3	0.6	0.2	0.3	0.0	0.6
贵州	2	0.4	0.0	0.1	0.2	0.1
宁夏	1	0.2	0.0	0.0	0.0	0.3
海南	1	0.2	0.1	0.1	0.0	0.1
全国	500	100	100	100	100	100.0

资料来源：笔者根据 2006 年中国 500 强企业排名资料整理。

中国500强企业总部的空间分布与地区经济发展相一致。在全国31个省、自治区、直辖市（除港澳台地区）中除西藏和青海以外其他29个省、自治区、直辖市均有企业进入2006年中国500强企业。2006年中国500强企业总部的地域分布与地区经济发展的程度相一致，即在经济发达的地区入围企业也多。中国500强企业总部主要集中在经济发达的7个省市，即北京、上海、天津、山东、浙江、江苏、广东。上述省市在2006年中国500强企业中共拥有336家企业，占67.2%。

5.3.2 中国上市公司百强企业总部

中国上市公司百强企业总部的分布特征是大集中、小分散。大集中是指大企业高度集中在北京，小分散是指上市公司百强企业中规模小的企业分散在40多个城市中。以2006年中国上市公司百强企业总部为观察样本，其中有20家企业位于北京，企业总部集中度$HQCR_1$为20%；20家企业的总资产、营业收入、利润总额和市值的集中度分别是87%、62%、67%和71%。2006中国500强企业在各地区的分布情况如表5-5所示。

表5-5 上市公司100强的城市分布

城市	企业总部数（家）	资产总额（亿元）		营业收入（亿元）		利润（亿元）		市值（亿元）	
			集中度（%）		集中度（%）		集中度（%）		集中度（%）
北京	20	161631.1	86.6	19955.8	61.9	3158.1	66.9	51452.5	71.1
上海	13	11303.4	6.1	3410.8	10.6	448.0	9.5	6857.0	9.5
深圳	12	4479.6	2.4	1093.1	3.4	179.2	3.8	3365.5	4.7
济南	3	801.6	0.4	439.3	1.4	45.1	1.0	417.3	0.6
天津	2	512.8	0.3	469.8	1.5	47.9	1.0	455.9	0.6
太原	2	481.3	0.3	200.6	0.6	72.7	1.5	1129.2	1.6
南京	2	352.8	0.2	289.7	0.9	28.4	0.6	588.7	0.8
南昌	2	330.7	0.2	147.8	0.5	27.1	0.6	267.9	0.4
广州	2	166.5	0.1	91.9	0.3	18.5	0.4	206.2	0.3
大同	2	121.1	0.1	72.1	0.2	17.5	0.4	403.7	0.6
邹城	1	584.3	0.3	546.0	1.7	92.1	2.0	605.2	0.8
珠海	1	548.4	0.3	343.2	1.1	27.6	0.6	290.5	0.4
重庆	1	397.9	0.2	413.2	1.3	58.0	1.2	498.5	0.7
中山	1	377.0	0.2	327.3	1.0	15.4	0.3	92.9	0.1
郑州	1	286.3	0.2	276.9	0.9	19.5	0.4	126.9	0.2

续表

城市	企业总部数（家）	资产总额（亿元）		营业收入（亿元）		利润（亿元）		市值（亿元）	
			集中度（%）		集中度（%）		集中度（%）		集中度（%）
昭通	1	269.1	0.1	246.9	0.8	20.3	0.4	169.3	0.2
宜宾	1	236.7	0.1	222.0	0.7	12.9	0.3	121.7	0.2
阳泉	1	232.3	0.1	256.8	0.8	8.6	0.2	144.6	0.2
烟台	1	228.9	0.1	132.2	0.4	30.4	0.6	347.7	0.5
武汉	1	223.1	0.1	152.5	0.5	25.0	0.5	376.7	0.5
武安	1	205.5	0.1	118.1	0.4	8.9	0.2	71.6	0.1
芜湖	1	203.1	0.1	158.1	0.5	8.9	0.2	109.1	0.2
铜陵	1	187.5	0.1	254.4	0.8	55.3	1.2	335.8	0.5
唐山	1	159.9	0.1	238.0	0.7	7.9	0.2	95.6	0.1
寿光	1	149.8	0.1	243.3	0.8	11.5	0.2	56.5	0.1
仁怀	1	149.1	0.1	280.6	0.9	14.5	0.3	87.3	0.1
曲靖	1	140.3	0.1	165.4	0.5	7.5	0.2	56.3	0.1
平顶山	1	138.5	0.1	182.7	0.6	7.3	0.2	105.8	0.2
攀枝花	1	132.0	0.1	59.8	0.2	11.5	0.2	157.1	0.2
宁波	1	124.4	0.1	201.4	0.6	8.3	0.2	74.7	0.1
马鞍山	1	122.2	0.1	64.4	0.2	11.3	0.2	86.8	0.1
漯河	1	116.5	0.1	16.1	0.1	8.5	0.2	74.0	0.1
莱芜	1	104.1	0.1	186.5	0.6	7.6	0.2	58.4	0.1
昆明	1	103.3	0.1	73.9	0.2	17.9	0.4	619.6	0.9
晋城	1	103.0	0.1	108.0	0.3	8.0	0.2	61.1	0.1
合肥	1	96.3	0.1	47.0	0.2	9.3	0.2	122.0	0.2
杭州	1	93.9	0.1	49.0	0.2	24.9	0.5	828.9	1.2
邯郸	1	92.3	0.1	72.2	0.2	11.8	0.3	102.4	0.1
贵溪	1	86.8	0.1	44.3	0.1	7.6	0.2	73.9	0.1
格尔木	1	85.2	0.1	74.6	0.2	12.6	0.3	116.6	0.2
福州	1	72.3	0.0	16.2	0.1	9.7	0.2	97.2	0.1
佛山	1	57.6	0.0	84.9	0.3	8.8	0.2	71.5	0.1
鄂尔多斯	1	57.6	0.0	50.5	0.2	14.0	0.3	64.6	0.1
成都	1	57.2	0.0	25.8	0.1	16.2	0.3	180.8	0.3
长治	1	54.9	0.0	14.3	0.0	9.5	0.2	75.3	0.1
长沙	1	54.4	0.0	36.4	0.1	8.7	0.2	49.7	0.1
本溪	1	51.7	0.0	49.1	0.2	13.1	0.3	287.9	0.4
包头	1	46.5	0.0	22.5	0.1	8.1	0.2	80.9	0.1
鞍山	1	45.7	0.0	44.6	0.1	11.1	0.2	110.3	0.2
安阳	1	36.9	0.0	151.3	0.5	7.1	0.2	160.1	0.2
合计	100	186693.3	100.0	32220.8	100.0	4719.5	100.0	72389.5	100.0

资料来源：笔者根据上市公司资料和 2006 年中国上市公司 100 强排名整理计算。

中国上市公司百强企业总部的空间分布与地区经济发展相一致。2006年度共有50个城市的企业进入中国上市公司百强企业。上市公司百强企业的地域分布与地区经济发展的程度相一致，即在经济发达的地区入围企业也多。主要集中在北京、上海、深圳三个城市。三个城市企业总部集中度 $HQCR_3$ 是45%，资产集中度高达95%，营业收入、利润和市值的集中度分别是76%、80%和85%。

5.3.3 《福布斯》全球2000强中国企业总部

《福布斯》全球上市公司2000强2007年中国上榜企业有89家，79家集中在香港（38家）、北京（29家）、上海（8家）和深圳（4家）四城市，四个城市的企业总部所占比重分别是43%、33%、9%和5%。包括香港在内，福布斯全球上市公司2000强资产的所占比重依然是北京最高，为71%，香港列第二，为15%。四城市企业总部集中度 $HQCR_4$ 是89%，资产集中度是99%，销售收入、利润和市值的集中度是95%、98%和96%，如表5-6所示。

表5-6 《福布斯》全球上市公司2000强中国企业区位分布（含香港）

单位：10亿美元

	企业总部数量（家）	集中度（%）	总资产	集中度（%）	销售收入	集中度（%）	利润	集中度（%）	市值	集中度（%）
香港	38	42.7	548.2	15.3	123.3	19.8	32.5	32.5	387.8	19.2
北京	29	32.6	2563.8	71.3	417.7	67.0	59.8	59.9	1337.5	66.4
上海	8	9.0	372.9	10.4	36.0	5.8	4.3	4.3	157.4	7.8
深圳	4	4.5	71.0	2.0	14.0	2.2	1.1	1.1	58.6	2.9
武汉	2	2.2	9.3	0.3	10.2	1.6	0.8	0.8	13.7	0.7
鞍山	1	1.1	1.8	0.0	3.3	0.5	0.3	0.3	9.3	0.5
大同	1	1.1	4.7	0.1	1.6	0.3	0.4	0.4	18.9	0.9
广州	1	1.1	8.8	0.2	4.6	0.7	–0.2	–0.2	2.0	0.1
惠州	1	1.1	3.8	0.1	6.4	1.0	0.0	0.0	1.4	0.1
马鞍山	1	1.1	4.8	0.1	4.0	0.6	0.4	0.4	5.0	0.2
宜宾	1	1.1	1.2	0.0	0.7	0.1	0.1	0.1	8.8	0.4
仁怀	1	1.1	1.0	0.0	0.4	0.1	0.1	0.1	10.7	0.5
邹城	1	1.1	2.6	0.1	1.4	0.2	0.4	0.4	4.5	0.2
合计	89	100.0	3593.8	100.0	623.6	100.0	99.9	100.0	2015.6	100.0

资料来源：笔者根据2007年《福布斯》全球2000上市公司资料整理。

不包括香港，北京、上海和深圳三个城市企业总部集中度 $HQCR_3$ 是 80%，资产集中度高达 99%，营业收入、利润和市值的集中度分别是 94%、97%和 96%。《福布斯》全球上市公司 2000 强中国企业总部有 29 家企业位于北京，企业总部集中度 $HQCR_1$ 为 57%；29 家企业的总资产、营业收入、利润总额和市值的集中度分别是 84%、84%、89%和 82%。

表 5-7 《福布斯》全球上市公司 2000 强中国企业区位分布（不含香港）

城市	企业总部数量（家）	企业总部集中度（%）	资产集中度（%）	销售收入集中度（%）	利润集中度（%）	市值集中度（%）
北京	29	56.9	84.2	83.5	88.6	82.2
上海	8	15.7	12.2	7.2	6.4	9.7
深圳	4	7.8	2.3	2.8	1.6	3.6
三城市合计	41	80.4	98.7	93.5	96.6	95.5
合计	51	100.0	100.0	100.0	100.0	100.0

资料来源：笔者根据 2007 年《福布斯》全球 2000 强上市公司资料整理。

5.3.4 世界 500 强中国企业总部

根据 2007 年《财富》世界 500 强的排名，世界 500 强中国企业一共有 30 家，分布在北京（18 家）、台北（4 家）、香港（2 家）、上海（2 家）、长春（1 家）、广州（1 家）、麦寮（1 家）和桃园（1 家）8 个城市。北京的企业总部集中度 $HQCR_1$ 为 60%；18 家企业的营业收入集中度是 73%。观察 2007 年和 2015 年的数据，无论是总部的集中度和营业收入的集中度都呈下降趋势。

不包括香港和台湾，北京、上海两个城市企业总部集中度 $HQCR_2$ 是 91%，营业收入集中度高达 94%。2007 年，世界 500 强中国企业，有 18 家企业总部位于北京，企业总部集中度 $HQCR_1$ 为 82%；18 家企业的营业收入集中度是 89%。到 2015 年，世界 500 强中国企业，有 52 家企业总部位于北京，企业总部集中度 $HQCR_1$ 为 54%，52 家企业营业收入集中度是 40%。虽然从集中度看，世界 500 强中国企业总部呈分散化，但是从规模上看大为增加。2015 年总部企业数量是 2007 年的 2.9 倍，营业收入是 2007 年的 5.8 倍。

表 5-8 世界 500 强中国企业资产和数量的空间分布

城市	企业数量（家）	集中度（%）	营业收入（百万美元）	集中度（%）	企业数量（家）	集中度（%）	营业收入（百万美元）	集中度（%）
2007 年大中华区					2015 年大中华区			
北京	18	60.00	711186	73.22	52	49.06	4096364	62.87
台北	4	13.33	100053	10.30	5	4.72	262924	4.04
上海	2	6.67	40674	4.19	8	7.55	403439	6.19
香港	2	6.67	39942	4.11	5	4.72	272943	4.19
其他	4	13.32	79490	8.18	36	33.96	1479756	22.71
合计	30	100.00	971344	100.00	106	100.00	6515426	100.00
2007 年中国大陆					2015 年中国大陆			
北京	18	81.82	711186	89.06	52	54.17	4096364	40.46
上海	2	9.09	40674	5.09	8	8.33	403439	3.99
其他	2	9.09	46677	5.85	36	37.50	5623572	55.55
合计	21	100.00	798536	100.00	96	100.00	10123376	100.00

资料来源：笔者根据《财富》世界 500 家排名资料计算。

5.3.5 小结

5.3.5.1 中国大企业总部是集中型分布

中国大企业总部集中型分布在北京、上海和深圳等城市。观察上市公司百强企业总部、《福布斯》2000 强企业总部和世界 500 强企业总部，尽管 $HQCR_3$ 不完全相同，但都表现出较高的集中度。

表 5-9 中国企业总部在北京、上海和深圳的分布

	企业总部集中度（%）			资产集中度（%）		营业收入集中度（%）		
	100 强	《福布斯》	世界 500 强	100 强	《福布斯》	100 强	《福布斯》	世界 500 强
北京	20.0	56.9	81.8	86.6	84.2	61.9	83.5	89.1
上海	13.0	15.7	9.1	6.1	12.2	10.6	7.2	5.1
深圳	12.0	7.8	0	2.4	2.3	3.4	2.8	0
$HQCR_3$	45.0	80.4	90.9	95.0	98.8	75.9	93.5	94.2

资料来源：笔者整理。

5.3.5.2 大企业的集中水平更高一些

观察企业总部样本不同，集中度也不同。观察的企业总部样本的资产规模越大，则企业总部的集中度就越高。例如，我们观察的企业样本分别是上市公司百强企业 100 家，《福布斯》企业 51 家，世界 500 强企业 22 家，相应地 $HQCR_3$ 是 45%、80.4%和 90.9%。

5.3.5.3 与企业总部集中相一致的是企业资产的集中

观察表 5-9 很容易发现，对应于不同观察样本企业总部的 $CTCR_3>HQCR_3$，$ICCR_3>HQCR_3$，且 $CTCR_3>95\%$，$ICCR_3>75\%$。这说明，与企业总部集中相一致的是企业资产、营业收入的高度集中。

5.3.5.4 聚集在北京的大企业总部以央企为主

中国石化、中石油、中海油三大石油巨头，中国工商银行、中国银行、中国建设银行和中国农业银行等 8 家全国性银行，3 家政策性银行，14 家保险总公司，6 家资产管理公司的总部都集中在北京。这些企业多数是中央企业。央企即中央直属企业，这种企业是国有企业管理制度改革以后，由中央企业工委和中央金融工委直接管理的企业，一般都是特大型企业，多数是垄断型企业，如石油石化、电力、通信、金融等。这类企业多为行业集团，有全程全网、上游下游相连的特点。这类企业的生产经营和投资活动受控于中央政府机关，对政府以及政策依赖性强。第一次全国经济普查资料显示，2004 年末，在京的大型中央企业集团有 160 家，金融企业集团 41 家。尽管数量不是很多，但都是大企业，从其资产总额、实现的增加值、吸纳的从业人员等方面看，这些企业不仅在北京经济中占据着极为重要的地位，而且在中国经济中也占据着极为重要的地位。

5.4 企业总部迁移的区位决定因素

企业总部迁移的区位决定因素是指企业在企业总部迁移，选择目标区位时要考虑的因素。

企业总部设在大城市，远离其生产工厂的所在地。这种企业总部与生产工厂在空间上的分离，必定加大公司内部的管理控制成本。那么企业总部设在大城市的好处何在？研究表明，公司总部的收益来自两个方面：第一，供应商多样化的服务的可获得性；第二，来自企业总部聚集的外在规模效应。多样化的服务使公司总部在需要时随时可以获得相应的专家服务，这可极大地改善企业的生产能力。同时，企业总部也从与之相邻的其他企业总部获得市场信息、技术信息以及其他信息，这对于企业的生存和发展是至关重要的。

与企业的生产基地的距离是企业总部选择区位非常重要的区位因素，其他制造业企业总部的数目和商业服务的多样化程度等影响也很显著。Davis 和 Henderson（2004）也进一步确认了服务多样性的规模效应、金融服务业的聚集效应、企业总部的外部规模效应等对公司总部区位的影响。另外，相关产业内的企业总部具有在城市间和城市内的聚集特性。由于出口商需要国外市场的特定信息，公司总部在给定空间上聚集有利于相互交流信息，因此出口商的企业总部较一般企业总部更为集中。根据联合国贸易和发展会议的解释，从沟通的角度来看，公司总部必须设立在具有战略意义的地区，以便与其他分支机构保持密切联系，并能够获得高质量的服务和先进技术的供给，特别是在信息处理领域尤为如此。

企业总部最终迁往哪个城市，最关键的影响因素有以下几个：商业环境、基础设施、生活质量、劳动力供给和综合商务成本。

5.4.1 商业环境

商业环境主要包含法律环境（Legal Climate）、金融环境、服务部门质量、支持性服务、文化语言等方面，是城市为企业经营活动提供的软环境。在确保城市经济增长与经济繁荣的因素中，最重要的莫过于健全的商业环境。法律环境，主要是指一个城市的行业准入制度，即鼓励发展什么产业，限制发展哪些产业；金融环境方面主要涉及本地金融市场的成熟度、外汇管制、稳定的政治和经济环境、通货膨胀等因素；政府服务部门的办事效率、规章的透明度、知识产权保护的程度等，都会影响到服务的质量；专业性咨询、会计、法律、财务公司的存在，重要技术的可获取性，都是地区总部所需要依赖的支持性服务；多语言的环境、对外国文化的开放程度，对地区总部的运行效率有很大影响。

Heenan（1979）认为政治和经济的稳定性对于日本和美国企业很重要。另外，尽管他将支持性服务列为 16 个考察要素的最后一位，但是在其研究中发现，无论是日本企业还是美国企业，都对支持性服务极为重视。Aoki 和 Tachiki 把商业氛围作为跨国公司地区总部 4 个选址变量之一，他们认为良好的商业氛围和低商业犯罪率及低金融管制密切相关。而 Forkenbrock 和 Foster（1996）则认为，接近美国证交所这一有利的金融环境使悉尼成为澳洲吸引跨国公司地区总部的最佳地区。John（2000）将商业环境分为支持性服务和金融环境两类，前者主要是指一般技术、证券市场、私有产权保护、普遍教育、市场增长等；后者是指和全球金融种类的联系、低通胀率、低红利税率等。Wai-ChungYeung（2001）在对新加坡吸引地区总部现象进行研究时，认为高质量的商业服务是新加坡能够吸引到 3600 家跨国公司以地区总部形式在新加坡开展业务的重要原因。Nicholas（1999）将文化的接近程度、在该国家/地区的运营经验、经济的稳定性作为投资的重要考量因素。Michael Enrisht（2000）在对亚太地区的地区总部进行研究的报告中指出，政治环境的稳定、经济政策的稳健、与其他地区市场的相似性对于跨国公司区位选择而言是值得关注的。

5.4.2　可用劳动力

企业之间的竞争很大程度上就是人才的竞争，对于跨国公司地区总部而言，城市是否拥有数量充足、合适的人力资源，直接关系地区总部的业务能否有效开展，能否有效地实现对地区内子公司/分公司的协调、管理和控制。对于地区总部区位选择而言，人力资源包含了高素质专门人才的供应、多语言的员工、多文化的员工、灵活的用人合同、公司在员工中的形象等方面。

Hymer 对跨国公司为什么在世界城市聚集的解释是，地球城市集中了最优秀的而且享受最高收入的跨国公司的经营队伍以及医生、律师、科学家、研究人员、高级官员、政治家、艺术人才以及美容美发师等。印度尼西亚、马来西亚、菲律宾和泰国能够吸引很多日本企业前往投资的重要原因在于，它们拥有数量充足的专业技术人员、管理人员。适合的人力资源是跨国公司地区总部成立所必需的，Aoki 和 Tachiki 认为，熟练的劳动力包含管理人员和专业人员，是影响地区总部选址的重要因子。Hellmut（1998）认为，地区总部的员工是地区内分散的子公司/分公司之间联系的桥梁，也是地区内子公司/分公司和企业总部之间联系的桥梁。Forkenbrock

和 Foster（1996）认为，悉尼的多语言人力资源是其吸引众多地区总部的原因。地区总部选址要考虑到灵活的劳动合同、低价的劳动力、多言语多文化背景的技术人员和管理人员。Michael Enright（2000）认为，专业技术人员和管理人员是中国香港成为服务性跨国公司在亚洲设立区域企业总部首选的重要因子。其他的学者，如 Heenan、Nicholas，均将人力资源作为地区总部区位选择的考量因素。

5.4.3 成本

成本即是指综合商务成本，主要包括生活成本和运营成本。生活成本主要是指地区总部员工在所在城市生活时所发生的各种成本，和员工生活质量相关的一些因素也属于生活成本，生活成本包含如医疗保险、医疗服务的质量、日常出行的交通费用和环境污染等方面。运营成本则是地区总部在运营过程中发生的各种费用。主要包括人力成本、土地价格、水电煤价格、购买或租赁写字楼、运输成本等要素成本，以及政府行政效率、市场运作规范程度、信息获取难易程度等。

大量的研究表明成本对企业总部迁移有着直接的影响。生活成本主要是地区总部员工在目标区位城市生活的各种支出，额外的运营成本来自外籍员工在东道国生活补贴等方面（Heenan，1979）。John Holt（2000）将生活成本细分为气候、医疗健康费用、交通成本、犯罪率、环境污染、教育费用、生活消费、水电价格等因子，而运营成本则分为人力资源成本、运营费用、租赁费用、办公室租金、通信成本和经济稳定等因子。Aoki 和 Tachiki 认为成本控制实现于文化和经济差异最小化，这就包括运输时间和成本、沟通和本土运营费用等方面。由于文化的不同，地区总部在员工招聘方面需要付出额外的成本，当语言不同时，在沟通中很多时候需要翻译，并且由于沟通的不畅会造成额外的损失；追求经济差异最小化，即降低运输成本，节约运输时间和本地日常运营中的开支。跨国公司在中国香港和新加坡的成本成为城市之间吸引地区总部竞争中成败的关键因素。在中国香港支付员工的房屋补贴已经高过其薪资，这也是 Unisys 公司将地区总部从中国香港搬到新加坡的重要原因。生活方式的不同导致生活质量的降低，会降低员工的工作热情，特别是对于一些重要职位的员工，如果由于生活方式的不适应而离开企业，会对地区总部产生不良的影响。

物流服务直接影响到跨国公司地区总部的职能（Ho，1998）。特别是对于 DHL 和 UPS 这样的物流公司而言，成本很重要，地区总部的选择最重要的一点就是物流业的基础和发达程度。

Wai-Chung Yeung（2001）认为运营成本是 5 个最重要的因子之一，运营成本可以解释在实际管理中为什么跨国公司选择新加坡作为地区总部区位。

要素成本变动对企业迁移决策的影响。申勇（2008）在对深圳企业外迁的影响因素问卷调研中，发现厂房租金太贵占到 57.8%，人工成本包括工资、福利和社保费用等占到 53.3%，排序第二。黎逸科等（2009）采取政府抽取部分企业派发问卷调查形式，对珠三角三水地区企业迁移影响因素进行调研，结果显示，地价、水电价格是企业迁移首要看重的因素之一。

5.4.4 信息及信息通信技术

及时的信息获取。具有丰富信息的区位对企业总部决策制定起重要作用。这些信息包括市场变化信息、竞争对手信息、相关国家的主要政治决策信息等。便于与关键人员随时接触。这些关键人员包括国家立法机构和政府有关机构的主要人员、其他大型公司首脑、金融机构（包括证券市场）的决策人员等。通过当面交谈、交流，不仅可获取信息，更为重要的是建立人际联系，可行游说之便。

21 世纪是信息时代，世界城市作为全球信息网络的重要节点及信息高度聚集与扩散的中心点，成为跨国公司实现其全球管理的平台。IT 及通信设施影响到跨国公司地区总部和地区内的子公司/分公司、其他地区总部、全球总部之间沟通成本和沟通质量。在地区总部区位选择时，IT 及通信设施主要包含了经济的 IT 基础设施、低价通信线路、可信赖的通信设施、针对 IT 技术的宽松法规等。

跨国公司地区总部负责与地区内子公司/分公司、全球总部进行沟通，网络技术、视频技术使跨国公司实现了对全球市场的 24 小时管理，WTO 和快速发展的 IT 及通信技术促进了 20 世纪 90 年代的网络化地区管理。Heenan（1979）将通信作为 16 个因素之一来研究跨国公司地区总部的选址问题。John（2000）认为，低价的通信和网络以及稳定的设备是地区总部选址的重要因子。Michael Enright（2000）认为，通信基础设施是一个重要的影响因素。在国内，郑京淑（2004）把信息生产和传输作为地区总部区位选择的重要因素。地区总部与地区内子公司、母国企业总部之间的日常联系，主要通过信息交换来实现。跨国公司的国际信息交换对信息通信手段的要求很高，常涉及同轴电缆、光缆、交换机系统、传输装置、卫星天线等设备。

5.4.5 政策激励

政府激励是指一个国家或城市为了吸引地区总部而在制度、政策上给予的激励措施，常常包含东道国对地区总部的态度以及跨国公司设立地区总部后税收上的优惠等方面。

Little（2002，2003，2004）对世界500强中最大50家以瑞士为目标区位的企业总部迁移进行研究，研究发现，相比其他国家，瑞士是500强企业总部区位的首选地。

对这些企业总部迁移到瑞士的驱动因素，调查表明88%的公司认为税收优惠是最重要的因素、72%的公司强调高素质管理人才的可得性，69%的公司重视生活质量，62%的公司认为城市的政治经济地位也很重要。除此之外，当地政府的支持、CEO的个人偏好也是重要的决定因素。10%的公司认为接近现有公司也是企业总部设立的决定因素。

也就是说，税收优惠政策激励是企业总部迁移的最重要的因素，其次是合格经理人才的获取、总部区位的生活质量、中心地位和政府支持等。简单地说，税收优惠、人才、生活质量、区位和政府支持是最重要的因素。

跨国公司总部给一个城市或者一个国家带来庞大的资金流、高收入的工作岗位、先进的技术和一流的管理经验等，所以，政府倾向于出台积极的政策来吸引地区总部。世界上众多的大城市已经认识到跨国公司开始聚集的趋势，它们自身的生存发展也依赖于能否吸引到跨国公司的地区总部。Heenan（1979）对日本企业和美国企业在地区总部选址决策研究中认为，政府对跨国公司地区总部的态度是一个重要的因子。国家或者城市间为了争夺地区总部而进行的“选址锦标赛”，导致各国为了吸引FDI竞相提供各种优惠政策，包括资本准入、税收优惠期、提供基础设施（David，1994）。在城市经济学研究中，低税收能够有效地吸引企业总部的转移，

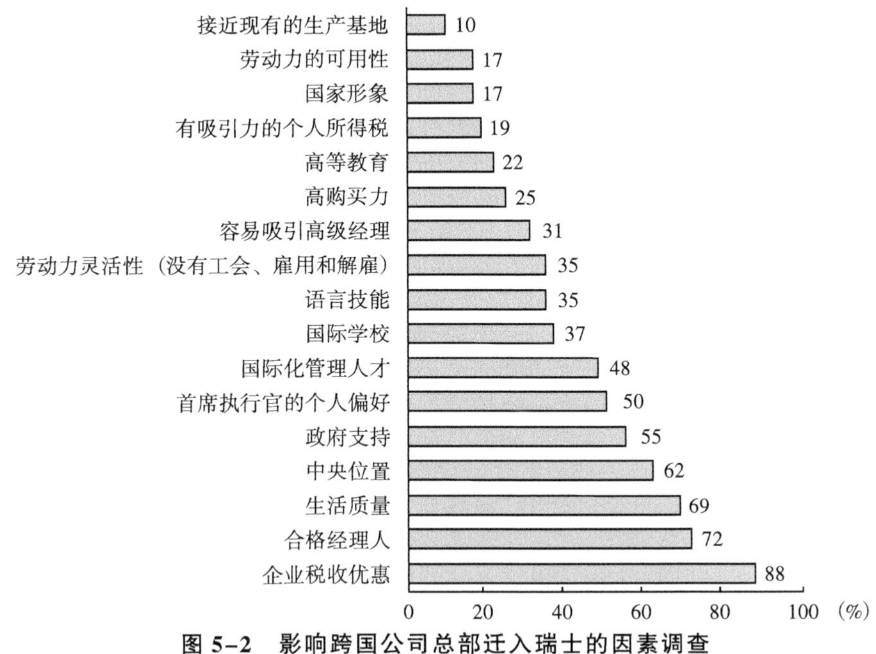

图 5-2　影响跨国公司总部迁入瑞士的因素调查

波音公司从西雅图搬到芝加哥就是一个很好的案例。政府也会通过其他的优惠来吸引投资，如低税率、建立自由贸易港、提高政府机构的服务质量、进口关税的减免和稳定的政治环境等。Nicholas（1999）在对日本企业在泰国的投资进行研究时，将政府的激励归纳成政策性因素，主要包含税收优惠、进口的关税优惠和配额。Yoost 和 Fisher 认为，优良的基础设施和税收优惠是中国香港和新加坡在亚洲最吸引 RHQs 的重要原因；而 John Holt（2000）将政府放在吸引跨国公司地区总部因素的第一位，并细分为当地政府给予招商引资的激励、中央政府给予招商引资的激励、当地政府对于投资的企业税收优惠、中央政府对于投资的企业税收优惠、当地政府对基础设施建设的投资、当地政府对地区总部的特殊优惠政策、廉洁高效的地方政府服务、当地政府对于投资的个人所得税激励、东道国审批的效率与独立性等多个子因素。Michael Enright（2002，2005）认为，政府政策、投资激励、税收机制、交通运输基础设施等政府因素对跨国公司投资和地区总部的选择有很大影响。已有学者在认识到政府激励重要性的同时，对政府激励的作用和其他影响因素进行比较，如 Wai-Chung Yeung（2001）认为，政府激励对地区总部区位选择的作用与公司战略相比是第二位的。

案例：中国电建新海外总部

中国电建列2014年ENR国际工程承包商250强第23位，在上榜中国企业中名列第三，国际竞争力强。2014年第一季度公司实现海外收入192亿元，同比增长9.3%，海外业务占比达25.7%，位列A股建筑类上市公司第四。到2013年底，公司项目已遍及全球72个国家，累计执行海外项目486个。2013年新签海外订单737亿元，同比增长13.5%，海外业务占比达35.1%。未来随着公司海外区域总部的正式成立，海外业务占比有望进一步提高。

2014年11月，中国电建对外宣布建立新的海外总部，为公司国际业务加快发展创造有利条件。中国电建新海外总部带来更具针对性和专业性的营销管控体系，共设6个海外地区总部，把管理前移，统筹国外营销资源，针对市场变化做出快速反应。改变原有国际高端市场总公司集中营销、中低端市场子公司自主营销的海外业务模式，由海外总部统一营销和管理。海外总部在项目风险管控、营销管理等方面将更具专业性。

海外总部的成立可以实现公司国际业务管控功能前移，将进一步提升公司国际业务市场的竞争能力和管理效率，让公司能够更好地迎接国家“一带一路”战略带来的历史发展新机遇。目前，中国电建在“一带一路”区域内在建项目537个，合同总额为589亿美元。

第6章 在华跨国公司地区总部迁移

6.1 概念界定

在20世纪80年代，越来越多的跨国公司实施全球化战略，在全球范围内从事国际商务，并产生了深远的影响。跨国公司随着全球业务范围的拓展，需要设立组织生产、经营决策、市场营销的管理中心，以对海外事务进行统一管理，这个管理中心被称为跨国公司地区总部（Regional Headquarters，RHQ）。关于跨国公司地区总部的定义有很多。以邓宁（Dunning）和诺曼（Norman）为代表的一些国外学者首先从协调的角度出发对跨国公司地区总部做出了定义，认为地区总部是“负责跨国公司在一个国家以上的国外活动的协调，它充当着母国公司与分支经营单位之间的调解者”（Dunning，1983）。随着跨国地区总部的职能不断扩展，跨国公司地区总部的概念也在不断丰富。

在华跨国公司地区总部是指在中国负责整合和协调跨国公司行为，与公司总部之间进行联系的组织单元（Hellmut，1996）。在华跨国公司通过地区总部，对它在中国/亚太地区的生产工厂、办事处、子公司统一发号施令，并进行生产、销售、物流、研发、人才培养、融资、市场调研等经营活动的集中运作和协调管理。有人形象地将聚集大量跨国公司地区总部的城市/地区称为“头脑区域”。

6.1.1 政策层面

各国政府对跨国公司地区总部制定了符合各自政策目标的认定标准，

一些发展中国家在吸引跨国公司在本国设立地区总部时，对地区总部做出了不同的认定标准。

在中国，从政策层面看，跨国公司地区总部也有相应的定义。例如，根据沪府发〔2011〕98号[①]规定，跨国公司地区总部是指在境外注册的母公司在沪设立，以投资或者授权形式对在一个国家以上区域内的企业履行管理和服务职能的唯一总机构。再例如，根据京政发〔2009〕15号[②]，跨国公司地区总部是指外国跨国公司以投资或授权形式在京注册设立的，对在一个或一个以上国家行政区域内的企业行使管理和服务职能的唯一总机构。

从公司组织形式上看，在华跨国公司地区总部组织形式是独资的投资性公司、管理性公司等具有独立法人资格的企业组织形式。根据商务部相关规定，在华地区总部与投资性公司并没有实质性区域，主要是设立门槛和经营范围不同。①投资性公司，是指跨国公司按照商务部发布的《关于外商投资举办投资性公司的规定》设立的从事直接投资的公司，它是外国投资者在中国以独资或合资形式设立的从事直接投资的公司。这些公司虽然是中国企业法人，但享受外资待遇。投资性公司一方面具备管理协调服务在华投资企业的职能，另一方面兼有不断扩大在华投资的功能。门槛之一就是，跨国公司资产总额不低于4亿美元，且该投资者在中国境内已设立了外商投资企业，实际缴付的注册资本的出资额超过1000万美元；或者，在中国境内已设立了10个以上外商投资企业，其实际缴付的注册资本的出资额超过3000万美元。②管理性公司，是指跨国公司为整合管理、研发、资金管理、采购、销售、物流及支持服务等营运职能而设立的公司。门槛之一就是，已缴付注册资本不低于1亿美元；或者，已缴付注册资本不低于5000万美元，申请前一年其所投资企业资产总额不低于30亿元人民币，且利润总额不低于1亿元人民币，已设立研发机构（商务部，2004）。

各地对于跨国公司地区总部的认定，门槛不一样。2014年，在沪跨国公司地区总部需要满足三个条件：①跨国公司的资产总额不低于2亿美元，并在中国境内已投资设立不少于3家外商投资企业，其中至少1家注

①《上海市鼓励跨国公司设立地区总部的规定》的通知。

②《北京市人民政府印发关于鼓励跨国公司在京设立地区总部若干规定的通知》京政发〔2009〕15号。

册在上海；②跨国公司区域业务总负责人及负责相应职能的高级管理人员长驻上海工作；总部型机构经营场地面积达500平方米以上，且履行总部运营管理职能的员工达50名以上。

6.1.2 学术层面

6.1.2.1 跨国公司地区总部与跨国公司全球总部

跨国公司全球总部是跨国公司整个公司管理体系的核心，是跨国公司全球战略的制定者和决策者。跨国公司全球总部对其在国外设立的子公司或分公司发号施令，统筹安排、协调管理公司的研发、生产、销售和其他国际经营活动，来实现全球范围内的资源配置和战略布局。跨国公司全球总部区位会随着企业规模扩大、业务转型、市场重心转移、跨国并购、要素条件变化等而发生迁移。汇丰银行总部将要实施的迁移，就是跨国公司全球总部迁移；联想集团总部已实施的迁移，也是跨国公司全球总部迁移。

跨国公司的地区总部是指在全球总部制定的全球经营战略的框架下，从区域级层面上对区域内数个国家的子公司或分公司的各项活动进行统筹管理和协调，并负责制定公司区域性经营战略的组织形式。

6.1.2.2 跨国公司地区总部和跨国公司海外子公司/分公司

跨国公司地区总部和跨国公司海外子公司/分公司的差异性，主要在于决策权力的不同。

跨国公司的海外子公司或分公司是跨国公司全球战略的一部分，通过在海外设立的具有独立法人资格（子公司）或不具有独立法人资格（分公司）的分支机构，实现其研发、生产、采购、销售、投资、管理等业务的空间拓展。这些分支机构往往在初建期是没有决策权的。

相比较而言，跨国公司地区总部是具决策权的管理与协调机构，是跨国公司海外子公司/分公司的高级组织形式，在一个区域内具有管理决策职能、组织协调职能和沟通服务职能。

6.1.2.3 跨国公司地区总部与跨国公司投资公司

跨国公司地区总部与跨国公司投资公司的差别之处，主要在于其职能上的不同。因此在政策层面的认定上，往往将跨国公司地区总部与跨国公司投资公司一并归为跨国公司地区总部。

跨国公司投资公司是指跨国公司在东道国以独资或合资的形式设立的

从事直接投资的公司，往往表现出很强的决策作用，而其协调功能却表现不足，多采用直接投资的形式。跨国公司地区总部不仅具有决策职能，还要具备协调职能和服务职能，可以从事包括直接投资在内的决策、投资、管理、服务活动等多种跨国活动。

6.1.3 在华跨国公司地区总部的范围

对在华跨国公司地区总部迁移进行研究时，有以下三个范围：

一是具有决策、管理职能的在华外商投资企业工商注册登记企业。这是全范围的，但识别比较困难。例如，广东省 2015 年统计年鉴数据表明，到 2014 年底外商投资企业工商注册登记企业数有 104555 家。想要识别这些企业是否是地区总部，仅从统计年鉴上是无法获取的。如果由学者逐个企业去判断，几乎是不可能的。或许未来在工商部门提供大数据服务时，才有可能。

二是各地认定的跨国公司地区总部。由于各地对跨国公司地区总部的认定不一样，在做不同地区间跨国公司地区总部比较研究中，会有比较对象选取标准不一致的问题。即便是同一个地区，不同时间对跨国公司地区总部的认定也是不一样的。例如上海，2014 年以后放宽了在沪跨国公司地区总部的认定条件。根据沪商外资〔2014〕348 号规定，跨国公司总部型机构是指虽未达到跨国公司总部标准，但实际承担跨国公司在一个国家以上区域内的管理决策、资金管理、采购、销售、物流、结算、研发、培训等支持服务中多项职能，且同时满足下列条件的外商独资企业（含分支机构）。这样一来，同一地区不同时间也存在统计标准不一致的情况。

三是《财富》世界 500 强，或者《福布斯》全球企业 2000 强入选企业。《财富》世界 500 强排行榜一直是衡量全球大型公司的最著名、最权威的榜单，由《财富》杂志每年发布一次。《福布斯》全球企业 2000 强榜单是一份非常全面的榜单，收录了根据营收、利润、资产和市值这四大指标评出的全球规模最大、最有实力的上市公司。但是由于每年入选标准不一样，会造成研究对象的不连续性。例如《福布斯》全球企业 2000 强 2015 年入榜门槛是销售额 41.6 亿美元，利润 2.67 亿美元，资产 85.7 亿美元，市值 54.9 亿美元。这种入榜门槛的设定结果是，有一部分上一年入榜企业，下一年可能就退出榜单。例如 2014 年有 179 家新上榜企业，意味着 2013 年

2000家的研究对象中，有179家企业被剔除。

6.2 跨国公司地区总部的一般理论

6.2.1 跨国公司地区总部的发展阶段

伴随着跨国公司的发展壮大和直接投资规模的不断扩大，跨国公司不断产生设立地区总部进行决策和管理的需要。从历史发展的角度来看，跨国公司地区总部的发展分为四个阶段：

6.2.1.1 跨国公司地区总部的萌芽阶段（19世纪末至20世纪初）

19世纪末到20世纪初，是跨国公司发展的第一个高潮。在第二次科技革命以及垄断企业迅速发展的影响下，跨国公司开始在海外谋求原材料市场和商品市场。典型的代表是德国拜耳（Bayer）化学公司。德国拜耳于1863年在德国乌珀塔尔建立，两年后在美国纽约收购了一家苯胺工厂建立分公司。此后，分别在俄罗斯、法国、比利时和英国等国建立了子公司，到1913年约有1/10的员工工作在德国以外的国家或地区。

但这一时期，受战争、贸易保护和经济危机的影响，跨国公司地位总部发展相对缓慢。

6.2.1.2 跨国公司地区总部的初步发展阶段（20世纪60~70年代）

美国跨国公司在欧洲建立了大量的欧洲总部。“二战”结束之后，百业待兴。为抢占欧洲市场、规避欧洲关税和非关税壁垒，美国跨国公司规模对欧洲直接投资，使美国跨国公司在欧洲的生产、销售活动迅速扩大。在此过程中，欧美国跨国公司各子公司之间出现了一种彼此脱离又强调自助的状况，限制了母公司对子公司统筹与管理能力。为了解决管理问题，美国跨国公司通过组织结构创新，建立地区总部。

IBM公司、ITT、Dow Chemical等跨国公司先后建立起各自的欧洲地区总部（Williams，1967）。跨国公司欧洲地区总部的建立，大大提高了决策效率、管理和协调能力，到20世纪60年代，美国跨国公司已在欧洲建立地区总部达到50家，此时目标区位主要集中在瑞士、比利时、英国、法国、德国等国，产业分布主要集中在制造业。但总体来说，这一时期地区总部的规模较小。

6.2.1.3 跨国公司地区总部的扩张阶段（20 世纪 70~80 年代）

这是跨国公司发展的第二次高潮，无论在跨国公司海外子公司的创建数量还是跨国公司发展规模等方面都达到了新的水平。1968~1969 年，发达国家跨国公司共有 7267 家，子公司数为 2.73 万家；到 1980 年，全球跨国公司母公司和子公司数分别增加到 1.1 万家和 9.8 万家；20 世纪 80 年代末，跨国公司母公司和子公司数分别超过 2 万家和 15 万家（池元吉，2004）。这一时期，欧洲和日本的跨国公司也加入跨国直接投资行列。亚太经济的发展使亚太区成为美国、欧洲、日本跨国公司地区总部迁移的目标区位。

6.2.1.4 跨国公司地区总部的新阶段（20 世纪 90 年代至今）

从 20 世纪 90 年代开始，跨国公司在全球化生产和销售中的地位越来越突出，成为当今世界经济的主体。亚太地区总部正式取代欧洲地区总部，成为跨国公司地区总部的首要目标区位，其中中国香港和新加坡成为全球最具吸引力的跨国公司地区总迁移的目标城市。2003 年，跨国公司中国香港地区总部数量 1167 家，比 1991 年 602 家几乎翻番。2005 年，跨国公司新加坡地区总部数量 330 家，是 1995 年 61 家的 5 倍。另外在新加坡还有 4000 家负责全球或地区性职能的管理性机构。跨国公司地位总部迁移的目标区位，除了中国香港和新加坡外，还有日本的东京和大阪、菲律宾、马来西亚、中国的北京和上海。

跨国公司地区总部的来源国家和地区呈多样化趋势。跨国公司地区总部的来源国家和地区，除美国、欧洲、日本等发达国家之外，还有新加坡、中国台湾、韩国等新兴工业化国家（地区）。

6.2.2 跨国公司地区总部类型

按照战略与组织角度，跨国公司地区总部可分为垂直型地区总部、水平型地区总部、虚拟型地区总部、混合型地区总部（任永菊，2006）。

垂直型地区总部，是一种金字塔型的组织结构，分为上下两个层次，位于上端的第一个层次是跨国公司全球总部与各地区总部的层级关系，而位于下端的第二个层次则是跨国公司地区总部与其下属的子公司/分公司的层级关系。在业务往来中，垂直型地区总部处于承上启下的位置，将企业总部的战略决策传达并贯彻到子公司/分公司，并将子公司/分公司的信息反馈到跨国公司总部。

水平型地区总部与垂直型地区总部相比较具有明显的差异，其对决策与权威的运用力度较弱，而在与子公司/分公司的协调方面具备比较强的优势。水平型地区总部非常注重与子公司/分公司的沟通，其主要功能是将形成的意见、建议和信息进行整理和综合，形成地区内的统一行动方案。

虚拟型地区总部，是指没有地区总部实际的办公地点和专职人员的组织机构。虚拟型地区总部是子公司/分公司承担起地区总部的职能，将跨国公司总部的战略决策和地区市场的动态变化进行上通下达的组织机构。

虚拟型地区总部虽然没有地区总部的名头和实体，但仍然行使着地区总部的职责与功能，而这种职责与功能分散于子公司/分公司之中。

6.2.3　跨国公司地区总部区位决定理论

国外学者对于跨国公司地区总部的研究分析大致可以分为以下三个层面：跨国投资理论、区位理论、地区总部理论。地区总部理论分为一般理论和地区总部选址理论。

Morrison、Ricks 和 Roth（1990）认为地区总部将全球化水平极高的经济效率、学习效率与区位优势等多国回应能力相结合，在特定的地区管理原材料采购、供应、生产、营销及一些辅助性的活动。地区总部的管理者根据地区划分来解决地区性的问题，如地区竞争地位、产品组合、促销战略和资本来源。Heenan 和 Perlmutter（1979）就已经开始关注地区性整合的趋势，并将地区性因素加入他们早期的民族、地理和多中心的研究模式中。Aoki 和 Tachiki（1992）从日本的角度出发认为地区总部是日本企业实现全球化战略的必由之路。Lassers（1996）提出跨国公司地区总部的生命周期模式包括进入、发展、巩固和管理四个阶段。

在 RHQs 选址理论中，Dunning（1998）曾经指出选址问题是一个在国际企业管理中被忽视的角落，Hellmut（1996）通过对 30 家亚洲和欧洲的 RHQs 进行调研，对介于跨国公司总部和国家级子公司/分公司之间的组织活动、组织结构和选址过程进行了研究。Nicholas、Gray 和 Purcell（1999）

对日本在亚太地区的跨国公司进行的研究中，发现尽管政府的优惠政策十分重要，但是与一些非政府因素相比，它们在决定选址的时候只排到第二位。

英国的 BP 集团，1991 年开始在新加坡设立地区总部。日本的企业 Sony 和松下 1993 年就建立了美国、欧洲和亚洲三个地区总部（Schutte，1997）。也有一些公司处于不断的变化过程中，如 ICI，1989 年在新加坡设立地区总部。

由于国际市场的竞争日趋复杂以及跨国公司在全球各个地区的经济集团化（Rugman，1999），使得跨国公司的总部与分支机构之间的关系也越来越复杂，跨国公司必须制定相应的战略使企业能够在全球范围内进行合作的同时具备快速的本地响应能力（Bartlette 和 Ghoshal，1987），这些都使得对于地区总部的研究在新的时代条件下有了更高层次的意义。

6.2.4 地区总部职能

关于地区总部的职能，Lasserre（1996）认为地区总部主要有发起、促进、协调和管理四种职能，Hellmut（1997）把地区总部的职能分为探索、战略投资和全球组装。跨国公司设立地区总部的主要目的是为了追求新兴的地区市场和应对复杂的地区经营环境，同样，与本地反应压力和地区整合压力相对应，地区总部的职能主要集中在增强地区能力和地区能力整合两个方面，通过对相关文献的分析和整理，结合地区总部的实际管理现状，地区总部的职能可以分为以下五种：业务探索、战略激励、信息沟通、单元协调和服务提供。

6.2.4.1 业务探索

业务探索和业务开发紧密联系在一起：收集战略资料、市场信息，寻找机会，确定合作伙伴，推动和达成交易（或者建立新的子公司/分公司）。联合利华（UniLever）是一个老牌企业，没有设立地区总部，其探索的工作是由其国家经理实施的，国家经理有权力发起一个新的发展计划。20 世纪 90 年代初，BP 由地区总部派出的商业发展经理承担了探索的职能。新进入某个地区时，法国的 GEMPLUS 主要从事智能卡的研发和生产，通过新加坡子公司的执行董事来探索在亚洲这个市场的新机会，由他负责新业务的开发。

6.2.4.2 单元协调和服务提供

跨国公司地区总部对本地区内的子公司/分公司之间进行协调，通过协调来提高本地区内子公司/分公司的整体能力、经营业绩，同时保证本地区内的政策的一致性。协调作用主要体现在战略层面和运营层面。运营协调主要在市场、生产、技术、采购方面更为重要。当公司的制造和采购本地化以后，地区总部的运营协调效用体现在合理地进行配件、原料等物流的管理，规模采购带来的经济性，同时也体现为开发成本的节约。

服务提供作为支持中心，是一个专家中心。作为支持中心，地区总部向本地区内子公司/分公司提供那些在每个子公司/分公司内部的服务。这些服务可能是人力资源、培训、市场竞标、项目财务、售后服务、产品开发和技术支持等。例如 BP 新加坡地区总部，在 1993 年的员工是 148 人，其中财务专家、税务专家和法律专家 30 人，这些专家服务于亚太区所有子公司/分公司。

6.2.4.3 信息沟通

地区总部对内向产品事业部，对外向本地管理者、公众、股东和金融机构发布本地区内的各种信息。地区总部核心职能之一，就是对内和对外承担地区内的信息发布事务。在内部，必须使得企业总部的产品部经理和职能经理深信现在和将来的可能性，地区总部需要特别地努力，也需要在态度上和操作上有所改变。这个职能同时也是教育和游说的职能。对于那些不了解亚太地区的组织而言，地区总部是必需的，对把本地的战略思想传达到企业总部起到不可或缺的作用。为了使这个职能担当得更好，地区总部的高层管理者需要在企业总部有比较深的影响力。地区总部和当地政府部门沟通是非常重要的。建立地区总部可以向当地政府表示其投资具有长期性，是在目标区位寻求长期发展的。

6.2.4.4 战略激励

地区总部帮助子公司/分公司加深对不断变化的地区环境的理解，帮助它们制定战略计划，在地区矩阵里，地区总部扮演的是地区内子公司/分公司和产品事业部之间的“转接板”。地区内快速变化的市场环境、市场的“战略距离”和激烈的竞争，使得全球经理很难快速地掌握特定地区因素。“灰色贸易”是指产品从一个国家被第三方卖到某一邻近的国家，大中华地区的关联性，亚太经济一体化，这些都是全球经理难以解决的问题。这时就需要地区总部这个“转接板”。ALCAN 是加拿大的铝业公司，由于马来西亚政府认为其在马来西亚的子公司已经在马来西亚占有垄断性的地位，所以马来西亚政府要求该公司在产业上游进行投资。而该子公司又无法拿出一个能够说服公司总部的战略计划，所以该公司在马来西亚的发展遇到了严重的困难。在这个时候，设在中国香港的地区总部出面，成功地帮助该子公司的发展计划赢得了公司董事会的支持，并通过了该项目的审批。

6.3 在华跨国公司地区总部迁移现状与特征

过去跨国公司习惯于重组或转移其独立的分支机构，而保持全球总部的稳定。现在，在寻求竞争优势的时候，跨国公司倾向于重新规划企业总部设置，如建立区域企业总部、重置企业总部职能或者干脆转移全球总部。20 世纪 90 年代初，跨国公司为了协调、推进在华经营活动，从行政管理、技术或商业合作谈判、人才搜寻与培训、市场开发等方面配合其母公司在中国的业务，纷纷设立投资性公司。从 2001 年底开始，跨国公司在华设立地区总部出现热潮，表现为：一是把投资性公司升级为地区性企业总部；二是建立新的地区总部；三是将亚太地区总部迁移到中国，不仅充当中国企业总部，而且承担亚太地区总部的职能；四是不少跨国公司母公司所属各业务集团在华设立亚太企业总部或中国企业总部（即产品企业总部和职能企业总部）。近年来，跨国公司地区总部迁移速度加快。以上海为目标城市的跨国公司地区总部迁移，从零到 100 家以及从 100 家到 200 家分别耗时 3 年，之后上海总部经济增速稳定，每两年即能完成 100 家的递增。

6.3.1 在华跨国公司地区总部迁移现状

6.3.1.1 上海

根据上海市商务委员会统计，截至 2015 年 8 月，进入上海的跨国公司地区总部 522 家，其中亚太地区总部 36 家，投资性公司 306 家，研发中心 390 家。包括艾默生电气（中国）投资有限公司、埃克森美孚（中国）投资有限公司、米其林（中国）投资有限公司、强生（中国）投资有限公司等知名跨国公司的地区总部。

表 6-1　部分在沪跨国公司地区总部名单

企业名称	行业	企业名称	行业
英特尔公司	电子电气通信	麦当劳	食品
夏普	电子电气通信	达能集团	食品
皇家飞利浦电子公司	电子电气通信	麒麟控股株式会社	食品
3M 公司	电子电气通信	ADM 公司	食品
理光集团	电子电气通信	联合利华	化学化工
美国银行	金融	汉高公司	化学化工
法国巴黎银行	金融	陶氏化学	化学化工
安联保险集团	金融	邦吉公司	化学化工
荷兰全球保险集团	金融	欧莱雅	化学化工
巴克莱	金融	苏伊士集团	能源
花旗集团	金融	通用汽车公司	汽车
美国国际集团	金融	福特汽车公司	汽车
汇丰银行控股公司	金融	克莱斯勒集团	汽车
苏格兰皇家银行	金融	德国大陆集团	汽车
加拿大皇家银行	金融	普利司通	汽车
澳大利亚国民银行	金融	麦格纳国际	汽车
印度国家银行	金融	米其林	汽车
日本瑞穗金融集团	金融	三菱集团	汽车
英国标准人寿保险公司	金融	强生	医药
渣打集团	金融	拜耳集团	医药
华特迪斯尼公司	娱乐	赛诺菲—安万特集团	医药
家乐福	商业	雅培公司	医药
特易购	商业	阿斯利康	医药
麦德龙	商业	礼来公司	医药
克罗格	商业	瑞士罗氏公司	医药
欧尚集团	商业	圣戈班集团	建材
丸红株式会社	商业	小松公司	水泥建材
住友商事	商业	拉法基集团	水泥建材
斗山	商业	法国威立雅环境集团	环保
卡夫食品	食品	霍尼韦尔国际公司	航空
安海斯—布希英博	食品	迪奥	服装服饰
可口可乐公司	食品	巴黎春天集团	服装服饰

续表

企业名称	行业	企业名称	行业
阿克苏诺贝尔	纤维	日本三菱重工业股份有限公司	装备制造
富士胶片控股株式会社	装备制造	史泰博	文化用品
蒂森克虏伯	装备制造	联邦快递	速递
三菱电机股份有限公司	装备制造	联合包裹速递服务公司	速递

资料来源：根据 2013 年世界 500 强企业整理。

6.3.1.2 北京

根据北京市商务委员会统计，截至 2015 年，268 家境外跨国公司在京设立地区总部，较 2010 年增加 73 家，较 2005 年增加 115 家。在北京设地区总部的《财富》世界 500 强企业国别，主要集中在美国、日本以及欧洲的英、法、德等国家。包括 IBM（美国）、康明斯（美国）、康柏（美国）、朗讯（美国）、摩托罗拉（美国）、北电网络（加拿大）、日立（日本）、东芝（日本）、百特（日本）、东陶（日本）、LG、西门子（德国）、曼内斯曼（德国）、阿尔斯通（法国）、施耐德（法国）、得利满（法国）、诺和诺德（丹麦）、ABB（瑞士）、雀巢（瑞士）、诺基亚（芬兰）、爱立信（瑞典）等一大批世界知名跨国公司。

表 6-2 部分在京跨国公司地区总部

企业名称	所属行业	企业名称	所属行业
三星电子	电子电气通信	思科公司	电子电气通信
惠普	电子电气通信	日本电器公司	电子电气通信
苹果公司	电子电气通信	爱立信	电子电气通信
法国电信	电子电气通信	施耐德电气	电子电气通信
日立	电子电气通信	摩托罗拉	电子电气通信
西门子	电子电气通信	施乐公司	电子电气通信
松下	电子电气通信	波音	飞机
国际商业机器公司	电子电气通信	欧洲宇航防务集团	飞机
索尼	电子电气通信	雪佛龙	能源
东芝	电子电气通信	道达尔公司	能源
诺基亚	电子电气通信	SK 集团	能源
富士通	电子电气通信	英美资源集团	能源
LG 电子	电子电气通信	阿尔斯通	能源
佳能	电子电气通信	斯伦贝谢公司	能源

续表

企业名称	所属行业	企业名称	所属行业
荷兰 SHV 集团	能源	三菱集团	汽车
荷兰皇家壳牌石油公司	能源	本田汽车	汽车
丰田汽车公司	汽车	日产汽车	汽车
大众公司	汽车	现代汽车	汽车
戴勒姆	汽车	宝马	汽车
德国博世公司	汽车	标致	汽车
微软	软件	沃尔沃汽车公司	汽车
甲骨文公司	软件	电装公司	汽车
苏黎世金融服务集团	金融	铃木汽车	汽车
法国国家人寿保险公司	金融	马自达	汽车
摩根大通	金融	美铝公司	铝业
法国兴业银行	金融	三井物产	钢铁
德意志银行	金融	巴斯夫公司	化学化工
亚马逊	互联网	赢创工业	化学化工
美国运通公司	金融	法航荷航集团	航空
时代华纳	娱乐	福陆公司	建筑
贝塔斯曼集团	娱乐	霍尔希姆公司	水泥建材
家得宝	商业	辉瑞制药有限公司	医药
德国巴登—符腾堡州银行	商业	麦克森公司	医药
雀巢公司	食品	诺华	医药
百事公司	食品	默克	医药
卡特彼勒	装备制造	英国葛兰素史克公司	医药
瑞士 ABB 集团	装备制造	德国费森尤斯集团	医药
迪尔公司	装备制造		

资料来源：根据 2013 年世界 500 强企业整理。

6.3.1.3　其他城市

根据 2013 年世界 500 强在华其他城市地区总部的分布情况，深圳有 5 家，广州有 2 家，厦门、天津、成都和青岛各有 1 家。包括美国杜邦、美国太阳石油、美国沃尔玛和宝洁等公司。

表 6-3 部分京沪以外城市的跨国公司地区总部

城市	企业名称	行业
深圳	杜邦公司	化学化工
深圳	美国太阳石油公司	能源
深圳	沃尔玛	商业
深圳	美可保健公司	咨询
深圳	塔吉特公司	商业
广州	日本钢铁工程控股公司	钢铁
广州	宝洁	化学化工
天津	日本出光兴产株式会社	能源
厦门	戴尔	电子电气通信
成都	州立农业保险公司	金融
青岛	莱茵集团	咨询

资料来源：根据 2013 年世界 500 强企业整理。

6.3.2 目标区位和迁出国

6.3.2.1 在华跨国公司地区总部的目标区位和迁出国

通过对 2008 年《福布斯》全球 2000 强公司地区总部区位进行分析，86.9%的跨国公司地区总部区位是北京和上海，其中 38.4%的跨国公司地区总部是以北京为目标城市，48.5%的跨国公司地区总部是以上海为目标区位。90%的跨国公司地区总部是设在北京、上海和深圳。

从迁出国来看，86.1%的跨国公司来自美国、日本和欧洲，其中来自美国的占 33.1%、日本的占 19.6%。

表 6-4 在华福布斯全球 2000 强公司地区总部的迁出国（地区）与目标区位

单位：家

迁出国（地区）	北京	上海	深圳	其他城市	合计	CR_3（%）
美国	85	110	9	18	222	91.9
日本	39	73	3	16	131	87.8
英国	13	24	1	4	42	90.5
法国	20	18		1	39	97.4
德国	16	10	1	4	31	87.1
韩国	12	10	1	7	30	76.7
中国香港	8	9	2	1	20	95.0

续表

迁出国（地区）	北京	上海	深圳	其他城市	合计	CR_3（%）
瑞士	12	4	1	1	18	94.4
荷兰	4	12		0	16	100.0
瑞典	6	9		1	16	93.8
加拿大	7	4		1	12	91.7
其他	35	42	4	12	93	87.1
合计	257	325	22	66	670	90.1
比重（%）	38.36	48.51	3.28	9.85		

资料来源：根据 2008 年《福布斯》全球 2000 强公司榜单资料整理。

6.3.2.2　在沪跨国公司地区总部的迁出国

从迁出地来看，以美、欧、日企业为主，欧洲企业总部增速加快。美国企业地区总部迁入上海的有 150 家，占 28.7%；欧洲企业地区总部迁入上海的有 144 家，占 27.6%；日本企业地区总部迁入上海的有 117 家，占 22.4%。2015 年 1~8 月，欧洲企业地区总部迁入上海的有 13 家，占 40.6%；美国企业地区总部迁入上海的有 7 家，占 21.9%；日本企地区总部迁入上海的有 6 家，占 18.75%；其他亚洲企业地区总部迁入上海的有 6 家，占 18.75%。

6.3.3　在华跨国公司地区总部的职能

（1）从组织名称上看，投资性公司形式占多。尽管从严格意义上讲投资性公司不同于地区总部，但在中国的投资性公司通常具有地区总部的功能。观察 2003 年在华跨国公司地区总部，投资性公司比地区总部多 40 家。投资性公司是 210 家（北京 120 多家，上海 80 多家），主要管理跨国公司的投资项目，注册资本必须在 3000 万美元以上，若名称冠以“中国”的，须由商务部审批；地区总部 170 余家，其中亚太区企业总部有 5 家，如阿尔卡特、柯达等，大中华区企业总部有 10 余家，如强生、微软、麦肯锡等，其余绝大多数是大陆区企业总部。

（2）从行使职能上，以协调管理型为主。过去，负责大中华地区或亚太地区管理运营的跨国公司地区总部一般设立在中国香港或新加坡。其职能往往是综合服务性的，包括决策管理、投资控股、财务运作、信息集散、采购营销、人事管理和培训等。近10年来，随着跨国公司在我国投资规模的扩大和经营重心的转移，为解决在境外管理中国大陆投资、生产、营销业务上的鞭长莫及问题，在大陆单独设立跨国公司的中国地区总部，其职能主要是协调管理、投资控股和市场调研。总体而言，在华跨国公司地区总部的职能多以投资控股和协调管理为主，大多具备分销、研发、结算、管理等功能，但主要集中在投资控股、协调管理、市场调研等综合服务性领域。

（3）从管理地域看，以中国总部为主。跨国公司面向中国境内投资企业的管理机构依次为：全球总部亚太企业总部，大中华区企业总部（含中国大陆、港澳台地区），中国企业总部（中国大陆）。目前，设立在浦东的著名跨国公司总部，除阿尔卡特、柯达为亚太企业总部和大中华企业总部之外其余皆为中国企业总部。美国《财富》杂志公布的一项问卷调查结果显示，有92%的跨国公司应答者要在中国设立业务企业总部，其中有25%的企业表示优先考虑选址上海设立企业总部。

在沪跨国公司地区总部，多具有两种以上职能。根据外商投资企业2014年联合年报数据，95%以上的在沪跨国公司地区总部具有两种以上职能，82%的在沪跨国公司地区总部具有投资决策职能、61%的在沪跨国公司地区总部具有资金管理职能、54%的在沪跨国公司地区总部具有研发职能、35%的在沪跨国公司地区总部具有采购销售职能。

6.3.4 在华跨国公司地区总部的行业特征

6.3.4.1 总体情况

根据2013年世界500强公司在华地区总部的数据分析，从行业特征来看，进入中国的在华跨国公司地区总部以制造业为主，约占总数的72.35%。除了制造业设立地区总部，通信、房地产、金融保险、能源、物流等行业的跨国公司也在华设立地区总部，如服务业的沃尔玛在中国设立了地区总部。

在华跨国公司制造业地区总部中，电子电气通信行业、汽车、医药、能源和食品行业的地区总部最多，5个行业地区总部之和超过50%。服务业主要以金融业和商业的地区总部居多，2个行业地区总部之和超过21%。

表 6-5 在华世界 500 强公司地区总部的行业分布

行业	占比（%）	行业	占比（%）
制造业	72.35	服务业	27.65
电子电气通信	16.35	金融	13.84
汽车	13.84	商业	7.55
医药	7.55	娱乐	1.89
能源	6.92	软件	1.26
食品	6.29	咨询	1.26
化学化工	5.66	速递	1.26
装备制造	4.40	互联网	0.63
水泥建材	2.52		
飞机	1.26		
钢铁	1.26		
航空	1.26		
服装服饰	1.26		
建筑	0.63		
铝业	0.63		
药品	0.63		
环保	0.63		
文化用品	0.63		
化工化学	0.63		

资料来源：根据 2008 年《福布斯》全球 2000 强公司榜单资料整理。

6.3.4.2 在沪跨国公司地区总部的行业特征

跨国公司地区总部行业分布多为制造业和服务业。以上海为目标城市的跨国公司地区总部迁移，大致可分为两大类：一类是阿尔卡特、罗氏、柯达、斯米克、西门子等制造型企业，侧重于电子信息、医药、化工、机电等支柱产业。另一类则是汇丰、花旗、渣打、友邦等金融服务机构。以前，这些跨国公司的亚洲企业总部大都设在新加坡或中国香港。制造业企业地区总部迁移 390 家，占 74.7%，服务业企业地区总部迁移 132 家，占 25.3%。

6.3.4.3 在京跨国公司地位总部的行业特征

从行业来看，跨国公司地区总部多属电子通信、汽车业、能源行业。观察 2013 年《财富》世界 500 强企业在北京的 75 家地区总部，电子电气通信类企业 20 家，汽车及零部件企业 14 家，能源企业 8 家，而金融类企业在北京设地区总部的是 5 家。这一情况与 2005 年有较大的不同。观察 2005 年《财富》世界 500 强企业，在北京设立地区总部、办事处及代表处的跨国公司共有 293 家。在上述 293 家 500 强地区总部、办事处及代表处中，金融服务业高居榜首，占全部驻京机构的 28%。

从职能上看，多为投资性公司总部、研发总部。观察截至 2013 年 1 月北京市认定的 127 家跨国公司地区总部，投资性公司 103 家，占总数的 81%，管理性公司 24 家，占总数的 19%。IBM、微软、诺华、联合利华、舍弗勒等一批知名跨国公司大型研发中心，北京研发中心成为跨国公司全球研发体系的重要一环。

外资银行在北京设立中国分行。2005 年，有 28 家外资银行选择了北京作为中国分行的注册地。汇丰、渣打、花旗等 4 家外资银行还在北京设立了具有地区管理功能的总代表处。

6.3.5 中国香港跨国公司地区总部的聚集过程

中国香港跨国公司地区总部迁移特征，可以概括为生产分离型迁移。

20 世纪 50 年代初至 70 年代末，香港的支柱产业是主要以服装、手表、玩具为主的轻工业。在 20 世纪 60 年代末，香港很多产品开始对外出口，并且出口比例达到了 80%左右。香港的成衣、手表、时钟、玩具等十种产品出口名列世界首位。大量的轻工产品出口促进了香港经济的发展，提升了香港在世界经济中的地位。

随着香港经济的进一步发展，香港工业逐渐从劳动密集型产业向技术密集型产业转型升级。香港商务成本不断升高，大批服装、手表、玩具生产企业开始北移东莞、深圳。在生产环节迁出的过程中，制造企业的总部（包括研发、营销、资本运作、战略管理等职能部门）并没有迁出香港。香港人才、资本、信息等方面的优势，以及中国香港政府政策支持，加快了香港金融、信息等一系列高端服务产业的发展。这些高端服务产业的快速发展，吸引着更多跨国公司在港设立地区总部。

分析香港跨国公司总部发展过程，可以看出是从制造产业发展起来的，随着区域内制造业的发展，很多产品都出口国外。区域内制造业的发展以及产品的出口，刺激基础设施的进一步完善和相关服务业的发展，这增加了整个地区的投资价值，刺激更多附加值高的企业和部门在该地落户，而有限的土地资源与日益高涨的运营成本，又迫使一些附加值低、与区域内服务产业和基础设施相关性差的制造类企业迁出该中心区域，这样一来，中心区域就成了公司总部目标区位。

6.4 在华跨国公司地区总部的区位决定因素

6.4.1 跨国公司地区总部的区位决定因素

城市作为跨国公司地区总部的目标区位，其发展带来更加便利的交通基础设施、价格低廉的通信费用、本地市场的发展和专业技术人员的聚集，这些都是跨国公司地区总部需要寻求的要素。

Heen（1997）调查了 60 个在美跨国公司地区总部的区位决定因素。最重要的因素是当地市场的重要性和生产者服务业，其次是政府对公司总部的态度，接着是政府稳定性、迫近主要国家的市场、通信设施、教育设施、医疗卫生设施和文化的多样性等。Ho（1998）用访谈的方法，发现跨国公司设立亚太地区总部的区位因素是：与公司其他业务部门、市场、航空服务和信息服务接近。《经济学人》情报组对 1100 家来自北美、欧洲和日本的跨国公司进行的调查报告显示，跨国公司在选择地区总部时，除了最看重政治环境外，基础设施、区位条件、政策与制度环境、专业服务水平、人力资源条件也是重要的因素（The Economist Intelligence Unit, 2002）。科尔尼的 Klier 和 Testa（2002）对全球 1000 家跨国公司进行了调查，考察跨国公司设立地区总部的决定因素。调查表明，地区总部的声誉、潜在客户、R&D 的集中程度、管理体制、高素质员工、住房成本/其他成本、工厂基础设施、金融服务、环境、生产质量和人身安全等是跨国公司设立地区总部的决定因素。

John Holt（2000）将教育设施、培训条件、高水平的中心商务区、城市的绿化等作为子因素列到地区总部区位选择中。K.C.Ho（1998）指出教育设施和质量对生产型企业而言并不重要，但地区总部选址时应该要考虑这些因素。同样，Heenan、Nicholas、Yoost、Fisher、Michael Enright 也都对城市中的部分子因素进行了研究。郑京淑（2004）则认为高水准的中心商务区应该被独立出来作为一项因子，大城市中心商务区能否提供高密度、高水平、价格合理的写字楼是地区总部区位决定中必然要考虑的因素。Yeung 等（2001）对新加坡吸引跨国公司的区位因素进行了分析，其结果与 Ho（1998）极为一致：接近消费者、本地企业、区域内企业以及商业服务的质量和较低的商务成本是跨国公司在新加坡设立地区总部的因素。

2003 年中国香港就本地的投资环境向外商做过调查，结果显示：外商普遍认为，在作为设立地区总部和地区办事处地点的因素中，简单税制及低税率被评为最重要的因素。其他重要因素包括：与中国内地交往便利；信息的自由流通；政治稳定及安全；廉洁的政府；法治及司法独立。这 5 项因素均被半数以上的公司评为香港作为设立地区总部和地区办事处地点的最重要因素。

郑京淑《跨国公司地区总部职能与亚洲地区总部的区位研究》认为信息生产与传输、企业服务业聚集水平、国际交流基础设施、地区中心性和高水准中心商务区的存在是建立地区总部所考虑的五大因素。王建新《论中国吸引跨国公司总部存在的问题与对策》认为地区总部区位需要具备的条件是市场规模及潜力、现代化的基础设施及完善透明的法律政策体系和高效率的政府服务。类似的观点在《总部经济与区域经济发展研究》、《上海吸引跨国公司设立地区总部的机遇与挑战》等文献也有所反映。

表 6-6　跨国公司地区总部的区位决定因素

代表	样本	决定因素
科尔尼（2002）	1000 家全球跨国公司	地区总部的声誉、潜在市场、R&D 集中程度、管理体制、高素质劳动力、房地产/其他成本、工厂基础设施、金融体系、清洁环境、生活质量、人身安全
《经济学人》情报组（2002）	1100 家北美、欧洲和日本的跨国公司	政治环境、基础设施、区位条件、政策与制度环境、专业服务水平、人力资源条件
香港（2003）	到香港建立地区总部的外商	简单税制及低税率、与中国内地交往便利、信息的自由流通、政治稳定及安全、廉洁的政府、法治及司法独立
郑京淑（2000）	—	信息生产与传输、企业服务业聚集水平、国际交流基础设施、地区中心性和高水准中心商务区的存在

资料来源：笔者归纳。

6.4.2 在华跨国公司地区总部的区位决定因素

一个跨国公司地区总部如何选择目标区位，其决定因素会有很大的不同。或是因为目标区位的金融、科技人才的易得优势，或是因为目标区位的地区联系特征，或是因为目标区位的优惠税收政策，或是因为目标区位的有竞争性的综合商务成本，等等。

中国欧盟商会的《欧盟企业在中国亚太地区总部调查（2011年）》表明：欧盟企业地区总部迁移目标区位的选择，主要考虑政治、法律、经济/运营、地理/环境和社会文化五大因素。评价这五大因素范围的标准有10项：①与客户和市场的近距离；②有利的法律和监管环境；③稳定且有利的政治环境；④有利的商业环境；⑤有利的税收环境；⑥人力资本的获取；⑦较低的运营成本；⑧透明且宽松的市场准入制度；⑨与生产设施的近距离；⑩分销渠道的建立。该报告认为新加坡、中国香港和上海是欧盟企业亚太总部的目标城市。

6.4.2.1 有效的地区联系

地区总部介于企业总部和分散在世界各国的海外子公司的中间。它解决了企业活动的“配置”与“协调’，职能的“集中”与“分散”问题，平衡了战略上“全球化”与“本地化”的关系。从跨国公司设立地区总部的角度来看，其区位选择上格外重视地区中心性，综观世界上跨国公司地区总部比较密集的城市，如新加坡、中国香港、北京、上海等，都具有明显的地区中心性。这些城市一般都是各项高级职能密集、能够提供完备的基础设施且国际化水平较高的首位城市（首都或首府）以及少数特大城市。

地区总部的主要使命是管理域内子公司，为其提供经营支援服务，并协调和调整相互间关系，因此地区总部在选址时格外重视地区的中心性。即要求所选城市尽可能是：地理位置中心，物理距离的中心；交通中心，时间距离的中心，要有较完备的机场等基础设施；经济中心，一体化机构的集中性；职能中心，一体化区域超国家机构的集中地；接近当地法人公司，子公司分布的中心；具有地区市场的规模及潜力等。以上都是跨国公司地区总部的区位决定因素。

跨国公司地区总部由于业务的原因，其员工必然在地区内频繁地流动，各种资源也会从地区内各个国家或城市向地区总部集中或者由地区总部向各个国家的子公司/分公司进行分配。所以，有效的地区联系成为地区总部区位选择的目标。地区联系的内容包含接近主要国家或重要子公司、接近本地供应商、处于地理位置的中心、信息收集方便等方面。

地区总部是跨国公司对地区内子公司/分公司进行管理的主体，是全球总部和地区子公司/分公司之间的联系点，所以，地区总部必须与全球大城市和地区内重点子公司/分公司所在地有紧密的联系。Hymer 认为，负责协调和管理生产单位的企业地区性管理中心的区位，倾向于国际性的交通—信息体系的节点，往往集中于世界各大经济区的中心城市。Heenan (1979) 则认为，接近全球总部和主要国家市场是地区总部选址时应该首先考虑的问题。John Holt（2000）将地区联系分为区域内联系和地理联系。区域内联系和地区文化、消费习惯、地区内货币交换等相关，地理联系主要是地区总部的位置、飞机航班、到达地区内其他地方的难易等。Tully 认为地区内中心位置是地区总部选址的一个重要因子，Wai-Chung Yeung（2001）则把易于接触客户和利于本地区市场开拓作为地区总部所必需的条件，新加坡是跨国公司进入东南亚市场最好的桥头堡。K.C.Ho（2000）觉得，接近企业已有投资、市场和关键的地理位置是重要的：某一特殊产品的生产线聚集在一个地区内，地区总部需要接近这些投资；亚太地区虽然不是一个重要的生产基地，但却是一个巨大的而且不断增长的市场。要建立和客户的关系，满足顾客的需求，收集市场信息，有效管理销售部门和市场部门，所以，应该设立地区总部；对于地区内的子公司/分公司而言，要能够得到最有效的服务，因此，地区总部一般都设立在关键的地理位置上。Dunning 认为，区位选择是一个在国际商务研究中被忽视的角落。Aoki、Tachiki、Hellmut、Nicholas、Michael Enright 等也均对地区联系在地区总部的区位选择中的影响进行了研究。

6.4.2.2 政策与制度环境

跨国公司设立地区总部，首选之地是政治稳定、基础设施完备、经济发展迅速、创造性资源力量较强的城市。

跨国公司地区总部作为跨国公司管理地区内子公司的核心机构，聚集了该地区优秀的管理人才、大量的资金、重要的研发资源，这些使得地区总部成为极其敏感的部门。如果目标城市政局不够稳定，出现政治动乱或战争，那么对跨国公司将是不可估量的损失。根据《经济学人》情报组

(The Economist Intelligence Unit) 2002年出版的《亚洲商务》中的文章《地区总部问题》得知，跨国公司在选择地区总部时，最看重的基本因素就是该地的政局是否稳定，这是《经济学人》情报组对1100家来自北美、欧洲和日本的跨国公司调查的结果。

跨国公司地区总部在华的投资实体能否得到法律保护，直接关系到其生存和发展；中国对跨国公司营运的相关政策和法规直接关系到其职能能否快速有效实施。因而中国的相关法律体系与政策环境及政府公共服务水平便成了跨国公司地区总部十分关心的问题。其具体内容包括以下几个方面：较低的市场准入壁垒；宽松的外汇进出限制；自由灵活的资金调度；便利的人员出入境、货物进出口；一定的税收优惠；完善的法律、司法体系；高效率的政府服务等。

6.4.2.3 基础设施

基础设施条件是跨国公司地区总部选址时考虑的仅次于政治稳定性的第二重要因素。地区总部作为跨国公司设在国外的重要决策和管理部门，为减少决策和管理过程中存在的不确定因素，需要掌握大量的国内外经济、政治形势及其变化趋势，且与公司总部和地区内子公司保持沟通。这些信息不仅交换量大，而且又多为跨国公司的国际交换，因而对信息通信基础设施如同轴电缆、光缆、交换机系统、传输装置、卫星天线等的要求很高。同时，地区总部的业务活动需要一系列与人员流动与业务交流相关的基础设施作为保障。因而对国际航空港、高速公路网、国际饭店设施、国际会议展览中心等设施有较高要求。当母公司选派常驻人员时，还会对生活环境及子女教育提出较高要求。

6.4.2.4 人力资源和专业化服务水平

地区总部业务的顺利开展需要现代服务业的支持。现代服务业的聚集可以使地区总部享受外部经济效应。因此，地区总部总是倾向于建立在中心城市的中心商务区（CBD）。这样，区域内的金融、证券、保险业、房地产业、广告业、市场调查、会计、法律事务以及信息服务业的发育状况等则为跨国公司所关注。

地区总部的核心职能是促进公司各项经营资源之间的整合与创新，这必然要求地区总部拥有最出色的经营管理人才。因此，所选城市必须要有大量符合现代市场竞争要求的高素质人才供应。

6.4.3 区位决定与协同效应

跨国公司地区总部间的协同效应来自与企业业务相关的多个跨国公司之间形成的地区网络内地区业务合作带来的收益。地区总部间的协同效应来自地区内本公司或联盟公司的 R&D 活动聚集、同一城市中多个跨国公司的地区总部间的协同效应、地区内不同子公司/分公司之间的协同性等方面。

Buckley（2004）认为，地区网络无论在理论上还是在实践上对亚洲而言都具有非常重要的意义，地区网络内业务活动的协同作用有利于企业的地区内竞争。Hellmut（1996）在研究地区总部时将地区总部的协同效应作为一个重要问题来研究，通过实证发现协同效应的确存在并得到认同。Michael Enright（2000）认为，以企业聚集为基础的跨国公司战略成为现阶段跨国公司的重要特征，特别是中国香港的金融服务业更是如此。地区总部聚集是一种现象，有利于产业活动的创新，也有利于跨国公司追求规模效应。郑京淑（2004）将企业服务业聚集水平作为跨国公司区位选择的独立因素，认为企业服务业的聚集可使地区总部享受外部经济效应。

第7章 中国上市公司总部迁移的实证研究

考察各上市公司总部地址变更情况，企业总部迁移主要有以下5种类型：①跨省区迁移。是指上市公司总部迁移的目标城市和迁出城市不在一个省区，如蓝星清洗股份有限公司总部从甘肃省兰州市迁到北京市朝阳区；湖北博盈投资股份有限公司总部从湖北省荆州市迁到北京市朝阳区。②省内城市间迁移。指上市公司总部迁移的目标城市和迁出城市在一个省区，如云南马龙产业集团股份有限公司总部从云南省曲靖市搬迁到云南省昆明市。③区域内迁移。通常是企业总部从县、镇迁移到其所在的城市，迁移距离大多在30公里以上。例如，东方银星总部从河南省商丘市民权县迁到河南省商丘市，迁移距离为52公里。④城区与开发区之间迁移。一般是指企业总部从城区向开发区迁移或从开发区迁到城区，如山西亚宝药业集团股份有限公司总部从山西省运城市区迁到运城市风陵渡经济开发区。⑤城区内迁移。例如，北京赛迪传媒投资股份有限公司，自1992年上市以来，其办公地址由北京市昌平区迁到现在的海淀区；永久股份有限公司的总部，从1994年上市时的上海市南汇区迁到目前公司总部所在地浦东新区。在这5种企业总部迁移中，由于后3种企业总部迁移对一个城市的经济社会影响相对于前2种类型要小得多，因此，本章只讨论前2种类型的企业总部迁移，即企业总部跨省区迁移和省内城市间迁移。

通过分析上市公司的总部迁移情况，发现中国上市公司总部迁移主要表现为上行流迁移占多、西—东迁移占多、距离衰减、财富转移效应显著的特点。

7.1 上市公司总部迁移的迁移率

中国上市公司总部的平均年迁移率为 0.51%，意大利企业总部迁移率 1999 年为 0.29%（Ilaria Mariotti 等，2004），美国世界 500 强企业的年企业总部迁移率为 1.44%（Strauss-Kahn 和 Vives，2005）。与生产迁移率相比，企业总部迁移率相对要低。日本电子企业 10 年以内（1990~1999 年）在亚洲国家的迁移率是 33%，大约每年有 3%的迁移率（René Belderbos 和 Jianglei Zou，2006）。

表 7-1 企业总部迁移率比较

依据文献	样本	样本数	年份	迁移数	年迁移率（%）
Strauss-kahn 和 Vives（2005）	美国世界 500 强	500 家	1991~2001	36	1.44
Ilaria Mariotti 等（2004）	意大利注册企业	所有企业	1999	10198	0.29
魏后凯和白玫（2005）	中国上市公司	1481 家	1994~2007	86	0.51*

注：* 表示 0.51%的迁移率是低估了的数据，实际发生的企业总部迁移率要比这一数据高。
资料来源：笔者根据上市公司数据计算。

由表 7-1 可见，在 2007 年 9 月的 1481 家上市公司中识别出了 86 个企业总部迁移的实例。这表明在 1994~2007 年迁移率是 5.81%。由于经纬纺机的企业总部原来在山西晋城，并购重组后企业总部迁移到北京，是一个企业总部迁移的案例，但根据行情软件中的上市公司数据并没有被识别出来，故不作为研究样本。类似地还有辅仁药业的企业总部从河南周口迁到上海，河南太龙药业的企业总部从周口迁到了郑州。根据笔者归纳，共计 14 家上市公司总部迁移从同一数据源中没有被识别出来，因而，不作为本次研究样本。所以说实际的迁移率要更高一些，调整后上市公司总部迁移率为 6.75%，年迁移率为 0.51%。

7.2　企业总部迁移流

7.2.1　上市公司总部区际迁移流

按照四大地区考察，迁入东部的上市公司总部数量是 54 家，迁出的是 38 家，净迁入是 16 家；迁入东北的上市公司总部数量是 3 家，迁出的是 9 家，净迁出是 6 家；迁入西部的上市公司总部数量是 18 家，迁出的是 28 家，净迁出是 10 家；中部的净迁入上市公司总部数量为 0。迁入上市公司总部数，东部占了 62.79%，西部占了 20.93%，中部占了 12.79%，东北占了 3.49%；迁出上市公司总部数，东部占了 44.19%，西部占了 32.56%，中部占了 12.79%，东北占了 10.47%，如表 7-2 所示。从表中很容易看出，东部的上市公司总部迁移活动最为频繁，占总迁移活动的 53.49%，是净迁入地区，西部和东北是净迁出地区。

表 7-2　各地区上市公司总部迁移

区域	迁入企业总部		迁出企业总部		净迁入数量（家）	迁移量	
	数量（家）	比重（%）	数量（家）	比重（%）		数量（家）	比重（%）
东部	54	62.79	38	44.19	16	92	53.49
东北	3	3.49	9	10.47	-6	12	6.98
西部	18	20.93	28	32.56	-10	46	26.74
中部	11	12.79	11	12.79	0	22	12.79
合计	86	100	86	100	—	172	100.00

资料来源：笔者根据上市公司数据计算。

7.2.2　上市公司总部省际迁移流

按照中国 31 个省市区（不包括港澳台地区）考察，迁入北京的上市公司总部数量是 25 家，迁出 1 家，净迁入 24 家，是净迁入最多的城市；

迁入四川的上市公司总部数量是 12 家，迁出 9 家，净迁入 3 家；迁入广东的上市公司总部数量是 9 家，迁出 6 家，净迁入 3 家；迁入上海的上市公司总部数量是 5 家，迁出 2 家，净迁入 3 家。山东、安徽、吉林、福建、山西五省的上市公司总部净迁入数量是 0。江苏、云南、贵州、宁夏、新疆、内蒙古、青海、浙江、海南、广西、河北、湖北、黑龙江、甘肃、辽宁、天津、西藏是净迁出省市区，其中，西藏是企业总部净迁出数最多的省市区。迁入上市公司总部数，北京占了 29.07%，四川占了 13.95%，广东占了 10.47%，浙江 9.3%；迁出上市公司总部数，浙江占 11.63%，四川占 10.47%，广东占 6.98%，如表 7-3 所示。很容易看出，北京是最活跃的目标城市，其次是四川、广东和浙江；浙江、四川和广东是最活跃的迁出地。迁移活动最频繁的省市区是北京、四川、浙江和广东。

表 7-3 各省市区上市公司总部迁移

省市区	迁入企业总部		迁出企业总部		净迁入数量（家）	迁移量	
	数量（家）	比重（%）	数量（家）	比重（%）		数量（家）	比重（%）
北京	25	29.07	1	1.16	24	26	15.12
四川	12	13.95	9	10.47	3	21	12.21
广东	9	10.47	6	6.98	3	15	8.72
上海	5	5.81	2	2.33	3	7	4.07
湖南	4	4.65	3	3.49	1	7	4.07
陕西	1	1.16	0	0.00	1	1	0.58
河南	1	1.16	0	0.00	1	1	0.58
山东	3	3.49	3	3.49	0	6	3.49
安徽	2	2.33	2	2.33	0	4	2.33
吉林	2	2.33	2	2.33	0	4	2.33
福建	1	1.16	1	1.16	0	2	1.16
山西	1	1.16	1	1.16	0	2	1.16
江苏	2	2.33	3	3.49	-1	5	2.91
云南	2	2.33	3	3.49	-1	5	2.91
贵州	1	1.16	2	2.33	-1	3	1.74
宁夏	1	1.16	2	2.33	-1	3	1.74
新疆	1	1.16	2	2.33	-1	3	1.74
内蒙古	0	0.00	1	1.16	-1	1	0.58
青海	0	0.00	1	1.16	-1	1	0.58

续表

省市区	迁入企业总部		迁出企业总部		净迁入数量（家）	迁移量	
	数量（家）	比重（%）	数量（家）	比重（%）		数量（家）	比重（%）
浙江	8	9.30	10	11.63	-2	18	10.47
海南	1	1.16	3	3.49	-2	4	2.33
广西	0	0.00	2	2.33	-2	2	1.16
河北	0	0.00	2	2.33	-2	2	1.16
湖北	3	3.49	6	6.98	-3	9	5.23
黑龙江	1	1.16	4	4.65	-3	5	2.91
甘肃	0	0.00	3	3.49	-3	3	1.74
辽宁	0	0.00	3	3.49	-3	3	1.74
天津	0	0.00	4	4.65	-4	4	2.33
西藏	0	0.00	5	5.81	-5	5	2.91
合计	86	100.00	86	100.00	—	172	100.00

资料来源：笔者根据上市公司数据计算。

7.2.3　上市公司总部城市间迁移流

按照城市考察，迁入北京的上市公司总部数量是 25 家，迁出 1 家，净迁入 24 家，是净迁入最多的城市；其次是成都，迁入 8 家，迁出 2 家，净迁入 6 家；排在第三位的是上海，迁入 7 家，迁出 2 家，净迁入 5 家。

表 7-4　主要城市上市公司总部迁移

城市	迁入企业总部		迁出企业总部		净迁入数量（家）	迁移量	
	数量（家）	比重（%）	数量（家）	比重（%）		数量（家）	比重（%）
北京	25	29.07	1	1.16	24	26	15.12
成都	8	9.30	2	2.33	6	10	5.81
上海	7	8.14	2	2.33	5	9	5.23
杭州	5	5.81	1	1.16	4	6	3.49
长沙	4	4.65	0	0.00	4	4	2.33
深圳	4	4.65	3	3.49	1	7	4.07
拉萨	0		5	5.81	-5	5	2.91
其他	—	—	—	—	—	—	—
合计	86	100.00	86	100.00		172	100.00

资料来源：笔者根据上市公司数据计算。

7.3 中国上市公司总部迁移距离

7.3.1 平均迁移距离

上市公司平均迁移距离是 1108 公里，跨省迁移的平均距离是 1728.77 公里，省内迁移的平均距离是 363.65 公里。

平均迁移距离，一定程度可以代表城市对企业总部吸引力和引力空间的大小。按城市级别分类观察，平均迁移距离由远及近依次是直辖市（平均迁移距离 1475 公里）、省会城市（平均迁移距离 1057 公里）、副省级城市（平均迁移距离 923 公里）和普通城市（平均迁移距离 387 公里），这表明在样本数据期间内，直辖市、省会城市对于企业总部有更强的吸引力，且直辖市比省会城市对企业总部有更强的吸引力。这一结论与中国企业总部的实际情况吻合。

但是在使用平均迁移距离指标时，应注意增加一个区域经济活动密度的权重。经济活动密度低的平均迁移距离会相应增大许多。同时还应剔除迁移企业数量较少的城市或省份，如只有一个企业总部迁移的个案。

以成都为目标城市的上市公司总部平均迁移距离为 2145 公里，这表明成都作为西南地区的中心城市，对其周边较大范围的上市公司具有很强的吸引力。以北京为目标城市的上市公司总部平均迁移距离为 1512 公里，高于以直辖市为目标城市的平均迁移距离 1475 公里，与北京对上市公司总部吸引力大的事实一致。和成都比，与北京对上市公司总部吸引力大的事实不一致。所以不要盲目用平均迁移距离的远近，直接推出目标城市的吸引力大小，一定要具体情况具体分析。

以目标城市为考察视角，以广州为目标城市的企业总部平均迁移距离最长，是 2267 公里；以成都为目标城市的企业总部平均迁移距离是 2145 公里；以北京为目标城市的企业总部平均迁移距离是 1512 公里；以上海为目标城市的企业总部平均迁移距离是 1336 公里；以深圳为目标城市的企业总部平均迁移距离是 1082 公里；以杭州为目标城市的企业总部平均

表 7–5　中国上市公司总部迁移距离

单位：家，公里

目标城市的平均迁移距离					目标省市区的迁移距离				
目标城市	迁移数量	平均迁移距离	最远距离	最近距离	目标省市区	迁移数量	平均迁移距离	最远距离	最近距离
北京	26	1512	3768	137	北京	25	1422	3768	137
成都	8	2145	3360	61	四川	12	1702	3360	60
上海	7	1336	2915	314	广东	9	1532	3647	57
杭州	5	564	2217	63	浙江	8	409	2217	28
长沙	4	556	1501	147	上海	5	1305	2915	314
深圳	4	1082	2939	57	湖南	4	556	1501	147
广州	3	2267	3647	147	湖北	3	201	334	109
武汉	3	201	334	109	山东	3	234	338	73
长春	2	462	523	400	安徽	2	570	1076	64
合肥	2	570	1076	64	吉林	2	462	523	400
济南	2	206	338	73	江苏	2	201	202	200
昆明	2	364	571	157	云南	2	364	571	157
阿城	1	300	300	300	福建	1	263	263	263
赤水	1	155	155	155	贵州	1	155	155	155
德阳	1	232	232	232	海南	1	363	363	363
东莞	1	2596	2596	2596	河南	1	2106	2106	2106
都江堰	1	500	500	500	黑龙江	1	300	300	300
海口	1	363	363	363	宁夏	1	300	300	300
嘉兴	1	28	28	28	山西	1	274	274	274
江阴	1	200	200	200	陕西	1	1509	1509	1509
临汾	1	274	274	274	新疆	1	3768	3768	3768
泸州	1	60	60	60	按目标区域				
南京	1	202	202	202	目标区域	迁移数量	平均迁移距离	最远距离	最近距离
青岛	1	291	291	291	东部	54	1127	3768	28
三明	1	263	263	263	西部	18	1493	3768	60
绍兴	1	63	63	63	中部	14	541	2106	64
顺德	1	60	60	60	按目标城市级别				
吴忠	1	300	300	300	目标城市级别	迁移数量	平均迁移距离	最远距离	最近距离
西安	1	1509	1509	1509	直辖市	33	1475	3768	137
郑州	1	2106	2106	2106	省会城市	35	1057	3647	61
合计	86	1108	3768		副省级城市	5	923	2939	57
					普通城市	13	387	2596	28

资料来源：笔者根据上市公司数据计算。

迁移距离是 564 公里；以长沙为目标城市的企业总部平均迁移距离是 556 公里；以武汉为目标城市的企业总部平均迁移距离是 201 公里。

以目标城市所在区域为考察视角，目标城市在西部的企业总部迁移距离最长，平均迁移距离是 1493 公里；其次是东部，平均迁移距离是 1127 公里；中部的平均迁移距离最短，平均迁移距离是 541 公里。

7.3.2 上市公司总部迁移具有距离衰减性

通过迁移距离进行聚类分析，可分成两类，即长距离迁移和短距离迁移。上市公司总部的长距离企业总部迁移和短距离企业总部迁移的数量分别是 35 家和 51 家。很显然，上市公司总部迁移中，短距离迁移要多于长距离迁移。这表明，中国上市公司总部迁移也具有距离衰减特征。因为上市公司在进行企业总部决策时，与目标区位的信息强相关，并且对较远区位带有偏见并对较近距离具有偏爱。然而，跨省区的公司总部迁移数量是 49 家，省内迁移的数量是 37 家，这似乎是对上述距离衰减特征的负证据。事实上，很多跨省迁移是发生在周边省区市的，如从天津向北京迁移，迁移距离只有 137 公里；从宁波迁往上海，迁移距离是 362 公里。

长距离迁移的平均迁移距离是 2341 公里，最近迁移距离是 1076 公里，最远迁移距离是 3768 公里。短距离迁移的平均迁移距离是 262 公里，最近迁移距离是 28 公里，最远迁移距离是 927 公里。跨省迁移的平均迁移距离是 1785 公里，省内迁移的平均迁移距离是 211 公里。

表 7-6 不同总部迁移类型的迁移数量和迁移距离

单位：公里

长距离、短距离迁移的迁移距离					跨省、省内迁移的迁移距离				
迁移类型	迁移数量（家）	平均迁移距离	最远距离	最近距离	迁移类型	迁移数量（家）	平均迁移距离	最远距离	最近距离
长距离	35	2341	3768	1076	跨省	49	1785	3768	137
短距离	51	262	927	28	省内	37	211	571	28

资料来源：笔者根据上市公司数据计算。

7.4　中国上市公司总部迁移的目标区位

7.4.1　目标城市与迁出城市

上市公司总部区位集中在加强，不断向北京、上海、深圳等地聚集。中国上市公司总部迁移的目标区位，主要集中在北京、成都、上海等 29 个城市，北京是上市公司总部迁移的主要目标区位。迁出城市分散在拉萨、天津、哈尔滨等 58 个城市。

7.4.2　上行流迁移

中国上市公司中，上行流迁移 56 家，占 65%；平行流迁移 18 家，占 21%；下行流迁移 12 家，占 14%。换句话说，中国上市公司迁移的方向是中心城市迁移，主要是向直辖市和省会城市迁移，计 49 家。

北京、上海、杭州、深圳是上行流迁移的主要目标城市，但迁入的上市公司总部数量差别很大，北京上行流迁入的上市公司总部数为 21 家，上海是 7 家，杭州、深圳都是 4 家。北京、成都的平行流迁入都是 5 家，平行流迁入北京的上市公司总部主要来源于天津，有 4 家，另一家来自上海；平行流迁入成都的上市公司总部全部来自拉萨。

表 7-7　上市公司总部迁移的方向（城市）

迁移方向 / 企业总部目标城市	上行流迁移（家）	平行流迁移（家）	下行流迁移（家）	总计
北京	21	5		26
上海	7			7
杭州	4	1		5
深圳	4			4
长沙	3	1		4
成都	3	5		8

续表

企业总部目标城市 \ 迁移方向	上行流迁移（家）	平行流迁移（家）	下行流迁移（家）	总计
武汉	3			3
合肥	1		1	2
广州		2	1	3
其他城市	10	4	10	24
总计	56	18	12	86
占比（%）	65	21	14	100

资料来源：笔者根据上市公司信息整理计算。

从东部、中部、西部和东北4个地区观察上市公司总部迁移的方向，无一例外4个地区的上市公司总部迁移的方向都是以上行流迁移为主。东部、中部、西部和东北地区上市公司总部上行流迁移分别占63%、91%、57%和67%。

表7-8　四地区上市公司总部迁移的方向

迁出区域 \ 迁移方向	上行流迁移（家）	平行流迁移（家）	下行流迁移（家）	上行流迁移占比（%）	总计
东部	24	8	6	63	38
中部	10		1	91	11
西部	16	8	4	57	28
东北	6	2	1	67	9
总计	56	18	12	65.3	86

资料来源：笔者根据上市公司信息整理计算。

7.4.3　西—东迁移

尽管从东部迁出了4家上市公司的总部，分别迁往西部1家、中部3家，但是东部仍是上市公司总部迁移的受益地区。24家跨地区总部迁移案例中，有20家迁入东部，占83.33%。从东北迁出的上市公司总部6家、从西部迁出的上市公司总部11家、从中部迁出的上市公司总部3家，全部迁往东部。西部是上市公司总部迁移受影响最大的地区，一共迁出了11家。区域内迁移最活跃的区域是东部和西部。在东部内部迁移的有34家上市公司，在东北内部迁移的有3家，在西部内部迁移的有17家，在中部内部迁移的有 8 家。

表 7-9　中国上市公司总部迁移矩阵

迁移矩阵						含内部迁移的迁移矩阵					
迁入区 / 迁出区	东部	东北	西部	中部	小计	迁入区 / 迁出区	东部	东北	西部	中部	小计
东部	0		1	3	4	东部	34		1	3	38
东北	6	0			6	东北	6	3			9
西部	11		0		11	西部	11		17		28
中部	3			0	3	中部	3			8	11
小计	20	0	1	3	24	小计	54	3	18	11	86

资料来源：笔者计算。

7.5　上市公司总部迁移效应

7.5.1　西—东财富转移

从东北、西部和中部迁移到东部的上市公司总部有 20 家，而从东部迁移到中部（3 家）西部（1 家）地区的有 4 家，前都是后者的 5 倍。如果从资产、营业收入和利润上去考察，东北、西部和中部三个地区总部迁移到东部的上市公司总资产为 1219 亿元，而从东部迁出的上市公司总资产为 60 亿元，前者是后者的 20 倍。

表 7-10　“西—东”迁移与“东—西”迁移比较

总部迁移		总资产（亿元）	营业收入（亿元）	利润（亿元）	总部数（家）
“西—东”迁移	东北—东迁移	663.4	170.5	28.5	6
	西—东迁移	492.8	120.6	42.0	11
	中—东迁移	62.8	16.3	2.2	3
	小计	1219.0	307.4	38.9	20
“东—西”迁移	东—西迁移	38.9	5.1	0.63	1
	东—中迁移	20.6	18.9	-2.9	3
	小计	59.5	24.1		4
倍数		20.5	12.8	—	5.0

资料来源：笔者计算。

在四大区域内部，也存在这种总部由欠发达地区向较发达地区迁移的“西—东”迁移占主流的现象。以西藏为例，共有上市公司 8 家，其中有 5 家上市公司的总部迁移到了成都，占西藏上市公司总数的 62.5%，即迁移率高达 62.5%。其中有一个现象值得研究，就是西藏迁出的多是亏损企业总部。这些总部迁移的上市公司是在迁移前亏损，还是在迁移后亏损？是买壳引起的迁移吗？这些问题有待今后进一步深入研究。

表 7-11 西藏上市公司总部迁移情况

	企业总部		总资产		营业收入		利润总额（亿元）
	数量（家）	比重（%）	数量（亿元）	比重（%）	数量（亿元）	比重（%）	
已迁移	5	62.5	34.01	53.0	18.67	75.5	-0.71
未迁移	3	37.5	30.10	47.0	6.06	24.5	0.66
总计	8	100	64.11	100	24.73	100	-0.05

资料来源：根据上市公司资料整理计算。

7.5.2 各省市区财富转移

观察迁移矩阵可以看出，通过上市公司总部的迁移，最大的受益城市是北京，既增加了税收，也扩大了总部企业资产。尽管北京也有企业总部迁出的情况，但是迁出的上市公司是亏损企业，从税收角度来看，主要损失的是营业税。

观察财富转入情况。由于上市公司总部的迁入，为北京带来的所得税是 63.78 亿元；为上海带来的所得税为 1.41 亿元；为陕西、江苏、广东、湖南、浙江带来的所得税从 100 万元到 2500 万元不等。但上市公司总部迁入河南、安徽、四川，并不能为当地贡献所得税。

表 7-12 上市公司总部迁移导致的财富转入情况

迁入省市	总资产（亿元）	利润总额（亿元）	税后利润（亿元）	所得税（亿元）
北京	3604.02	238.54	174.75	63.78
上海	141.28	5.3	3.89	1.41
陕西	38.9	0.63	0.37	0.25
四川	34.01	-0.71	-0.17	—
广东	33.62	0.53	0.48	0.05

续表

迁入省市	总资产（亿元）	利润总额（亿元）	税后利润（亿元）	所得税（亿元）
湖南	10.79	−0.42	−0.43	0.01
江苏	10.25	0.54	0.41	0.13
浙江	7.85	0.09	0.03	0.06
安徽	5.84	−2.42	0	—
河南	3.94	−0.07	−0.07	0
总计	3890.52	242.01	179.26	62.75

资料来源：根据上市公司数据计算整理。

迁出企业总部的上市公司以广东损失的所得税最多，高达 32.2 亿元，占税收转移的 50%以上；其次是天津，转移出企业总部所引致的所得税损失为 7.7 亿元；新疆、辽宁、甘肃因上市公司总部迁出而导致的所得税损失分别是 7.3 亿元、6.6 亿元和 2.2 亿元。

表 7–13　上市公司总部迁移导致的财富转出情况

迁出省市区	总资产（亿元）	利润总额（亿元）	税后利润（亿元）	所得税（亿元）
广东	2132.2	129.2	96.9	32.3
天津	126.4	30.9	23.1	7.7
新疆	233.4	29.2	21.9	7.3
辽宁	606.9	26.3	19.7	6.6
北京	5.8	−2.4	−1.8	−0.6
甘肃	200	8.9	6.7	2.2
广西	57.6	2.7	2	0.7
黑龙江	56.5	2.2	1.7	0.6
湖北	62.8	2.2	1.6	0.5
江苏	103.5	3.9	2.9	1
上海	49.1	1	0.8	0.3
云南	26.9	3.2	2.4	0.8
浙江	94.7	3.6	2.7	0.9
总计	3890.52	242.01	179.26	62.75

资料来源：根据上市公司数据计算整理。

7.5.3 北京、上海、深圳财富变化

上市公司总部数量的变化导致财富的重新分配。对比分析 2005 年与 2006 年上市公司 100 强的企业总部的分布变化引致的财富变化。2005 年上市公司 100 强的企业总部在北京、上海、深圳 3 个城市的集中度是 37%，2006 年这一数据上升到 45%，上升了 8 个百分点。最大 100 家上市公司总部向北京集中最为明显，从 2005 年的 14 家，上升到 2006 年的 20 家，集中度是 20%；向上海的集中程度有所下降，从 2005 年的 15 家下降到 2006 年的 13 家。

上市公司 100 强在三城市资产集中度、主营业务收入的集中度、利润总额集中度和市值集中度都在提高，分别从 2005 年的 84%、68%、67%、66%上升到 2006 年的 95%、76%、80%、85%。伴随着上市公司 100 强企业总部区位向北京集中，资产也向北京集中。最大 100 个上市公司资产集中变化更为明显。企业总部聚集在北京的 100 强上市公司总资产集中度由 2005 年的 40.86%，上升到 2006 年的 86.58%，上升了约 45 个百分点；而上海同一指标则由 2005 年的 36.18%下降到 2006 年的 6.05%，下降了约 30 个百分点。

表 7-14 2005~2006 年上市公司 100 强

指标	2005 年				2006 年			
	北京	上海	深圳	小计	北京	上海	深圳	小计
企业总部数（家）	14	15	8	37	20	13	12	45
资产总额（万亿元）	1.82	1.61	0.31	3.75	16.16	1.13	0.45	17.74
资产集中度（%）	40.86	36.18	6.98	84.02	86.58	6.05	2.40	95.03
主营业务收入（百亿元）	108.16	31.52	5.35	145.04	199.56	34.11	10.93	244.60
收入集中度（%）	50.39	14.68	2.49	67.56	61.93	10.59	3.39	75.91
利润总额（百亿元）	9.59	4.61	0.86	15.05	31.58	4.48	1.79	37.85
利润集中度（%）	42.46	20.40	3.82	66.68	66.92	9.49	3.80	80.21
市值	47.23	24.81	7.35	79.40	514.53	68.57	33.66	616.75
市值集中度（%）	39.16	20.57	6.09	65.82	71.08	9.47	4.65	85.20

资料来源：笔者根据上市公司资料整理计算。

7.6 上市公司总部向东迁移的原因分析

上市公司总部为什么会如此显著地向北京等东部城市迁移？这是因为上市公司总部作为企业核心决策机构，它对空间层级有更高的要求，在空间上会有高密度的聚集，以便于获取信息，提供专业化和效率化的服务，从而帮助企业做出迅速而正确的决策判断。

7.6.1 金融便利性

上市公司对资本的流动性以及融资的便利程度要求高。研究表明，经济发达地区的资本流动性强，而经济欠发达地区的资本流动性弱，资本流动性与融资便利程度呈正相关关系。与中部、西部地区相比较，东部地区的资本流动性强，融资途径更为广泛、便利。

各地区存贷款资金分布严重不平衡，东部地区存贷款总额要远高于中西部和东北地区。2011 年末，全国金融机构各项贷款余额中，东部地区占 60.11%，中部和东北地区共占 22.45%，西部地区占 17.44%。2000~2011 年，东部地区的金额便利性还在呈加强态势。东部地区金融机构各项贷款余额占全国的比重，从 2000 年的 55.33%增加到 2011 年 60.11%。

表 7-15 2000~2011 年各种贷款余额

年份	东部地区		中部和东北地区		西部地区	
	余额（万亿元）	占比（%）	余额（万亿元）	占比（%）	余额（万亿元）	占比（%）
2000	5.38	55.33	2.75	28.29	1.6	16.38
2001	6.10	56.10	3.01	27.73	1.8	16.17
2002	7.36	57.50	3.42	26.70	2.0	15.80
2003	9.26	59.25	3.94	25.24	2.4	15.51
2004	10.57	60.13	4.30	24.46	2.7	15.40
2005	11.87	61.59	4.45	23.09	3.0	15.31
2006	13.81	61.91	5.10	22.86	3.4	15.23
2007	16.45	62.75	5.81	22.15	4.0	15.10
2008	18.94	62.88	6.52	21.66	4.7	15.46

续表

年份	东部地区		中部和东北地区		西部地区	
	余额（万亿元）	占比（%）	余额（万亿元）	占比（%）	余额（万亿元）	占比（%）
2009	25.05	62.48	8.64	21.56	6.4	15.96
2010	28.50	60.97	10.37	22.18	7.9	16.85
2011	32.15	60.11	12.01	22.45	9.3	17.44

资料来源：根据《中国金融统计年鉴》相关数据计算。

各城市贷款资金分布严重不平衡，北京、上海等中心城市的贷款余额要远高于中西部城市。图 7-1 是北京、上海、杭州、成都和郑州 2000~2013 年的金融机构各项贷款余额。

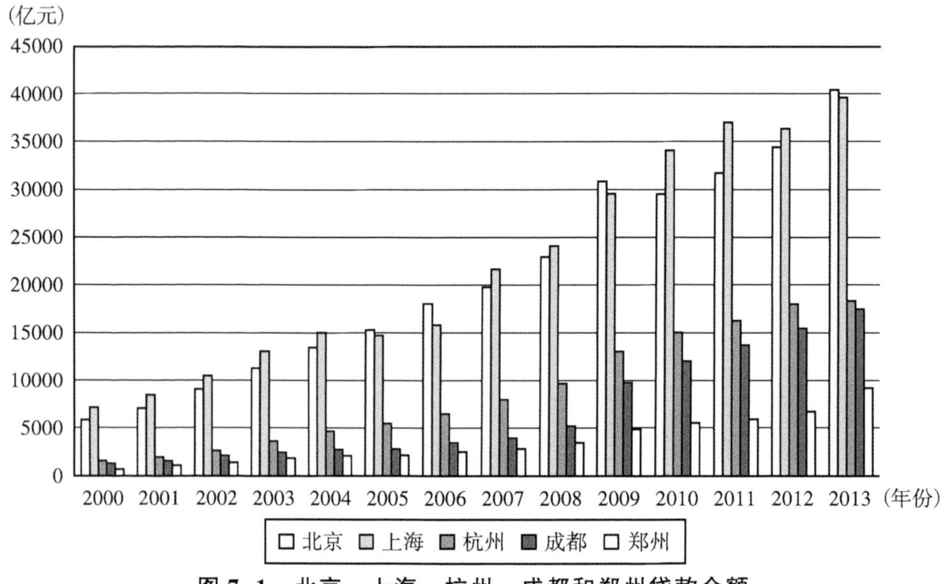

图 7-1 北京、上海、杭州、成都和郑州贷款余额

7.6.2 人才供给丰富

上市公司总部对技术、人才的丰富程度要求高。北京、长三角地区高校众多，科研院所林立，是全国人才的高密度聚集地，这些地区与其他地区相比具有较突出的技术、人才优势。一些企业将核心知识部门，尤其是研究开发机构迁往这些地区，就是为了充分利用这些地区丰富的技术资源、人才资源，使自己的技术站在全国的前沿。一般来讲，技术和人才资源是知识型迁移的主要原因。

案例：物产中拓总部迁移的原因

物产中拓是一家总部位于湖南长沙的商贸企业，主要业务涉及钢铁贸易、汽车销售与服务、出租车运营、仓储物流、电子商务。2016 年 2 月 18 日，公司公告称因经营发展需要，拟将总部办公地址迁至“杭州市下城区文晖路 303 号”。

获取人才和产业链服务。钢铁互联网公司是物产中拓的重要转型方向。将公司总部迁入杭州，将有利于电子商务人才的获得、电子商务产业链服务，将加快推进物产中拓钢铁互联网业务的发展。杭州作为国家“九五”电子商务应用试点城市、国家“十五”电子商务应用示范城市以及国家信息化试点城市，电子商务的建设与应用起步早、发展快、领域广、人才聚集度高。特别是近几年的快速发展，已经在全国乃至全球形成一定影响，吸引大批海内外电子商务人才。杭州依托阿里巴巴等龙头企业，电子商务产业链不断拓展和完善，与快递、金融、信息软件、商贸等多个产业实现了深度融合。

倪鹏飞（2002）研究表明，北京、上海和杭州是中国最具人才竞争力的三个城市。杭州是科技人员占从业人员比重最高的城市，2002 年这一比重为 12.8%，高于北京的 9.2%。

管理便利。新迁入办公场所与控股股东在同一地点办公，有利于公司和控股股东之间进行更密切的交流。控股股东资产规模大，且优质重资产多，如能和公司现有业务进行有效嫁接，潜在空间很大。物产中拓的控股股东是浙江省交通投资集团有限公司。

拓展市场。随着总部搬迁至杭州，公司势必要加大在浙江乃至整个华东地区的业务规模，鉴于之前公司在华东地区业务规模较小，可以视为全新的市场。但是，由于公司现有的业务重点在于中西部的七省一市，总部迁至杭州，意味着和现有重点业务区域的空间距离变远，对公司的管理能力提出了更高的要求。

7.6.3 信息便利性

上市公司总部对信息获取的便利性要求高。在信息时代，信息对企业至关重要，掌握了丰富信息的企业往往占尽先机。特别是在中国加入WTO后，企业面对的是一个全球化市场，参与的也是全球化的竞争，信息的重要性就更加突出。沿海地区的中心城市外资企业众多，信息发达，并且与海外市场联系紧密。若想要拓展海外市场，成为国际性的企业，将企业总部迁往这些中心城市就能更方便地获取信息，随时掌握海外市场动态。企业迁移的实例也表明：大型企业集团一般选择了将公司总部迁往上海和北京这两个国际性的大都市。管理型迁移（即企业总部迁移）动因就是要充分利用信息优势对瞬息万变的国际市场迅速做出反应。

7.6.4 市场规模

北京等东部城市的市场大。东部地区人口众多且购买力强，形成了一个广阔的有效市场。内陆地区的企业经过在原诞生地多年的经营，本地市场接近饱和，如果要扩大企业的规模，就必然放眼东部广阔的市场。在企业的扩展过程中有很多企业选择了接近市场设厂的策略。这种策略不仅可以利用迁入地的优惠税收等政策，还能更快地适应目标市场的变化，及时调整企业的经营政策。企业迁移使外地企业在进入新市场时降低了交易成本，并且利用中心城市（如上海、北京、深圳等）强大的辐射作用拓展全国市场。市场追逐型迁移的动因主要就是市场效应。

综上所述，随着中国经济的持续快速增长，一些从本土快速成长起来的企业在其规模逐步做大之后，开始谋求总部的迁移，寻找更适合总部生存的沃土，以适应企业从区域性公司到全国性公司，进而到跨国公司甚至全球公司的战略转变。可以说，目前中国已经进入企业总部大迁移的时期。未来中国的崛起无疑需要拥有一大批具有世界影响力的大型企业，而北京、上海等中心城市将成为这些大企业总部区位的首选之地。因此，在当前以吸引总部、研发机构等高端产业进驻的新一轮区域竞争中，一些实力雄厚的中心城市将处于更加有利的地位。本章通过对中国上市公司总部迁移的系统考察，再一次诠释了“强者恒强”的逻辑。更重要的是，近年来中国上市公司总部的迁移主要还是市场行为。从发展趋势看，随着中国经济全球化和市场化进程的不断加快，在市场力量的作用下，这种市场行为可能会导致更多的企业总部向北京、上海等中心城市迁移。

第 8 章　中国企业总部迁移的产业特征

经验表明，企业总部迁移存在产业差异。制造业的企业总部因成熟产业区的稳定性，往往表现出迁移惰性；服务业中的批发、零售与餐饮、金融业则表现出企业总部迁移的积极性。首位城市、经济中心往往成为企业总部迁移的目标区位，而劳动力要素充足、信息不畅通和交通设施不完备的地区往往成为企业总部迁移的迁出区位。

8.1　中国企业总部区位的产业特征

中国的制造业企业总部区位分布与服务业企业总部区位分布是否有所不同？我们选择两组样本进行观察，第一组是中国制造业百强和中国服务业百强；第二组是大企业集团。通过对第一组两类不同样本企业总部区位的观察，比较制造业和服务业企业总部区位的特征；通过对第二组企业的产业属性进行观察分析，厘清某一城市的大企业集团的产业特征。

8.1.1　服务业的企业总部集中度高于制造业企业总部集中度

中国百强企业总部集中度 $HQCR_3$ 是 69%，即 69%的中国百强企业总部集中在中国的三大城市北京、上海和广州，其中北京聚集了 48%中国百强企业的企业总部，上海 16%、广州 5%，三大城市差距非常显著。

对服务业和制造业进行考察，中国服务业百强企业总部集中度远远高于制造业百强企业总部集中水平，其地区集中度 $HQCR_3$ 分别是 72%和

36%。中国服务业百强企业总部47%聚集在北京、13%在上海、10%在广州；中国制造业百强企业总部15%聚集在北京、13%在上海、8%在天津。

从上面的分析中可以看出中国百强企业总部的区位特征与世界500强企业总部区位的特征类似：第一，都集中在首都或综合性经济中心，中国百强企业总部高度集中在首都北京，综合性经济中心城市上海和广州；第二，服务业企业总部地区集中度远高于制造业，中国服务业的 $HQCR_3$ 是制造业 $HQCR_3$ 的2倍。

8.1.2 北京具有制造业企业总部的聚集优势

分行业看，北京地区企业集团优势行业集中于第二、第三产业，部分企业在行业内处于绝对主导地位。北京地区企业集团在第二、第三产业的大多数行业中都居于全国领先地位。第二产业中的资源性行业和垄断性行业的龙头企业均集中于北京，如煤炭开采和洗选业，石油和天然气开采业，石油加工、炼焦及核燃料加工业，电力、燃气和水的生产与供应业等。北京企业集团在第三产业的许多行业中也居于绝对领先地位，如航空运输业、仓储业、批发业、商务服务业、研究与试验发展业、电信和其他信息传输服务业等。在电信和其他信息传输服务业中，全国共有7家企业集团，其中有6家在北京，资产总额和营业收入分别占全行业的99.9%和99.8%，在行业内居于绝对主导地位。

表8-1 大企业集团的首位城市集中度及其变化

项目 / 年份	企业集团数（家）			总资产（亿元）			营业收入（亿元）		
	全国	北京	占比（%）	全国	北京	占比（%）	全国	北京	占比（%）
1997	2369	129	5.40	50346.7	10233.8	20.30	28205.2	5225.5	18.50
1998	2472	125	5.10	66994	20583.6	30.70	35076.8	10475.6	29.90
1999	2757	135	4.90	87322.6	33804.8	38.70	43766.4	16169.7	36.90
2000	2655	136	5.10	106983.8	53266.2	49.80	53259.9	22612.9	42.50
2001	2710	207	7.60	128045.1	64571.1	50.40	65622.8	29365.8	44.70
2002	2627	202	7.70	142538.3	71491.7	50.20	77120	33905.1	44.00
2003	2692	246	9.10	170169.9	85022.1	50.00	100094.9	42511.4	42.50

续表

年份＼项目	企业集团数（家）			总资产（亿元）			营业收入（亿元）		
	全国	北京	占比（%）	全国	北京	占比（%）	全国	北京	占比（%）
2004	2764	274	9.90	194721.4	96951	49.80	126387	53959.9	42.70
2005	2845	280	9.80	230762.8	112731.4	48.90	155508.7	65847	42.30

注：①企业集团包括：中央企业（集团）、国务院批准的国家试点企业集团、国务院主管部门批准的企业集团、省级人民政府批准的企业集团以及年营业收入和资产合计均在 5 亿元及以上的其他各类企业集团。②企业集团地区划分以母公司所在地为准。

资料来源：《中国大企业集团 2005》（国家统计局）。

8.1.3　北京是中国大企业总部的目标城市

观察《财富》世界 500 强企业的总部区位，北京从 2013 年起成为世界 500 强企业总部最青睐的城市，超过纽约和东京，连续 3 年位列世界 500 强企业总部数全球第一。

再观察中国企业百强、中国制造业百强和中国服务业百强的企业总部。通过分析表明：北京是中国最大企业总部的首选地，其次是上海，然后是广州、深圳。在这一点上，没有产业差别。无论按何种方式考察，北京聚集的中国百强、制造业百强、服务业百强的企业总部数量最多，其平均集中指数为 0.37。相比之下，上海企业总部的平均集中指数是 0.14，广州企业总部的平均集中指数是 0.06。企业总部平均集中指数反映企业总部在某一地区集中的综合水平，指数值越大集中水平越高。

表 8-2　中国百强企业总部聚集特征

城市	中国企业百强（%）	中国制造业百强（%）	中国服务业百强（%）
$HQCR_3$	69	36	72
北京	48	15	47
上海	16	13	13
广州	5	2	10
深圳	3	4	2
天津	2	8	2
其他	26	58	26

资料来源：笔者根据 2006 年百强企业排名资料计算整理。

8.2 金融产业的企业总部迁移

8.2.1 金融业企业总部的空间分布特征：国际经验

8.2.1.1 样本的选取

从全世界 224 个国家（地区）中，选择人口总数超过 3000 万人的国家作为研究样本，根据这一条件共选出 34 个国家和地区。由于瑞士在金融业的特殊地位，也将其纳入我们观察研究的对象。这样一共有 35 个国家和地区。具体的样本构成是：

$$\text{j 城市总部集中平均指数} = \frac{\sum_i \beta_i \times \frac{\text{j 城市行业 i 企业总部数}}{\text{行业 i 企业总部数}}}{\sum_i \beta_i}$$

其中，β_i 是加权系数。

表 8-3 金融业企业总部样本的国家分布情况

项目 区域	国家（地区）数（个）	样本数（家）	占洲比重（%）	占样本总数比重（%）
亚洲	48	12	25	34
欧洲	43	8	19	23
美洲	35	6	17	17
非洲	53	8	15	23
大洋洲	14	1	7	3
合计	193	35	18	100

资料来源：笔者整理。

8.2.1.2 85%的国家其金融企业总部集中在首都

通过对这 35 个国家金融业空间分布的情况进行考察分析，得出很有意思的结论：金融业的区位特征表现为集中在首都、最大经济体城市和综合性经济中心城市。这 35 个国家中，有 85%的国家其金融行业集中在首都，如日本、中国、英国等 29 个国家，如表 8-4 所示；有 5 个国家，分别是美国、加拿大、澳大利亚、德国和巴西，其金融服务业高度集中在该国的第一大城市。

表 8-4　金融业聚集情况

国家	首都	金融服务业聚集城市	国家	首都	金融服务业聚集城市
英国	伦敦	伦敦	越南	河内	河内
俄罗斯	莫斯科	莫斯科	尼日利亚	拉各斯	拉各斯
法国	巴黎	巴黎	埃及	开罗	开罗
意大利	罗马	罗马	埃塞俄比亚	亚的斯亚贝巴	亚的斯亚贝巴
西班牙	马德里	马德里	刚果共和国	布拉柴维尔	布拉柴维尔
波兰	华沙	华沙	南非	比勒陀利亚	比勒陀利亚
墨西哥	墨西哥城	墨西哥城	苏丹	喀土穆	喀土穆
哥伦比亚	波哥大	波哥大	坦桑尼亚	达累斯萨拉姆	达累斯萨拉姆
阿根廷	布宜诺斯艾利斯	布宜诺斯艾利斯	肯尼亚	内罗毕	内罗毕
韩国	首尔	首尔	日本	东京	东京
孟加拉国	达卡	达卡	中国	北京	北京
缅甸	仰光	仰光	美国	华盛顿	纽约
印度	新德里	新德里	加拿大	渥太华	蒙特利尔
印度尼西亚	雅加达	雅加达	德国	柏林	法兰克福
巴基斯坦	伊斯兰堡	伊斯兰堡	瑞士	伯尔尼	苏黎世
菲律宾	马尼拉	马尼拉	澳大利亚	堪培拉	悉尼
泰国	曼谷	曼谷	巴西	巴西利亚	圣保罗
土耳其	安卡拉	安卡拉			

资料来源：笔者根据相关国家资料归纳整理。

8.2.1.3　主要国家金融业聚集城市

美国。纽约是美国第一大城市，世界金融中心。曼哈顿，这个面积只有 58 平方公里的弹丸之地，实际上是纽约的金融中心。位于岛南部的华尔街是美国垄断资本的大本营，金融寡头的代名词。著名的纽约证券交易所和美国证券交易所均设于此，同时这里也是联合国企业总部的所在地。

加拿大。多伦多是加拿大第一大城市、经济中心，与美国五大湖工业区的核心城市底特律、匹兹堡和芝加哥等隔湖相望。加拿大有名的银行企业总部全部汇集于此，90%的外国银行驻加拿大分支机构也设在此地。多伦多证券交易所是加拿大最大的证券交易所，其营业收入在北美名列第二，在世界名列第十二。其雄厚的基础也一举奠定了北美三大金融中心的地位。中国有数十家公司在多伦多设立了代表处。

德国。法兰克福是德国经济中心，欧洲货币机构汇聚之地，是多家大银行企业总部所在地，这里拥有 400 多家银行（其中 110 家外国银行）、770 家保险公司。欧洲中央银行和德国中央银行都坐落在法兰克福。德意志银行这座联邦德国的中央银行犹如一根敏锐的中枢神经，影响着德国的整个经济。法兰克福的证券交易所是世界最大的证券交易所之一，经营德国 85%的股票交易。

瑞士。苏黎世是瑞士第六大城市，人口只有 35 万人，但它是重要的国际金融中心和黄金市场之一。这里集中了 120 多家银行（也有资料写 300 多家银行），其中半数以上是外国银行。西尔波尔特大街和交易所大街两旁银行林立，证券交易所的交易额在西欧交易所中首屈一指，西欧 70%的证券交易在此进行。苏黎世的班霍夫街则被认为是世界上最富有的街。苏黎世的黄金市场更是闻名遐迩，20 世纪 60 年代曾跃为仅次于伦敦的世界第二大黄金市场。作为永久中立国的瑞士，无疑是最保险的金库，也是最稳定的投资中心。

俄罗斯。莫斯科是俄罗斯金融业中心，有 1000 家商业银行，其中 40%是俄罗斯的，莫斯科金融和交易网所进行的投资和商业活动占全国的 90%。

巴西。圣保罗是南美最大的城市之一，是巴西的工商、金融中心。全巴西 90%的银行企业总部设在圣保罗，而且其中的绝大多数集中在金融区保利斯塔街。巴西的中央银行企业总部、巴西最大的商业银行巴西银行、圣保罗期货交易所、圣保罗股票交易所、巴西社会经济发展银行等巴西最核心的金融机构都设在圣保罗。

澳大利亚。悉尼市是澳大利亚最大的城市，是澳大利亚最大的金融和商务中心。澳大利亚储备银行和澳大利亚股票交易所均在悉尼，其中澳大利亚股票交易所的交易量在亚洲位居第四。澳大利亚 53 家银行企业总部中有 39 家在悉尼，即约 73%的银行企业总部设于此，60%到澳大利亚造访的国际商务人员要前往悉尼。

8.2.2 中国金融企业总部高度集中在首都

研究样本主要有五类：A 股金融上市公司（25 家）、银行、证券公司

(104 家)、基金公司、证券投资咨询公司 (105 家)。

8.2.2.1　中国与世界上大多数国家一样，金融企业总部聚集在首都

金融业是政策性很强的资本密集型行业，北京作为政治中心、经济中心，在国家宏观经济决策中心的财政部、中国人民银行总行以及三大金融监管委员会周围聚集了一大批金融机构的企业总部，包括 4 大世界 500 强国有银行、4 家全国性商业银行、3 家政策性银行、14 家保险总公司、6 家资产管理公司等在内的 41 家金融企业集团企业总部，金融机构空间上的聚集，促使信息链的形成。

8.2.2.2　中国金融上市公司总部主要集中在北京

中国金融上市公司总部高度集中在北京、上海和深圳 3 个城市。中国金融上市公司有 25 家，有 16 家企业总部集中在北京 (9 家)、上海 (4 家) 和深圳 (3 家) 3 个城市，集中度 $HQCR_3$ 高达 64%。2007 年，三城市的上市金融公司总资产 2 万亿元，主营业务收入 1 万亿元，利润总额 3817 亿元，市值 12.7 亿元，集中率分别为 96.61%、97.67%、97.81%和 96.16%。

金融上市公司总部在北京的集中非常显著。无论是在企业总部数量，还是在公司资产和利润方面，北京远远超过上海和深圳的总和。有 9 家金融上市公司总部在北京，集中度 36%。这些企业总部在北京的金融企业，总资产高达 1.7 万亿元，占金融上市公司总资产的 79.64%；主营业务收入 7736 亿元，占比 70.77%；利润总额 3150 亿元，占比 70.47%；市值 10 亿元，占比 75.64%。有 4 家金融上市公司总部在上海，集中度 16%，比北京低 20 个百分点。这些企业总部在上海的金融企业，总资产高达 1589 亿元，占金融上市公司总资产的 10.01%；主营业务收入 1290 亿元，占比 11.80%，比北京低约 59 个百分点；利润总额 366 亿元，占比 12.26%，比北京低约 58 个百分点；市值 1 亿元，占比 8.74%，比北京低约 66 个百分点。

8.2.2.3　中国证券公司总部主要集中在深圳、上海和北京

观察中国证券公司，其数量从 2007 年的 104 家减少到 2015 年的 90 家。其总部分布主要集中在北京、上海和深圳。

表 8-5　2007 年、2015 年证券公司总部的空间分布及变化

年份	指标	北京	上海	深圳	其他	合计
2007	数量 (家)	12	18	19	55	104
	集中度 (%)	11.54	17.31	18.27	52.88	100.00

续表

年份	指标	北京	上海	深圳	其他	合计
2015	数量（家）	16	10	14	50	90
	集中度（%）	17.78	11.11	15.56	55.56	100.00
与2007年相比增减率（%）		33.33	-44.44	-26.32	-9.09	-13.46

资料来源：根据2007年、2015年证券公司数据整理。

2007年，证券公司总部主要集中在深圳（19家，18.3%）、上海（18家，17.3%）和北京（12家，11.5%）三个城市，三城市证券公司总部集中度为47.1%。2015年，证券公司总部主要集中在深圳（14家，15.6%）、上海（10家，11.1%）和北京（16家，17.8%）三个城市，三城市证券公司总部集中度为44.5%。从数据上看，三城市的证券公司总部集中度从2007年到2015年有所下降。就北京而言，2007~2015年，证券公司总部在北京的集中度略有上升，证券公司总部移入率为33.33%。可以认为这一时期，是证券公司总部迁移的极活跃期。

观察证券投资咨询公司，2007年为105家，企业总部主要集中在北京（20家，19%）、上海（19家，18%）和深圳（12家，11%），三城市的证券投资咨询公司总部的集中度为48%。

表8-6 证券投资咨询公司总部的城市分布

城市	企业总部数（家）	集中度（%）	累计（%）
北京	20	19.05	19.05
上海	19	18.10	37.14
深圳	12	11.43	48.57
广州	9	8.57	57.14
成都、杭州	各4	各3.81	64.76
哈尔滨、厦门	各3	各2.86	70.48
长沙、大连、海口、合肥、济南、青岛、沈阳、苏州、天津、西安、郑州、重庆	各2	各1.90	93.33
长春、昆明、宁波、石家庄、无锡、武汉、珠海	各1	各0.95	100.00
合计	105	100.00	

资料来源：根据2007年证券投资咨询公司数据整理。

8.2.3　中国金融企业总部的迁移特征

8.2.3.1　中小银行企业总部有向区域金融中心或国家金融中心迁移的趋势

中小银行企业总部有向区域金融中心或国家金融中心迁移的趋势。例如，恒丰银行企业总部由烟台迁到济南，兴业银行的总行研发部和零售业务企业总部从福州迁往上海。

恒丰银行企业总部迁至济南。恒丰银行前身为烟台住房储蓄银行，是一家成立于 1987 年的全民所有制银行。当时是为了配合在烟台进行的住房体制改革试点，经国务院同意、中国人民银行批准，按照股份制的模式建立，注册资本为 2000 万元。2003 年 2 月，更名为恒丰银行股份有限公司。按照《山东省“十一五”金融业发展规划纲要》，恒丰银行企业总部将迁址到济南，济南将成为一家全国牌照股份制商业银行的企业总部。该规划纲要表明了这次银行企业总部迁移的动力，即充分挖掘和利用恒丰银行为全国性商业银行的宝贵牌照资源，获得山东省委、省政府的大力支持，实施增资扩股和股权置换，引进战略投资者，全面改造恒丰银行现有的股权结构。立足山东、辐射全国，成为能代表山东经济和金融形象的股权制商业银行，并跻身于全国股份制商业银行的前六名。烟台作为恒丰银行的企业总部已无法承载如此大的责任。

8.2.3.2　2004~2007 年证券公司总部迁移有明显的交易所指向

在 2004~2007 年的证券公司总部迁移中，有明显的交易所指向型特征。所谓交易所指向，是指证券公司的总部迁移方向往往由中小城市向证券交易所所在城市迁移，即目标城市指向交易所所在地上海和深圳。

从表 8-7 可以明显发现，企业总部迁移的目标城市集中在上海和深圳两个城市。比较 2004 年和 2007 年主要城市证券公司总部数量发现，深圳由 16 家增加到了 19 家，净增了 3 家；上海由 14 家增加到了 18 家，净增了 4 家；北京、成都、广州、杭州、南京和西安等城市的证券公司总部数量没有发生变化；长沙、沈阳等 7 个城市各减少了一家。

证券公司总部迁移率是 6.73%，年迁移率是 2.27%，明显地高于中国上市公司总部的迁移率 0.45%。

表 8-7 主要城市证券公司总部变化情况

城市	2004 年		2007 年		净变化数（家）	迁移率（%）
	企业总部数量（家）	占比（%）	企业总部数量（家）	占比（%）		
深圳	16	15.38	19	18.27	3	2.88
上海	14	13.46	18	17.31	4	3.85
北京	12	11.54	12	11.54	0	
成都	6	5.77	6	5.77	0	
广州	4	3.85	4	3.85	0	
杭州	4	3.85	4	3.85	0	
长沙	3	2.88	2	1.92	–1	–2.88
南京	3	2.88	3	2.88	0	
沈阳	3	2.88	2	1.92	–1	–2.88
西安	3	2.88	3	2.88	0	
其他	36	34.62	31	29.81	–5	–4.81
合计	104	100.00	104	100.00		6.73

资料来源：根据 2004 年、2007 年证券投资咨询公司数据整理。

8.2.3.3 并购重组

并购重组是证券公司总部迁移的重要原因。例如资产重组后的东海证券公司总部迁移就是一个代表。东海证券有限责任公司总部位于上海市浦东新区东方路 989 号。从公司的发展战略“立足常州、服务全国、走向世界”不难发现，公司总部原本并不在上海。实际上，东海证券的前身是常州市证券公司和常州证券有限责任公司，成立于 1993 年，当时企业总部位于常州，是一家地方性证券公司。2003 年，公司增资与重组，遍布全国多个省市的 16 家企业集团以现金出资入股，注册资本为 10.1 亿元。2005 年托管了五洲证券，使公司的营业部增至 18 家，遍布北京、上海、深圳、长沙、青岛、常州、洛阳等多个城市。

公司资本规模的扩大为公司的发展赢得了先机。凭借优良的资产、充裕的现金使公司资产管理、投资银行业务跃上新台阶。公司正实现从经纪类证券公司向综合类证券公司、从区域性证券公司向全国性证券公司、从国有企业到现代企业制度创新的转型。新公司、新机制、新形象，就要求东海证券有一个符合其身份的新企业总部，上海成为其企业总部迁移的目标城市。依靠上海高素质人才、研究和创新能力，为公司资产管理、投资银行业务、经纪业务、创新产品的开拓构建强有力的平台。东海证券的企业总部管理决策职能、运营职能、客户服务职能在上海，而后台技术支持还留在常州。

8.3　纺织产业的企业总部迁移

8.3.1　区位特征

沪深上市公司纺织企业的总部最多的城市是上海，共计 17 家，占总数的 20.7%；其次是深圳，有 6 家，占总数的 7.3%；再次是宁波、江阴和杭州，三者都有 4 家，占 4.9%。需要注意的是宁波，尽管上市的纺织企业数量只有 4 家，但其资产占全国的 20.8%，市值占全国的 22%；利润占全国的 52.3%。

表 8-8　纺织企业总部分布情况

	企业总部		总资产		主营业务收入		利润		市值	
	数量（家）	比重（%）	数量（家）	比重（%）	数量（家）	比重（%）	数量（家）	比重（%）	数量（家）	比重（%）
$HQCR_3$	27	32.9	788.3	41.3	291.9	34.1	17.9	34	1247	43
$HQCR_6$	38	46.3	1011.1	53	415	48.6	25.4	48.2	1546.7	53.3
上海	17	20.7	219.2	11.5	144.5	16.9	-8	-15.3	458.6	15.8
深圳	6	7.3	171.8	9	66.9	7.8	-1.6	-3	151.2	5.2
宁波	4	4.9	397.3	20.8	80.5	9.4	27.5	52.3	637.2	22
江阴	4	4.9	100.7	5.3	46.5	5.5	3.9	7.4	153.1	5.3
杭州	4	4.9	43.1	2.3	17	2	1.6	3.1	72.6	2.5
北京	3	3.7	78.9	4.1	59.5	7	1.9	3.6	74	2.6

资料来源：笔者根据上市公司资料归纳。

纺织上市公司总部的 $HQCR_3$ 是 32.9%，纺织上市公司的 $CTCR_3$ 为 41.3%，沪深上市公司纺织企业的总部集中水平用洛伦兹曲线表示。

纺织业上市公司总部与金融业上市公司总部相比，集中程度差别较大。具体地，金融业上市公司总部集中度 $HQCR_3$（64%）是纺织业上市公司总部集中度 $HQCR_3$（33%）的 2 倍；金融业上市公司的 $CTCR_3$（97%）

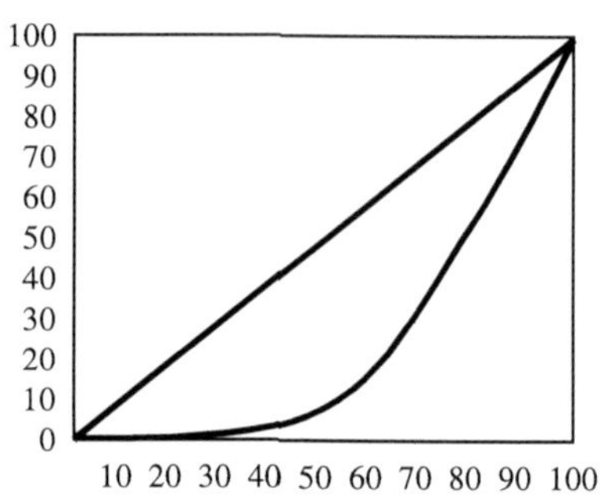

图 8-1 纺织业企业总部的洛伦兹曲线

是纺织业上市公司的 $CTCR_3$（41%）的 2 倍多。两行业在企业总部首位城市的集中程度也有较大的差别，金融企业总部在北京的集中度（36%）比纺织企业总部在上海的集中度（21%）多 15 个百分点。资产的集中水平差距更大，金融企业总部在北京的资产集中度（80%）是纺织企业总部在上海的资产集中度（12%）的 7 倍左右。

表 8-9 行业企业总部聚集特征比较

行业	首位企业总部城市	企业总部集中度（%）	资产集中度（%）	主营业务收入集中度（%）	利润集中度（%）	市值集中度（%）	$HQCR_3$	$CTCR_3$
纺织（上市公司）	上海*	20.73	11.5	16.93	-15.29	15.81	33	41
	宁波	4.88	20.84	9.44	27.53	21.97		
金融（上市公司）	北京	36.00	79.61	70.77	70.47	75.64	64	97
100 强（2006 年）	北京	45.00	86.58	61.93	66.92	71.08		
200 强（2015 年）	北京	19.60	75.10	66.30	65.80			
500 强（2015 年）	北京	30.50	71.90	48.80	64.90			

注：* 表示上海的纺织业企业总部数最多，但资产、市值、利润最多的城市是宁波。

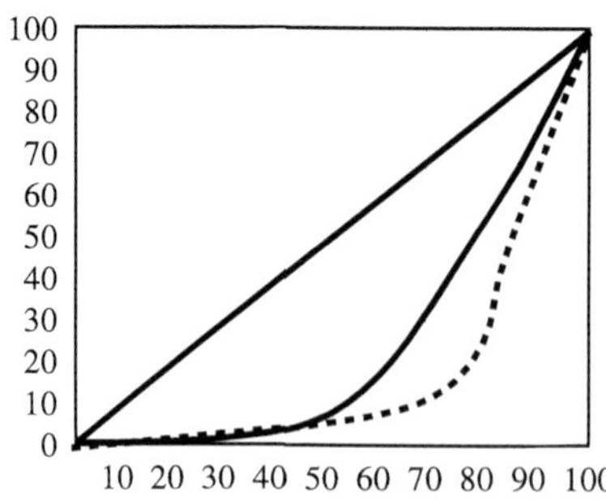

图 8-2 金融企业、纺织企业总部的洛伦兹曲线

8.3.2 迁移方向

中国纺织企业总部向上海、深圳和北京等城市迁移，且以上海为主。服装时报百强品牌企业迁都调查表明，50%的服装企业选择上海作为其迁移目标城市，7%以上的服装企业总部选择上海为企业总部迁移的目标城市，71%以上的服装企业研发中心选择上海为目标城市（服装时报，2007）。提升产品形象是纺织服装企业总部迁出的主要原因之一，占48%。

8.3.3 迁移原因

无论是对“远行”的企业，还是对“苦留不成”的政府，企业总部迁移都是一种难言的隐痛。走与不走对企业发展来说，太重要了，但地方政府曾经的支持也让企业处于两难。无论地方政府有多少的无奈，大型企业总部向省会或更发达的地区迁移的趋势是不可改变的。换句话说，向中心城市或发达城市集中，是市场担当资源配置主渠道角色后企业的必然选择。尤其在经济欠发达的城市，培养一个好的有知名度的品牌企业尤为不容易，但企业总部迁走是注定的事情，就像鱼儿大了，原来的水域再也不能满足自己的生存需要，必然要去寻找更大的河流。像位于随州的湖北冰姿服饰公司已在深圳建立了营销企业总部，其原因是公司发展需要高水平的设计人才，但在随州很难招到这些人才。湖南宁乡的湖南圣得西服饰有限公司把营销和研发部门迁往长沙市。企业现在做品牌，对信息的渴求越来越明显，搬到长沙会在很大程度上缓解湖南圣得西服饰公司所面临的困境。

这些企业往往是地方财政的支柱，同时在推动产业发展、吸收劳动力就业等方面所作的贡献更是不可估量，对当地政府来说，是一个不小的损失。

8.4 高污染产业的企业总部迁移

由于污染企业总部数量众多，用微观方法进行研究工作量巨大。这一部分拟采用行业数据，通过观察中国污染产业转移的方向，从而判断中国高污染企业总部的迁移方向。这一方法是基于两个事实：一是生产环节向西迁移，二是企业总部向东迁移。如果高污染行业是向东迁移，那么高污染行业的企业总部迁移方向也一定是向东迁移。

污染产业转移指的是处于衰退中的污染产业空间转移，它是经济发展过程中区域间比较优势转化的结果，通常表现为由发达地区向落后地区不断转移已经丧失优势的产业。位于发达区域的污染企业，由于环境成本的变化进行企业整体或生产环节的搬迁。这类企业总部迁移往往与污染产业转移的方向高度一致。

我们常常认为高污染、高耗能产业转移会指向环境保护政策比较宽松的地区。面对严格的环境规制所引起的逐渐增加的运行成本和投资成本，企业会倾向选择在受管制较弱的地区重新布置生产和投资（Leonard，1988；Gentry，1998），因此，不假思索地就会认为中国高污染企业总部的迁移方向一定是指向中西部。但事实是这样吗？

具体情况还要具体分析。对于高污染产业而言，假如国家之间的环境成本差异足够大、能源成本差异足够大，并且转移后的净收益为正（抵消转移后所有其他成本后的收益），那么高污染企业就有迁移的动机。若能源成本、环境成本差异不够大时，情况会是什么样？我们利用 2001 年和 2009 年的工业统计数据，分别计算了东、中、西、东北四个地区的 25 个工业部门的产业转移指数，结果是：能源消耗较高、三废排放较高的 8 个工业部门，绝大部分是向东部地区转移的。

8.4.1 对国内外研究状况的评述

国内外有关高污染产业转移的研究主要集中在污染产业的国际转移，对中国的研究主要是对外贸易中的污染转移和 FDI 过程中的污染转移，但高污染产业区域间转移的相关研究还很少。

污染产业的转移方向并非单方向的，既有可能向发达地区转移，也有可能向不发达地区转移。Xing 和 Kolstad（1995）分析了美国的若干产业，发现环境管制较为宽松的其他国家的确吸引着美国的直接投资，但这种吸引力仅限于美国的污染密集型行业。Damania 和 List（2000）测试了进入美国的外国工厂选址问题，结果显示，具有较低控制成本和对污染者管理不严厉的国家都表现出对外国工厂具有较强的吸引力。Grether（2002）的研究样本覆盖了 1980~1998 年 52 个国家《产业国际标准分类》（ISIC）三位数代码，运用 RCA 的分解式表明除有色金属外，其他污染产业存在向发展中国家转移的趋势。Hettige 和 Wheeler（2000）检验了 1960~1995 年 OECD 国家、亚洲（不包括日本）和拉丁美洲国家的污染与非污染产业产出比率，发现 OECD 国家的污染与非污染产业的产出比率持续下降，污染产业的进口出口比率却逐年上升。与此同时，拉丁美洲和亚洲国家的污染产业与非污染产业的产出比率上升，而污染产业产品出口比率下降。这一结果充分说明污染产业转移事实上是存在的。

但 Leonard（1988）发现在化工、造纸、冶金和石化等能源消耗高、污染密集型领域吸引海外投资资金最多的并不是那些环境管制标准较低的欠发达国家，而是一些环境标准较高的工业化国家。因此，他们的结论是环境管制政策并不是污染密集型产业转移的主要原因。因为环境成本占生产成本的比例较低，对全部工业来说这一比例为 1%，污染程度最大的占 5%；而污染产业同时又是资本密集型产业，其他因素的影响会超过环境标准比较优势的影响。因此，在这种情况下，发展中国家该类产品的生产最终并不具有比较优势，不会出现污染产业的转移。这是因为严格的生态环境规则会促使企业朝着清洁产品创新的方向发展，而不是引起企业向生态环境技术标准低的地区转移（Randy 和 Henderson，2000）。Busse（2004）运用相对较大的样本和两个衡量环境规制严格度的新指标对 119 个国家的 5 个高污染产业进行了全面的检验。研究结果发现，环境标准的差异并没有使 5 个污染产业向发展中国家转移。傅京燕（2008）通过对中国对外贸易中的污染转移进行研究，结果表明中国环境政策对其迁出产业的竞争力具有负面影响并不能成立。

8.4.2 高污染产业转移指数及产业选取

在工业经济快速增长的同时，随着政策、市场、资源和劳动力等生产要素的变化，工业部门也发生了空间转移。运用产业发展和转移的动态性指标对工业发展及其产业转移进行分析：在［0，T］周期内，共有 n 个工业部门，m 个地区，q_{ij0} 表示 j 地区工业部门 i 期初工业总产值/从业人员/工业增加值，q_{ijt} 表示 j 地区工业部门 i 期末工业总产值/从业人员/工业增加值，S_{ijt} 值表示 j 地区工业部门 i 的增长和衰退指标，S_{it} 值表示全国工业部门 i 的增长和衰退指标，A_{ijt} 就是地区 j 工业行业 i 的转移指数。

$$S_{ijt} = \sqrt[t]{\frac{q_{ijt}}{q_{ij0}}} - 1,\ i,\ j = 1,\ 2,\ \cdots,\ n \tag{8-1}$$

$$S_{it} = \sqrt[t]{\frac{\sum_{j=1}^{m} q_{ijt}}{\sum_{j=1}^{m} \eta_{ijo}}} - 1,\ i = 1,\ 2,\ \cdots,\ n \tag{8-2}$$

$$A_{ijt} = \frac{S_{ijt}}{S_{it}},\ i,\ j = 1,\ 2,\ \cdots,\ n \tag{8-3}$$

当 $S_{ijt} > 0$ 时，表示 j 地区工业部门 i 在成长；反之在衰退。$S_{it} > 0$ 时表示全国工业部门 i 在成长；反之在衰退。当 $S_{ijt} > 0$，$S_{it} > 0$，$A_{ijt} > 1$ 时，表示工业部门 i 在向地区 j 转移；当 $S_{ijt} > 0$，$S_{it} > 0$，$0 < A_{ijt} < 1$ 时，表示工业部门 i 在由地区 j 转出。

高污染行业及代码约定如表 8-10 所示。

表 8-10 主要高污染行业

简称	行业名称	代码
皮革	皮革、毛皮、羽毛（绒）及其制品业	19
造纸	造纸及纸制品业	22
石油	石油加工、炼焦及核燃料加工业	25
化学	化学原料及化学制品制造业	26
水泥	非金属矿物制品业	31
钢铁	黑色金属冶炼及压延加工业	32
有色	有色金属冶炼及压延加工业	33
电力	电力、热力的生产和供应业	44

8.4.3 高污染产业跨区域转移

就一个国家范围而言，产业空间布局是指各个产业及产业内的各部门在整个国土范围内的分布与组合。分别计算 2001 年和 2010 年各省区市工业的 RCA 值，用以描述该产业在空间的变化情况。

以增量变迁为特点的中国工业空间布局。中国工业空间布局的集聚与不平衡发展特征明显，形成了一个产业带和四个工业聚集区。产业带是指包括山东、江苏、上海、浙江、福建在内的东部沿海产业带，四个产业聚集区分别是辽东半岛产业聚集区（辽宁）、豫冀产业聚集区（含河南与河北）、珠三角产业聚集区（广东）、西南产业聚集区（四川与重庆）。

工业总体布局的变动比较剧烈，工业重心向东部沿海偏移程度加剧。工业转移总体趋势为工业继续向东部沿海产业带集中，向东部地区集中的趋势明显，而在东北、中部和西部其他三大区域，制造业所占份额逐年下降；中国工业地理集中更多地表现为一种增量的变迁，而非存量的转移。

污染产业的空间布局变化。高污染产业主要集中在广东、江苏、山东、河南、河北、辽宁等区域，且向东部省份集中转移。山东、江苏、广东是高污染产业的转入省区，河南、辽宁是高污染产业的转出地。

电力工业的空间转移。电力行业受市场需求的影响，其布局属于分散型布局。内蒙古、河南是电力工业的转入区域，广东及东北三省是电力工业的转出区域。影响中国电力工业的布局的因素主要有市场约束、煤炭资源约束、水资源约束和环境（包括气候）约束。从南北分布看，中国煤炭资源 90%分布在北方，其中 65%集中分布在晋陕蒙三省（区）；南方查明资源量仅占全国的 10%，且集中分布在贵州省和云南省，占南方区的 77%。从东中西区域分布看，东部区煤炭资源量为 799.94 亿吨，仅为全国资源量的 7%。水资源约束，太行山以西煤炭资源富集区水资源总量为 451 亿立方米，仅占全国水资源总量的 1.6%；特别是晋陕蒙宁区查明煤炭资源量占全国的 65%，而水资源总量仅占全国的 2.6%。未来决定中国电力工业的布局主要因素将会是煤炭的资源约束与环境约束因素，电力工业将向中西部地区转移，特别是向西部地区转移。电力工业的这种转移趋势有可能成为主导高耗能产业转移的一个重要力量。

有色金属工业的空间转移。有色金属重点布局在河南、山东等地，2001~2010年，山东、江苏、浙江、广东、河南是有色金属产业的转入区域，上海、辽宁是有色金属产业的转出区域。未来，随着国民经济的不断发展，中国适宜发展有色金属的电力资源丰富的地区为数不多，部分地区的煤炭资源并不能等同于电解铝、电解铜成本优势。随着气候变化的约束，未来西南地区有望依托丰富的水力资源和铝土矿资源，成为有色金属工业布局的重点区域。

其他高耗能工业的空间转移。皮革工业：广东、江苏和山东为皮革产业的主要转出区域，浙江、福建为皮革产业的转入区域；造纸工业：山东、江苏、浙江和广东是造纸工业的集中区域，未来继续向山东、江苏、浙江、广东等东部地区集中转移；石油（含炼焦）工业：东北的黑龙江、辽宁，东部地区的浙江、广东等是石油工业的转出地区，山东、山西是石油（含炼焦）工业的转入地；化学工业：辽宁、黑龙江是化学工业的转出省，江苏、山东、浙江是化学工业的转入省；水泥工业：广东、江苏、河北、上海是水泥产业的转出区域，河南、山东、辽宁是水泥工业的转入区域；钢铁工业：上海、辽宁等地区的钢铁工业向江苏、山东等地区转移。

8.4.4 污染产业在本地区相对地位的变化

分别计算各地区污染产业与该地区工业的比值的期末数与期初数的差值，结果如表8-11所示。该指数描述的是该产业在本地区工业中比重的变化情况，它描述的是污染产业在本地区/全国工业中的相对地位。总体而言，无论是从全国来看，还是从4个地区的情况来看，污染产业在本地区工业中的相对地位是下降的。污染产业在东部地区的地位下降幅度相对最小，为6.18个百分点，其他3个地区都在10个百分点左右。

污染产业对工业的贡献依然较大。2010年，污染产业对工业的贡献依然在25%以上。分地区看，2010年，污染产业对东部地区的贡献为21.24%，对中部、西部和东北地区工业的贡献分别为31.24%、34.86%和28.54%。

表 8-11　四地区污染产业/工业的变化情况（2001~2010 年）

单位：%

地区	指标	皮革	造纸	石油	化学	水泥	钢铁	有色	电力	污染产业
东北	变化	-0.52	-1.07	-0.63	-1.72	-1.20	-3.93	-0.30	-0.44	-9.80
	2001 年	0.73	2.08	2.74	6.53	7.15	10.04	1.76	7.32	38.35
	2010 年	0.21	1.01	2.11	4.80	5.95	6.12	1.46	6.88	28.54
东部	变化	0.04	0.18	-0.48	-1.53	-2.46	-0.86	0.25	-1.30	-6.18
	2001 年	4.05	1.69	0.97	5.76	7.23	3.61	0.95	3.16	27.42
	2010 年	4.09	1.86	0.49	4.23	4.76	2.75	1.21	1.86	21.24
西部	变化	0.30	-0.09	0.54	-1.28	-3.79	-3.15	-0.28	-2.81	-10.55
	2001 年	0.46	1.61	1.27	8.10	11.12	8.87	4.74	9.23	45.41
	2010 年	0.77	1.52	1.81	6.83	7.33	5.72	4.46	6.42	34.86
中部	变化	0.46	-0.40	-0.08	-1.24	-3.89	-2.84	-0.05	-2.85	-10.88
	2001 年	0.88	2.09	1.68	7.78	12.06	7.30	3.53	6.80	42.13
	2010 年	1.35	1.69	1.59	6.55	8.17	4.46	3.48	3.95	31.24
全国	变化	0.29	-0.06	-0.35	-1.56	-2.95	-1.99	-0.04	-1.95	-8.62
	2001 年	2.63	1.79	1.31	6.55	8.71	5.65	2.05	5.09	33.79
	2010 年	2.92	1.73	0.96	4.99	5.76	3.66	2.01	3.14	25.17

8.4.5　污染产业的相对转移情况

分别计算各地区污染产业与全国污染产业比值的期末值与期初值的差值（见表 8-12），用以描述各地区污染产业的转移情况，并称之为相对转移指数。若相对转移指数大于 0 则转入，若相对转移指数小于 0 则转出。

以东北皮革行业为例，东北皮革行业的相对转移指数为：

东北皮革行业相对转移指数 =（2010 年东北皮革行业 ÷ 全国皮革行业）-（2001 年东北皮革行业 ÷ 全国皮革行业）

表示东北皮革行业占全国皮革行业份额的变化程度，反映皮革行业在东北的转移情况，大于 0 则转入，小于 0 则转出。

东部地区污染产业相对转移情况。总体而言，东部的污染产业表现为转入，这与我们观察到的污染企业迁移的情况不太一致。这可能因为无论是媒体还是学者，更多地把目光聚焦到污染企业的跨区域迁移或跨区域直接投资，而对区域内部污染产业的规模扩大关注较少。分行业看，皮革、石油表现为转出，其中石油产业的转出力度非常大。造纸、化学、钢铁、水泥、电力等行业表现为转入，特别是造纸、钢铁和有色金属行业的转入力度非常大。

东北地区污染产业的相对转移情况。总体而言，东北的污染产业表现为转出。分行业看，皮革、造纸、石油、化学、钢铁、有色六个行业表现为转出，其中造纸行业的转出力度较大；水泥、电力表现为转入，特别是电力行业的转入力度比较大。

中部地区污染产业的相对转移情况。总体而言，中部地区的污染产业表现为转出。分行业看，造纸、化学、水泥、钢铁、有色、电力六个行业表现为转出，其中造纸产行业和电力行业的转出力度相对较大；皮革和石油表现为转入，特别是石油行业的转入力度比较大。

西部地区污染产业的相对转移情况。总体而言，西部地区的污染产业表现为转出。分行业看，造纸、化学、水泥、钢铁、有色、电力六个行业表现为转出，其中有色金属产业的转出力度相对较大；皮革和石油表现为转入，特别是石油行业的转入力度比较大。

表 8-12　四地区污染产业/全国污染产业的变化情况

项目		皮革	造纸	石油	化学	水泥	钢铁	有色	电力	污染产业
东北	转移指数	-2.00	-6.18	-2.50	-1.84	0.30	-3.62	-2.35	3.38	-1.81
	2001 年	2.55	10.61	19.12	9.12	7.51	16.27	7.83	13.17	10.39
	2010 年	0.55	4.43	16.62	7.29	7.81	12.65	5.48	16.56	8.58
东部	转移指数	-0.29	13.73	-10.63	2.81	4.33	10.57	11.06	1.50	6.47
	2001 年	88.41	54.03	42.44	50.45	47.63	36.70	26.61	35.61	46.57
	2010 年	88.12	67.76	31.82	53.25	51.97	47.27	37.67	37.12	53.05
西部	转移指数	0.66	-2.01	8.77	-0.95	-2.62	-3.22	-5.71	-0.96	-2.22
	2001 年	2.41	12.28	13.21	16.92	17.47	21.46	31.56	24.80	18.38
	2010 年	3.07	10.27	21.97	15.97	14.84	18.24	25.86	23.84	16.16
中部	转移指数	1.63	-5.54	4.36	-0.02	-2.01	-3.72	-3.00	-3.92	-2.44
	2001 年	6.63	23.07	25.23	23.51	27.39	25.56	34.00	26.41	24.66
	2010 年	8.26	17.54	29.59	23.49	25.38	21.84	31.00	22.49	22.22

8.4.6 污染产业的跨地区转移

根据统计数据，分别按东部、中部、西部和东北地区计算 2001~2010

年各污染产业的 S 值和 A 值，结果如表 8-13 和 8-14 所示。

表 8-13　四地区产业增长衰退指数与产业转移指数（2001~2010 年）

指数		皮革	造纸	石油	化学	水泥	钢铁	有色	电力	污染产业	工业
增长衰退指数 S_{ijt}	东北	-0.08	-0.03	0.02	0.02	0.03	-0.00	0.03	0.05	0.02	0.05
	东部	0.09	0.10	0.01	0.05	0.04	0.06	0.12	0.03	0.06	0.09
	西部	0.12	0.05	0.10	0.04	0.01	0.01	0.05	0.02	0.03	0.06
	中部	0.12	0.04	0.06	0.05	0.02	0.01	0.06	0.00	0.03	0.07
S_{it}		0.09	0.07	0.04	0.05	0.03	0.03	0.08	0.02	0.04	0.08
产业转移指数 A_{ijt}	东北	-0.89	-0.36	0.61	0.43	1.15	-0.06	0.44	2.23	0.49	0.71
	东部	1.00	1.37	0.20	1.14	1.34	2.10	1.56	1.22	1.35	1.14
	西部	1.33	0.71	2.48	0.85	0.37	0.31	0.69	0.79	0.65	0.76
	中部	1.30	0.56	1.45	1.00	0.70	0.33	0.85	0.15	0.72	0.85

通过对上表数据的分析，各地区污染转移情况如下表所示。

表 8-14　四地区产业增长衰退和产业转移情况表（2001~2010 年）

指数		皮革	造纸	石油	化学	水泥	钢铁	有色	电力	污染产业	工业
产业转移	东北	—	—	转出	转出	转入	—	转出	转入	转出	转出
	东部	转出	转入	转出	转入	转入	转入	转入	转入	转入	转入
	西部	转入	转出	转入	转出	转出	转出	转出	转出	转出	转出
	中部	转入	转出	转入	转出	转出	转出	转出	转出	转出	转出
产业增长或衰退	东北	衰退	衰退	增长	增长	增长	衰退	增长	增长	增长	增长
	东部	增长	增长	增长	增长	增长	增长	增长	增长	增长	增长
	西部	增长	增长	增长	增长	增长	增长	增长	增长	增长	增长
	中部	增长	增长	增长	增长	增长	增长	增长	增长	增长	增长

东部地区的污染产业转移情况。总体来看，东部地区的污染产业为产业转入，与工业的转移方向一致。分工业部门来看，只有皮革和石油为产业转出，其他六个工业部门为产业转入。

中部地区的污染产业转移情况。总体来看，中部地区的污染产业为产业转出，与工业的转移方向一致。分工业部门来看，只有皮革和石油为产业转入，其他六个工业部门为产业转出。比较分析其他三个地区的情况，中部地区的皮革产业和石油产业是由东部地区转入的，造纸、化学、水泥、钢铁、有色和电力则向东部地区转移。

西部地区的污染产业转移情况。总体来看，西部地区的污染产业为产业转出，与工业的转移方向一致。分工业部门来看，只有皮革和石油为产业转入，其他六个工业部门为产业转出。比较分析其他三个地区的情况，西部地区的皮革产业和石油产业是由东部地区转入的，造纸、化学、水泥、钢铁、有色和电力则向东部地区转移。西部地区的污染产业转移与中部地区方向一致。

东北地区的污染产业转移情况。总体来看，东北地区的污染产业为产业转出，与工业的转移方向一致。分工业部门来看，石油、化学和有色为产业转出，水泥、电力为产业转入，皮革、造纸和钢铁无法根据产业转移指数来判定。

从上面的分析中，我们不难得出结论：2001~2010 年，中国污染产业转移主要是向东部地区的增量产业转移，即在产业规模扩大条件下的产业转移，而非此消彼涨式的产业转移。

8.4.7 原因及政策建议

通过上面的计算分析发现，在 2001~2010 年，中国污染比较严重的工业部门并没有向中西部转移，而是向东部转移。据此可以判断，污染企业总部迁移的方向有可能指向东部地区。其原因包括：第一，在此期间中国东中西部地区的环境政策成本差异不大；第二，环境政策的成本在企业生产成本中的比重较低。尽管中国东部地区的环境管制相对较严，但环境成本与配套成本等其他非环境成本相比较小，迁移带来的环境成本下降不足以补偿物流成本、产业配套成本、熟练劳动力成本、融资成本等非环境成本的提高。

为此，应通过政策推动污染产业的合理布局、有序关停。

第一，合理配置工业投资的空间布局，有计划地关闭严重污染企业。合理的工业布局既可以充分利用大气及江河的自净能力，也可以减轻对大气和江河的污染；既可以减少污染源，也可以对污染源进行集中治理。因此，合理规划工业布局是解决工业污染问题的重要途径。合理规划工业布局既包括对新建工业进行合理布置，也包括调整现有的不合理的工业布局，有计划地迁移严重污染企业，还包括提高工业企业的集中度。

中国东部沿海地区的环境负荷已严重“超载”，但是一些重化工业仍然继续向东部地区集中。以乙烯为例，在 2005 年底完成的新增产能中，

64%布局在东部沿海地区。从现有乙烯装置未来扩能改造情况来看，新增产能注入东部地区的趋势更加明显。这种投资无疑会加大东部地区的环境压力。重化工业空间布局不合理的状况一旦形成，要加以改造，就需要大量的投资，以及付出巨大代价，更要花很长时间。因此，在今后的工业投资中，要充分考虑环境承载力，合理配置工业投资的空间布局；条件成熟时，要有计划地关闭、转移严重污染企业，使环境承载力与工业发展相协调。

第二，引导产业转型，严格控制高耗能、高污染产业的增长。无论是东部地区还是中西部地区，都要大力发展技术含量高、污染低的先进制造业，发展清洁能源，积极发展环保产业，有序淘汰污染产业，进行产业转型与升级，从而转变工业经济增长方式。石油、钢铁、有色等仍是各地经济增长的主要力量，也是地方政府大力发展的产业，各地对这些经济贡献大的行业进行着激烈的争夺。特别是东部地区，也加入了这场争夺战，东部地区高污染产业增长的脚步没有放慢，甚至更快，长此以往继续下去，很难实现中国经济增长方式的转变。

发达国家工业化实践表明：新型工业化进程可以建立一种生态化产业结构以减小国家的环境压力。发达国家的环境压力相对较小，其原因在于发达国家不断进行产业结构升级，使节约自然资源、技术含量高、对环境友好的高新技术产业、信息产业和服务业成为主导产业。为此，要严格限制能源消耗高、资源浪费大、污染严重的产业发展；积极扶助质量效益型、科技先导型、资源节约型的产业发展；扶持耗能低、污染小、就业机会多的现代生产性服务业的发展，从而构建一个资源与能源消耗少、低污染排放、低碳的新型工业体系。

第三，调整产业链的发展重点，将一些污染产业结构的重心沿产业链向下游延伸。同样是重化工业，从采掘业到原材料工业再到加工工业，单位产出对应的资源耗费和环境污染是逐步递减的。在重化工业化中大力发展加工工业，将有效降低工业发展对资源环境的压力。以钢铁行业为例，发达国家钢铁生产中铁钢比在 0.5 左右，其长流程的吨钢 CO_2 排放量在 1.7 吨左右，采用废钢为原料的电炉生产时，吨钢 CO_2 排放量为 0.4 吨。相比之下，中国 2008 年的铁钢比为 0.94，吨钢排放 CO_2 在 2.2 吨左右。铁钢比升高 0.1 会使钢铁企业吨钢综合能耗上升 20 千克标准煤/吨。中国铁钢比与国际平均水平相比差 0.38。这就是说，中国因铁钢比一项，吨钢综合能耗就要比国际高出 48~76 千克标准煤/吨，相应污染物排放量也就要高一些[①]。其原因就是在于中国钢铁工业的铁钢比过高，不利于节能减排。因此，要把石油化工、煤炭、建材、冶金等行业的结构重心沿产业链向下游延伸，提高这些产业的加工程度，优化其内部产业工序结构与产品结构。

第四，统筹考虑电力工业布局与高耗能产业布局。综合考虑资源条件、环境因素和市场需求，防止能源布局向中西部转移的同时，污染产业向中西部转移。中国能源布局明显向西部地区转移，随之而来的是地方政府不断以此为优势，吸引高耗能企业的进驻。

① 王维兴. 关于钢铁企业降低 CO_2 排放的探讨［J］. 中国钢铁业，2009（6）：24-26.

第 9 章　企业总部迁移政策及仿真

企业总部迁移和区域政策是两个不同的研究领域，但是它们之间还存在一些联系：尽管企业在选择迁移时的理由很多，但区域政策也可能是推动企业总部迁移的原因；同样，尽管区域政策涉及的方面也很多，但地方政府或许会考虑制定什么样的区域政策更能吸引企业，中央政府也会考虑制定什么样的政策控制资本和工作岗位的流向。本章将影响企业总部迁移的区域政策称为企业总部迁移政策。区域协调发展政策与企业总部迁移政策是两个不同的领域，但是它们之间也存在一些联系：尽管促进区域协调发展的政策有很多，但某些企业总部迁移政策或许可以起协调区域发展的作用，某些企业总部迁移政策或许起到的是加剧地区间的发展不平衡的作用。

9.1　企业总部迁移政策

9.1.1　中国典型城市企业总部迁移政策

企业总部资源具有稀缺性、流动性和高端性，因此许多地方政府纷纷出台吸引企业总部迁入、留住企业总部的相关政策。各地在招商的优惠政策上新招频出，除了税收的优惠外，各地还大打“土地牌”，土地出让价格早已突破了国家规定的最低底线甚至出现了零地价现象。“栽下梧桐树，引来金凤凰。”但是，很多地方的实践表明，梧桐树栽了不少，且不说金凤凰没有招来，就是麻雀也没有招来多少。

从时间上来看，北京是最早颁布出台吸引跨企业总部迁移政策的城市，时间为 1999 年。随后有杭州、上海、广州、苏州、厦门等城市出台吸引地区总部的优惠政策，2006 年天津也出台了吸引各地区总部的优惠政策。从政策优惠的对象来看，2000 年左右北京、上海、苏州、杭州、厦门的政策是针对吸引跨国公司地区总部的，有很强的吸引外资的倾向；10 年后，各大城市吸企业总部或地区总部的政策，对外资没有倾向。

从政策优惠的范围和力度来看，可以说是竭尽全力的。①一次性开办补贴。2009 年 1 月 1 日以后注册且注册资本 10 亿元人民币（含 10 亿元人民币）以上的，补助 1000 万元人民币（北京）。开办期间给予最高 5000 万元的开办补贴（天津）。②住房补贴。购买自用办公用房的，按购房房价的 5%给予补助，分 5 年支付，每年支付 20%，累计补助金额最高不超过 500 万元（厦门）。③经营期奖励。在经营期间，在经营贡献、能级提升、上市重组、研发创新等多方面高标准给予资金奖励和扶持（天津）。

表 9-1 典型城市企业总部迁移政策

城市	政策法规	主要优惠政策
北京	《关于鼓励跨国公司在京设立地区总部若干规定》(1999) 《关于鼓励跨国公司在京设立地区总部的若干规定》(2009) 《关于加快总部企业在京发展的工作意见》(2013)	补贴与奖励 税收优惠 优先用地 人才引进落户 基础设施服务便利
上海	《上海市鼓励外国跨国公司设立地区总部的暂行规定》(2002) 《上海市鼓励跨国公司设立地区总部的规定》(2008) 《上海市鼓励跨国公司设立地区总部的规定》的通知 (2011)	所得税优惠 培训资助 奖励 简化行政手续
广州	《关于进一步加快总部经济发展的若干意见》(2003) 《广州市人民政府关于印发加快发展总部经济实施意见及配套文件的通知》(2013) 《关于进一步加快广州总部经济发展的若干措施》(2013)	税收返还 人才激励 用地优惠 优化服务
杭州	《关于进一步鼓励外商投资的若干意见》(2001) 《杭州市总部企业认定暂行办法》(2010)	50%~100%企业所得税返还
苏州	《关于鼓励外国跨国公司在苏州工业园区设立地区总部的若干意见》(2003) 《关于加快总部经济发展的若干意见》(2010) 《关于进一步加快总部经济发展的若干政策意见》(2012)	迁移补贴 税收优惠 5 免 5 减半 租房 5 折优惠、员工购房可用个人所得税抵扣 土地价格优惠
厦门	《厦门市人民政府关于鼓励境内外企业在厦门设立地区总部的暂行规定》(2004) 《厦门市鼓励总部经济发展的若干规定》(2012)	开办补助、办公用房补助和一次性奖励 税收返还与中介奖励 行政事业性收费优惠 人才激励政策

续表

城市	政策法规	主要优惠政策
天津	《天津市促进企业总部和金融业发展优惠政策》(2006) 滨海新区《关于促进总部经济发展的实施意见》(2015)	运营扶持最高 5000 万元 返还个人所得税地方留成部门 购置办公用房补贴

资料来源：笔者归纳整理。

9.1.2　企业总部迁移优惠政策的特点

9.1.2.1　优惠内容相似

考察北京、上海、广州、杭州、苏州、厦门和天津，可以发现这些城市优惠政策的内容比较相似，多采用税收减免、税收返还等。例如，北京对跨国公司地区总部，免征地方所得税；上海对设立的具有研究开发功能的地区总部，可以按照规定享受高新技术企业优惠政策，按新税法就是15%的纳税率；厦门根据总部经济企业在厦门形成的年度利润总额，给予一定比例的财政补贴；广州对新办企业总部，按其当年对区财政贡献额的20% 给予一次性奖励；杭州对企业总部设在上城区已满 10 年的投资公司和地区总部，从获利年度起，区财政部门安排一定的资金扶持，扶持资金的额度为该企业当年缴纳所得税额的 50%~100%。

9.1.2.2　税收政策竞争

税收竞争，是指不同的政府主体为把本区域内的税收负担转嫁给其他区域，或运用减免税等优惠措施吸引资本和其他要素流入本区域而展开的竞争。企业总部迁移的优惠政策主要表现为税收竞争。

企业总部迁移政策中的税收竞争主要有以下三种形式：第一种，减免税（税收优惠），即超越地方税收管理权限，暗中随意扩大税收优惠范围。第二种，财政返还，即变相“先征后返”，对企业已经缴纳的税款以财政奖励或补贴的名义予以返还，它的效果实质上等同于减免税。第三种，地方通过综合配套措施，增加特定方向的公共支出和减少应该收取的费用。例如，将一般税收收入用于特定投资项目和特定对象进行基础设施改善，或者以较低价格向特定的投资项目提供土地。这种形式起到了吸引资本的作用，但事实上减少了当地政府用于提高一般公共服务水平的可支配收入。

企业总部迁移中的这种税收竞争有以下四个弊端：第一，税收竞争的结果可能会使生产要素从最能得到有效利用的地区，转向利用效率低但税负也较低的地区，从而干扰资源在地区间的有效配置。第二，对不同企业主体采用不同的税收对待，破坏了市场机制和公平竞争，并且使全国统一的税法得不到准确、规范的落实，淡化或抵消了国家税收优惠政策的宏观调控效果。第三，地方政府对投资者做出的税收优惠承诺得不到法律的保护，这种随意性加大了投资者的风险。第四，制度外税收竞争造成中央政府税收流失。

9.1.2.3 优惠政策的效果

优惠政策不是吸引跨国公司总部的关键因素。跨国公司地区总部主要集中在北京、上海和广州。苏州、厦门、杭州等地尽管也制定出吸引跨国公司地区总部的优惠政策，但在实际中并没有起到正面作用。相反，有可能起到不好的作用，比如说可能成为跨国公司在京设立地区总部讨价还价的砝码，以及抬高中国吸引跨国公司总部迁入的整体成本。

厦门开出的优惠条件相当诱人：①由市、区两级财政根据总部经济企业在厦门形成的年度利润总额，给予一定比例的财政补贴，补贴年限为 5 年。②著名跨国公司、境内外较大金融机构和国内大型企业集团来厦门设立地区总部的，可分别给予一次性奖励资金。③财政补贴比例和奖励资金额度由市、区政府根据总部经济企业对市、区两级财政的贡献情况具体确定。市、区两级财政补贴和奖励资金限用于企业在厦门进行固定资产投资。④对促成区域外较大企业总部进驻厦门的个人和中介组织根据企业注册资本金和实际到资的额度大小进行奖励。但是，厦门作为跨国公司地区总部的基本条件显然不足，鲜有跨国公司地区总部设在厦门。

9.1.3 企业总部迁移政策的类型

9.1.3.1 典型城市总部迁移补贴的主要类型

典型城市总部迁移补贴的主要类型有一次性迁移补贴，企业所得税返还、减免或税率优惠，用地价格优惠，购租房补贴，以及个人所得税减免，如表 9-2 所示。

一次性迁移补贴是指地方政府对新设立的企业总部或地区总部给予一次性资金补助。如天津的对“新设立的企业总部或地区总部给予一次性资金补助，注册资本 10 亿元人民币（含 10 亿元人民币）以上的，补助 2000

万元人民币”，这里的 2000 万元是一次性迁移补贴。

企业所得税返还的形式：第一，按一定比例返还所得税；第二，免缴地税；第三，利用特区政策，直接按 15%计缴；第四，利用开发区政策，实行“5 免 5 减半”。其中，后两种形式的税收优惠并不是针对地区总部的。

个人所得税减免主要是针对企业总部高管的。如天津的“企业总部或地区总部聘任的境外、国外高级管理人员，按规定缴纳的个人所得税高于境外、国外的部分，由同级财政部门返还其已缴纳个人所得税地方留成部分”。

表 9-2　典型城市地区总部迁移的补贴工具

补贴 类型城市	一次性迁移补贴	企业所得税				用地价格优惠	购租房补贴	个人所得税减免
		所得税返还	地税	开发区优惠	所得税优惠			
北京		√	√					
上海					√			
杭州		√						
广州		√						
苏州				√		√	√	√
厦门	√	√						
天津	√						√	√

资料来源：笔者归纳整理。

9.1.3.2　优惠政策的针对领域或范围

促进企业总部迁入的政策从针对领域或范围看主要有综合性的、吸引企业地区总部迁入（或设立）的、吸引跨国公司地区总部的、吸引金融企业总部的和吸引企业研发总部的，可以归纳为两大类：一类是一些城市明确提出吸引企业总部迁入、设立的政策。目前主要有福建厦门的《关于鼓励境内外企业在厦门设立地区企业总部的暂行规定》、广东广州市越秀区的《关于进一步加快企业总部经济发展的若干意见》和辽宁大连市中山区的《中山区加快发展企业总部经济的若干意见》。另一类是在某个领域或某个方面提出吸引企业总部迁入的政策。如北京、上海、广东等许多地方都制定吸引设立跨国公司地区企业总部的政策，主要针对的是跨国公司地区总部，集中在对外开放领域。比较重要的有商务局《关于外商投资举办投资性公司的规定》，北京市《关于鼓励跨国公司在京设立地区企业总部的若干规定》以及其他省市相类似的政策等。

表 9–3 中国企业总部迁移政策分类

针对领域或范围	政策文件名称
综合性	《关于上海浦东新区鼓励外商投资减征、免征企业所得税和工商统一税的规定》(1990)
吸引企业地区总部迁入	《广州东山区关于进一步加快企业总部经济发展的若干意见》 《辽宁大连市中山区加快发展企业总部经济的若干意见》
吸引跨国公司地区总部	商务局《关于外商投资举办投资性公司的规定》 《关于鼓励跨国公司在京设立地区企业总部的若干规定》 《关于鼓励境内外企业在厦门设立地区企业总部的暂行规定》
吸引金融企业总部	《深圳市支持金融业发展若干规定实施细则》(2003) 《关于促进首都金融产业发展的意见》(2005) 《关于促进首都金融产业发展意见实施细则》(2005) 《关于加快首都金融后台服务支持体系建设的意见》(2007)
吸引企业研发总部	《北京市鼓励在京设立科研开发机构的暂行规定》(1999) 《北京市鼓励在京设立科技研究开发机构的规定》(2002)

注：政策为 2008 年之前的政策。
资料来源：笔者归纳整理。

9.1.4 企业总部迁移政策制定的依据

9.1.4.1 企业总部级别与城市级别

企业总部级别。城市的等级及其发展目标。一定层级的城市发展相应等级的企业总部经济。北京是中国的首都、国际城市，因而制定企业总部迁移优惠政策就是要放眼全国，建立与之相匹配的产业结构，企业总部和非营利机构的企业总部都要大力聚集。上海定位为全国的“国际经济中心、金融中心、贸易中心、航运中心”，制定促进政策，发展企业总部经济就是要培育与之相匹配的经济活动。而对于低一层次的城市，如济南，发展企业总部经济，就必须从“省会意识”出发，从而发展一些“驻地经济”。如果是更低层次的城市，在制定企业总部经济政策时，应当进一步降低所要聚集的企业总部层次。因此，城市发展的目标、城市在城市体系中所处的位置，决定了政策对象即企业总部的层级。

9.1.4.2 城市的比较优势

城市的比较优势可能是交通优势、历史文化积淀下来的人文优势、资源优势，也可能是资金优势、劳动力素质优势、信息优势、创新优势，还可能是体制优势、特殊政策优势等。因为这些优势的差异和不同的组合，每个城市都有自己的特质。这些城市特质为特定的产业发展提供条件。企业选择在某个城市设立企业总部，必须评估这个城市优势能为自身带来的竞争力。

城市的比较优势是解决企业总部类别的问题。根据城市的比较优势制定企业总部迁移政策，就是为了瞄准政策的产业对象。综合性城市要依据其综合的范围聚集相应范围内的企业总部，企业总部迁移优惠政策应当覆盖相应范围内的企业总部；单一职能中心的城市聚集承担这个功能的企业总部，企业总部迁移优惠政策就要以该产业的企业总部为主要出发点来制定。

9.1.4.3 现有法律、法规、文件

企业总部迁移政策的制定应当是在国家基本法律、法规和中央文件精神的基础上进行的，这是必须坚持的法律优先原则。地方法服从中央法，制定企业总部迁移优惠政策就应当对已有政策进行梳理，合理地进行集成。企业总部迁移优惠政策是一项全新的经济促进政策，具有很强的创造性，应当立足时代的需要，批判性地吸收已有政策措施的精华，进行继承和创新。

以北京为例，制定吸引企业总部迁移优惠政策，就应当依据商务部2004年底最新出台的《关于外商投资举办投资性公司的规定》，尽快修订《北京市鼓励跨国公司在京设立地区企业总部的若干规定》。另外，考虑到“入世”过渡期即将过去，也可以考虑直接出台鼓励国内外企业在京设立企业总部或地区企业总部的政策。在这方面，就可以借鉴厦门《关于鼓励境内外企业在厦门设立地区企业总部的暂行规定》的做法。

许多企业总部经济区已制定了许多产业发展政策，都涉及支持大企业来本地发展。因此企业总部经济政策的制定，应当把涉及吸引企业总部方面的条款吸收到企业总部经济促进政策中来，使各项政策相互配合、相互协调、相互衔接。

9.2 金融企业总部迁移政策比较

9.2.1 上海吸引金融企业总部的政策

上海作为中国对外开放度极高的国际大都市，向来把建立金融中心作为自己的目标。早在 1990 年，经国务院批准，上海市政府出台了《关于上海浦东新区鼓励外商投资减征、免征企业所得税和工商统一税的规定》，规定在浦东新区开办的外资银行、外资银行分行、中外合资银行和财务公司等金融机构，外国投资者投入的资本或分行由总行投入的营运资金超过 1000 万美元且经营期在 10 年以上的，其营业所得按 15%缴纳企业所得税，并从开始盈利的年度起，第一年免征企业所得税、第二年和第三年减半征收企业所得税。此外，还对新设金融机构注册，子女入学、升学，员工因公出入境等方面做了非常细致周到的安排。

目前，上海已形成包括银行间同业拆借市场、银行间债券市场、银行间外汇市场、上海证券交易所、上海期货交易所、上海黄金交易所和中国金融交易所在内的多层次市场体系，已成为中国中外资金融机构的最大聚集地，上海作为全国金融中心的市场体系雏形已经形成。

9.2.2 北京吸引金融企业总部的政策

北京市政府着力优化金融业发展环境，出台了一系列优惠政策，支持和鼓励金融机构在北京发展，2005 年北京市制定发布了关于促进首都金融产业发展的意见及其实施细则，2007 年 8 月，又发布了关于加快首都金融后台服务支持体系建设的意见。

根据这些政策，北京市对 2005~2006 年在北京新注册的第一批 26 家金融机构给予了总额为 1.88 亿元的一次性资金补助，2007 年为新入驻的金融机构补助 1.5 亿元，对在金融街和 CBD 购买、租用办公用房的金融机构给予补贴，累计超过 4 亿元。对在京各金融机构的高管人员也根据他们缴纳个人所得税的情况，给予相应的奖励，并为他们在北京的工作和生活提供方便。

随着金融发展环境的优化，北京日益成为国际金融机构进入中国的首选落户地，近年来，高盛公司、瑞银集团，先后通过不同方式进入中国资本市场，在北京设立了法人机构，德意志银行、ING 集团成为华夏银行、北京银行的战略投资者。北京市政府高度重视吸引外资银行法人机构的工作，经过积极努力，目前已有 7 家外资银行决定将子银行注册在北京，分别是美国摩根大通银行、德意志银行、韩国新韩银行和韩国友利银行等。

金融街。自从 1993 年国务院批复北京城市总体规划以来，经过十几年的发展和建设，位于西二环复兴门至阜成门一带金融街功能区已经基本形成，成为全市重点建设的六大高端产业功能区之一。金融街云集了中国金融监管部门、国内大型金融机构和大型国企企业总部，正成为北京资金、技术、知识密集度最高，税收增长最快的地区之一。2006 年末，已经入驻金融街的金融机构有 170 多家，金融从业人员有 3.4 万人，包括中国人民银行、中国证监会、中国银监会、中国保监会等国家金融监管部门和中国工商银行、中国建设银行、中国银行、中国进出口银行、中国人寿和中国再保险公司等一批中国最重要的金融机构全都位于金融街地区，此外中国电信、中国移动、中国联通、中国网通、中国邮政、中国烟草、长江电力、大唐发电等大型企业总部也都在金融街地区聚集。金融街区域内企业管理的资产达到了 18 万亿元，其中金融机构管理的金融资产达到 16.2 万亿元，控制 90%以上的信贷资金和 65%的保费资金运用。2006 年，全市金融业实现增加值 963.1 亿元，其中 70%都是在金融街创造的。金融街实现税收 650.9 亿元，比 2005 年增收 330.4 亿元，同比增长 103%，占全市税收总额 17.8%。

北京市的 CBD 位于朝阳门到建国门，东二环到东三环一带，东起西大望路，西至东大桥路，规划面积为 3.99 平方公里，CBD 会聚了国际知名的外资金融机构和中介机构，构筑起北京金融产业发展的重要平台。截止到 2015 年上半年，CBD 区域内共有内资企业 7100 多家，外资公司、办事处或代表机构 4000 余家，其中金融企业总部 30 余家，经营型金融公司 104 家，外资金融机构代表处 109 家，2006 年，以国际金融、国际商务为代表的外向型服务业依托使馆汇聚优势迅速发展，实现增加值占到区域内总增加值 70%以上，区域内实际利用外资总额 5.3 亿美元，占全市的 1/9 以上，实现区级收入 8.1 亿元，同比增长 9.06%。

表 9-4 北京、上海吸引金融企业总部的政策比较

	上海	北京
优惠政策名称	《关于上海浦东新区鼓励外商投资减征、免征企业所得税和工商统一税的规定》	《关于促进首都金融产业发展的意见》《关于促进首都金融产业发展意见实施细则》《关于加快首都金融后台服务支持体系建设的意见》
出台时间	1990 年	2005 年/2005 年/2007 年
税收优惠及迁移补贴	营业所得按 15%缴纳企业所得税，并从开始盈利的年度起，第一年免征企业所得税，第二年和第三年减半征收企业所得税	对在京新设立或新迁入京的金融企业给予一次性资金补助，根据注册资本的多少，最高补助为 1000 万元；对在京注册的金融企业购买办公用房给予一次性购房补贴每平方米 1000 元；租用办公用房的，实行 3 年租金补贴，每平方米 200 元
迁入人员优惠政策	对新设金融机构注册、子女入学、升学，员工因公出入境等方面做了非常细致周到的安排	年终加薪、年薪制兑现等税收优惠政策，以及以股权、期权等形式给予其高管人员的奖励税收优惠，子女上学
金融业发展现状	上海已形成包括银行间同业拆借市场、银行间债券市场、银行间外汇市场、上海证券交易所、上海期货交易所、上海黄金交易所和中国金融期货交易所在内的多层次市场体系	有包括 8 家全国性商业银行、3 家政策性银行、14 家保险总公司、6 家资产管理公司等在内的 41 家金融企业集团企业总部设在北京。2004 年末，上述金融企业集团的资产总额达 10.1 万亿元，利润总额 144.2 亿元

注：政策选取的时间段为 1990~2007 年。
资料来源：笔者归纳整理。

9.3 留住企业总部及政策仿真

9.3.1 留住企业总部的成本

对于企业总部，地方政府不仅要请得进来，更要留得下来。2014 年 8 月，通用汽车公司的国际业务部告别了中国上海，搬迁至新加坡。世界油籽、玉米和小麦加工企业阿彻丹尼尔斯米德兰公司将其亚太业务中心转移

至新加坡。宝洁公司、百特制药已开始探索在新加坡设立研发中心。是空气污染和知识产权保护不力驱使跨国公司地区总部迁移，还是东南亚显露了复苏迹象，是新的业务增长点，或者是税收优惠政策已到期?

当一个企业向外迁移企业总部时，地方政府往往用一系列优惠政策来挽留企业，即所谓政策留“人”。优惠政策通常包括减税、税收返还和补贴等。为了研究方便起见，我们用减税代表所有的优惠政策和优惠措施。政府减税的风险可能有以下两个：第一，如果这家企业发出的迁出信号是虚假的，那么政府就因此会牺牲一部分税收。第二，引起其他企业模仿。事实上，其他并没有打算向外迁移企业总部的企业，在看到其他企业获得减税的好处后，也会向政府发出迁出企业总部的信号，来威胁政府以达到减税的目的。于是，有一种情况就很有可能发生，即政府减税总额大于从留下的企业那里收取的税收收入。

事实上，面对企业总部向外迁移的威胁，大多数城市政府的做法都一样，通过减税留住企业。可以这么说，城市政府面对企业总部迁移威胁，只要能把企业总部留住，只要能吸引企业总部迁入，即使很长一段时间运行成本超过了收益也在所不惜。地方政府这么做的目的是为了阻止那些在本土成长起来的企业总部或整体向外迁移的趋势。

本土企业总部外迁对政府的威胁主要表现在以下三个方面：第一，本土企业总部要向外迁移，将带走税收；第二，其他城市政府对本土企业总部的激烈争夺；第三，其他本土企业的模仿，纷纷发出虚假迁移威胁。所谓本土企业虚假迁移威胁是指本土企业为了获得迁移补贴向当地政府发出虚假迁移信息的行为。

从已有的文献中发现：一些实证研究表明企业总部迁移补贴很有效，还有一些则完成相反，即企业总部迁移补贴政策完全无效，怎么留都留不住。实证研究结论的矛盾性，在于缺少一个统一的政策模拟框架。我们试图用一个分析框架来评价企业总部迁移政策：什么条件下给予总部迁移补贴可以留住企业总部；什么条件下给发出总部迁出信号的企业补贴，却引发了更多企业发出迁出信号，即总部迁移补贴政策负效应；什么条件下再怎么给企业总部迁移补贴，企业总部还是要迁出，即政策对该发出迁出总部信号的企业失灵；什么条件下企业总部迁移补贴政策失灵。其意义在于，当本土企业发出企业总部迁出的威胁信号时，地方政府如何制定有利于本地发展的政策。

9.3.2 假设条件

地方政府为了阻止企业迁出，通常会采取各种优惠政策挽留企业，这种挽留会使地方政府面临威胁：第一，地方政府间税收竞争激烈，且地方政府间的税收竞争往往表现为价格竞争。因此，阻止企业总部迁出的税收优惠空间有限，且成本代价很高；第二，对于阻止发出总部迁出信号的减税政策，会引起区内其他企业争相模仿，政府为此要付出模仿成本，进一步扩大减税范围；第三，政府减税也意味着提供基础设施服务能力的下降，从而使得企业总部所在地的经营环境缺乏竞争力。

模仿成本包括以下三方面：第一，地方政府的激励政策会引起区域内现有企业的模仿，纷纷向地方政府发出将要迁出的信号，从而向政府索取优惠政策；第二，政府为这些模仿行为所付出的成本又极大地削减了挽留这些企业的价值，特别是当企业发出的迁移信号虚假时，阻止企业总部迁出的优惠就没什么价值了；第三，政府需要花很大的代价去区分真假总部迁出信号。

在研究这种现象时，把企业总部迁移的威胁当作一种战略性的博弈竞争，政府和企业作为博弈的双方，双方的信息并不对称。假设发出迁移信号的企业在进行选择时掌握的信息比较完全，而政府则不然。这是因为政府单方面地保存管辖区内某一企业的相关数据成本太高，即使政府有这样一个数据库，在具体竞标时它也不知晓其他竞争对手（其他地方政府）的标价。在这场激励博弈大战中，企业在信息方面显然占了上风，而政府如何有效地利用有限信息是我们的研究目标。也就是，面对本土企业发出的迁出信号时，政府做出什么样的反应最有利？

假设一旦各地方政府之间的减税大战开始，就不允许单方面退出。假设企业发出的迁移信号可能只是一种欺骗行为，因为在地方政府之间的税收优惠大战中，企业为了获利会有实施欺骗的动机。

研究假设在这场企业总部迁移激励博弈中，企业几乎没有损失。这么假设的现实基础是：当某一地方政府积极争取其他地方的企业总部时，企业就没必要进行游说活动，没有必要发出迁出信号，因此其发布总部迁出威胁的成本为零；同样当政府承担企业总部迁移成本时，企业用在发布迁移威胁上的成本就降为零。任何企业都可能发出虚假威胁，但政府并不能

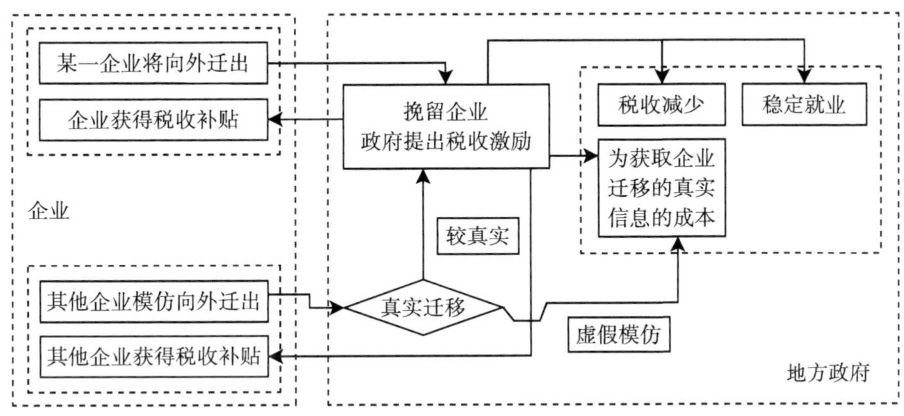

图 9-1　企业总部迁移对政府的威胁

把所有威胁都视为虚假的，政府必须衡量各种选择造成的结果。

我们研究政府全面考虑到原始的税率和模仿成本后如何制定恰当的税收政策，着重分析潜在的模仿成本。

9.3.3　模型设计

企业代表在游说本地政府时会说：现在有一个城市政府希望我们公司总部迁去，并且承担所有的迁移成本，我们很想把握这次机会到外地发展。但是考虑到这么多年来，政府对本公司的支持，也有心继续为本地经济发展做出贡献。不过希望政府能提供优惠的减税政策，因为公司也要考虑自身发展的目标。

政府的目标。政府从其政绩出发，必须提供好的公共设施，至少在短期内其管辖区要高于最低的水平，因此必须向市民和企业征收税款用于必要的财政支出。假设这些公共商品不存在竞争，也就是说某一企业留下或迁走不影响公共设施所处的水平。如果企业留下来后预期的税收额超过了对其减少的税额，则政府没什么损失，因此这种处理结果对双方都有好处，是一种理想状态。但大多数情况下企业要求减税的额度要高于它留下后所带来的税收额，在这种情况下区分迁移威胁的可信度就非常重要。假设当这场博弈开始后，政府不能随意增加税收，只能尽量把损失最小化。大多数政府为了达到近期目标，一致认为减税或同意企业总部迁出，是使税收损失最小的好方法。

企业的目标是利润最大化。为了简化研究，假定为了吸引外地企业总部迁入，目标城市政府都会承担迁移成本（如安家费）。还假设企业在迁出城市和目标城市的经营成本和收益完全一样，即市场、成本、提供服务或产品的数量等完全一样，所不同的是两地的所得税率不同。唯一不同的是各地方政府征收的税额，即假设引起企业总部迁移的唯一原因是所得税率。企业为了实现利润最大化，在本地发出假的迁移信号，试图减少税款，或者会在迁移时选择征税少的地方。

企业总部和政府是这场政策博弈的两个基本博弈者。这场政策博弈可表述为：博弈者可以做出的选择、博弈者可用的信息、博弈双方移动的顺序和博弈双方的得失。

（1）博弈者的选择。双方各自都有一个备选方案。当政府受到来自企业总部的迁移威胁后，就需要在继续实行原来的税率（O）和减税（R）之间做一选择。同样，一旦企业总部向政府发出迁出信号后，也必须决定是留（S）还是走（M）。

（2）博弈者的可用信息。企业在信息方面与政府相比有两点优势：首先，只有企业知道自己发出的威胁是真还是假；再者，企业决定是去还是留的时间在政府颁布新的政策之后。而政府既不知道企业威胁的可信度又不知道新政策出台后能否留住企业。

在这场博弈中还有另一个假设的博弈者，就是其他地方政府。其他政府也会像企业一样采取行动，它为了吸引企业会提供优惠的税收政策。本地政府并不知道其余两个博弈者会采取什么行动，它可能知道各地方政府的模仿成本和税收是一样的，但不能判定企业威胁的可信度。

（3）博弈双方的移动顺序。第一步：企业首先发出迁移威胁；第二步：政府决定是继续实行原来的税率（O）还是减税（R）；第三步：企业根据纳税多少决定是留（S）还是走（M）。

（4）博弈双方的成本与收益。政府的得失可以通过总税收来反映，而企业的损益是通过其个体所交税额能力反映的。为了更好地表达我们使用了以下一些符号：π 代表政府税收额，T_0 是发出迁出企业总部威胁的企业在原税率下所交企业所得税，I 是发出迁出企业总部威胁的企业在辖区内的间接税，τ 是其他企业所交税额。于是有：

$$\pi = \tau + T_0 + I \tag{9-1}$$

税收优惠的模仿行为。我们把在某企业发出迁移企业总部威胁得到减税后，其他企业争相效仿的行为叫作“税收优惠的模仿行为”。很显然，其他企业也想在税收优惠的蛋糕中分得一块，都想享受减税政策。它们可能通过招标，试图虚张声势，或简单地要求同样减税。我们将因税收优惠的模仿行为所引起的其他企业的税收减少称为税收优惠模仿成本，记为 C。

设 T_r 代表发出迁移威胁的企业在优惠税率下的企业所得税，伴随着税率由 T_0 变成 T_r，其他企业由于在模仿成本上的花费 C 所交税额由 τ 下降到（τ_c）=（τ··C），税收总额下降到 π_r。

$$\pi_r = (\tau_C) + T_r + I \tag{9-2}$$

如果政府任由某企业迁走且不同意其他企业的要求，即无模仿成本且迁移威胁企业迁出，则总税收 π_0' 下降到 τ，即：

$$\pi_0' = \tau \tag{9-2'}$$

如果政府同意了其他企业减税的要求且某企业选择总部迁出，则政府失去了迁出企业的直接和间接税款，再加上有模仿成本且威胁企业留下，则总税收为 π_r'。

$$\pi_r' = (\tau\cdot\cdot C) = (\tau_c) \tag{9-2''}$$

很明显，最后一种结果是政府最不愿意看到的。即使出现最好的结果政府也要损失一部分税收［（T_0··T_r）］。

上述各种情况政府的得失可以用表 9-5 表示。

表 9-5　总部企业与政府的博弈

状态	其他企业	发出迁出企业总部威胁的企业		政府税收收入	政府税收损失
初始状况	税收 τ	正常税率下所得税 T_0	间接税 I	$\pi = \tau + T_0 + I$	—
有模仿成本且威胁企业留下	带有模仿成本 C 的税收（τ_c）	优惠税率下的所得税 T_r	间接税 I	$\pi_r = (\tau_C) + T_r + I$	（T_0··T_r）+ C
无模仿成本且迁移威胁企业迁出	税收 τ	0	0	$\pi_0' = \tau$	$T_0 + I$
有模仿成本且威胁企业选择总部迁出	带有模仿成本 C 的税收（τ_c）	0	0	$\pi_r' = (\tau_c)$	$T_0 + I + C$

从以上几个式子可以看出模仿成本 C 的高低直接影响着政府的财政税收，而且企业能够估算出 C 的值，然后根据 C 值向政府提出减税要求。

9.3.4 分析

当博弈者准备采取行动却不能预期结果时，我们称为信息残缺的博弈。像 Fudenberg 和 Tirole（1993）一样，Harsanyi 论述了如何根据每个结果出现的可能性把信息残缺型的博弈转换为信息不完全博弈（Darin Wohlgemuth 和 Maureen Kilkenny，1995）。

设 T_z 为其他地方政府的税收报价，根据其他地方政府的税收报价，可把本地政府可用的信息按可确定性分为几个等级。我们借助主观概念上的概率 P_1，P_2 和 P_3 进行研究。

地方政府为下面三种情况设定主观概率：

$Pr(T_z < T_r) = P_1$

$Pr(T_r \cdot\cdot T_z < T_0) = P_2$

$Pr(T_0 \cdot\cdot T_z) = P_3$

其中，$0 \cdot\cdot P_1$，P_2，$P_3 \cdot\cdot 1$，$(P_1 + P_2 + P_3) = 1$。

其中，P_1 代表地方政府得到了其他地方政府的优惠报价 T_z 的主观概率，P_2 代表企业发出一真实的迁移威胁后享受了税额削减并继续留在本地的主观概率，P_3 表示企业的威胁是虚假的主观概率。

当然，最后只能出现这三种情况中的一种。研究概率 P_1，P_2，P_3 可以帮助地方政府更好地做出选择。研究中我们借助这种企业和政府之间的相互作用来模拟现实中两者在迁移威胁上的博弈。

为了突出信息对选择所起的作用，我们分析了以下四种情况：

情况 1：完全信息。即政府了解其他地方政府的税收报价。因此，$P_i = 1$ 且 $P_{-i} = 0$；这里 $i = 1，2，3$。

情况 2：视具体情况而定。政府可以提供和其他地方政府一样低的税率，但同时也清楚如果实行如此低的税收会导致在提供公共基础设施服务方面能力下降。这样在决定 T_r 值上政府会很谨慎、保守。这种情况下 $T_z \cdot\cdot T_r$ 而不可能出现 $T_z < T_r$；所以 $P_1 = 0$。

情况 3：不存在虚假的迁移威胁。因此政府明确知道由于其他地方政府的竞争自己必须调整原来的税收政策，此时 $T_z < T_0$，导致 $P_3 = 0$。

情况 4：一无所知。政府一点也不了解其他地方政府的税收信息。

借助树形的图表结构来描绘整个博弈过程中的信息集，双方采取的行动，以及 P_1，P_2，P_3 出现的可能性。

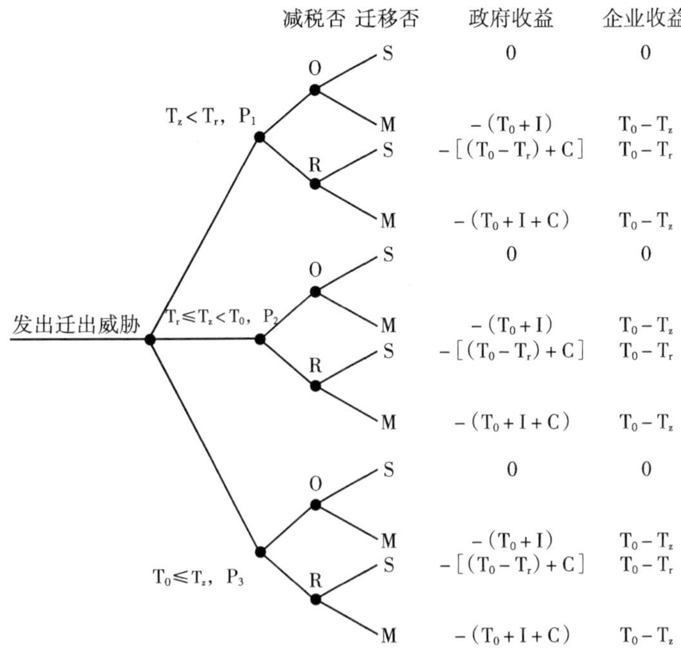

图 9-2　带有模仿成本的企业总部迁移博弈树

资料来源：根据 Darin Wohigemuth 和 Maureen Kilkenny（1995）。

在图中一个节点表示一个博弈者和它可能的行为。以自左到右的顺序来看图 9-2，通过跟踪其行为可以发现各地方政府出现不同收益的原因。一开始时企业发出迁移信号后，其他地方政府颁布了 T_z 的新政策，像上面提到的一样 T_z 会处于三种情况之一。接下来本地政府就需要决定继续维持原来的税率（O）或减税（R），最终的结果就是企业留下（S）或迁走（M）。

当政府和企业决定采取何种行动后，它们的收益也就定了。图表中树的各个分支的末尾代表收益情况。我们顺着 $T_z < T_r$ 这一分支往下看，如果政府不采取任何措施（O）且企业仍然留下来（S），则最终双方都没什么损失。如果企业为了享受低税率（T_0··T_z）而迁出（M），则政府就要损失来自这家企业的税收（$T_0 + I$）。

图 9-2 可用来分析基于可用的信息所采取的不同行动引起的损益。每个阶段不确定的信息都在节点的附着树枝上表示。

如果很确定地知道 $P_1 = 0$，但不能确定剩余的两种情况出现的可能，则须都考虑。若政府毫无线索，则三个节点表示的情况都得考虑到。

我们可以发现若对前一步进行分析归纳后则可以做出最佳的决策。假设企业已顺着图中的分支走到末端，则企业掌握了所有的信息。这样为了利润最大化它的选择就很确定，而不是盲目选择了。所有情况里减税对企业最有利，企业的每一步选择所带来的收益在图中也明确地表示出来了。同时在企业选择最佳决策时也应该关注政府的收益，政府的决策准绳就是减税后的预期税收不能低于原来的税收。

表 9-6　带有模仿成本的企业总部迁移博弈

企业行动	三种情况	政府可能的行动	企业可能的行动	政府收益	企业收益
发出迁移威胁	$T_z < T_r$，P_1	O 不减税	S 留下	0	0
			M 迁出	$-(T_0+I)$	T_0-T_z
		R 减税	S 留下	$-[(T_0-T_r)+C]$	T_0-T_r
			M 迁出	$-(T_0+I+C)$	T_0-T_z
	$T_r \leqslant T_z < T_0$，P_2	O 不减税	S 留下	0	0
			M 迁出	$-(T_0+I)$	T_0-T_z
		R 减税	S 留下	$-[(T_0-T_r)+C]$	T_0-T_r
			M 迁出	$-(T_0+I+C)$	T_0-T_z
	$T_0 \leqslant T_z$，P_3	O 不减税	S 留下	0	0
			M 迁出	$-(T_0+I)$	T_0-T_z
		R 减税	S 留下	$-[(T_0-T_r)+C]$	T_0-T_r
			M 迁出	$-(T_0+I+C)$	T_0-T_z

当：

$$E[R]\cdot\cdot E[O] \tag{9-3}$$

政府会同意减税。

当信息完全时，三个子分支（从上到下称为 A，B，C）分别对应 P_1，P_2，P_3 的出现。在这种情况下企业和政府双方都掌握所需信息，此时政府不可能减税，当处于 A 分支时企业会选择迁走，处于 C 时继续留下。在 B 分支上比较复杂，企业的所有选择都取决于政府的决策。

通过分析可以发现 A 分支表示毫无希望，当 $T_z < T_r$ 时，不管政府采取什么措施，企业的迁出成本都很高。同时政府也明白竞争不过其他地方政府。如果政府真减税了则不仅损失要迁企业的税额，还损失模仿成本。因

此，政府只能维持原来的税率，企业选择总部迁出。

C 分支表示企业的威胁不可信，当 $T_0 \cdot\cdot T_z$ 时，其他地方政府制定的税率要比本地高，企业没有更好的选择，只是发一虚假的迁移信号而已。不管政府怎么做企业都会留下来，换句话说政府没必要减税。

对于 B 分支，当税率不变时企业迁走会获利，但若减税的话企业留下来才是最好的选择。政府只在预期减税后的税收额不低于减税前时才会减税。若企业的直接和间接税收在减税后能高于模仿成本则政府也会减税。比较这两种情况下政府的收益，可以表示为，当：

$$T_r + I \cdot\cdot C \tag{9-4}$$

政府选择减税。

再来考虑其他三种信息不完全的情况。图 9-3 表示了删除了最后一步的博弈图。这种情况下我们假设企业已决定最佳选择，最后一步是政府采取的行动。由于政府不清楚现实状况，其最好的选择只能是尽量把损失最小化。

表 9-7　删除最后一步后的企业总部迁移博弈

企业行动	三种情况	政府可能的行动	企业可能的行动	政府收益
发出迁移威胁	$T_z < T_r$，P_1	O 不减税	M 迁出	$-(T_0+I)$
		R 减税	M 迁出	$-(T_0+I+C)$
	$T_r \leqslant T_z < T_0$，P_2	O 不减税	M 迁出	$-(T_0+I)$
		R 减税	S 留下	$-[(T_0-T_r)+C]$
	$T_0 \leqslant T_z$，P_3	O 不减税	S 留下	0
		R 减税	S 留下	$-[(T_0-T_r)+C]$

对上面提到的第二种情况，即视具体情况而定，本地政府只能排除其他地方政府不可能以低于本土的税率而竞争，不能确定 P_2，P_3 出现的可能。因此在这种情况下 $P_1 = 0$：

$$E[R] = -\{P_2[(T_0 - T_r) + C] + P_3[(T_0 - T_r) + C]\} = -[(T_0 - T_r + C)] \tag{9-5}$$

$$E[O] = P_3(0) - P_2(T_0 + I) = -P_2(T_0 + I) \tag{9-6}$$

$$E[R] \cdot\cdot E[O]_{iff}[(T_0 - T_r) + C] \cdot\cdot P_2(T_0 + I) \tag{9-7}$$

当满足式（9-7）这个不等式时，政府就应该减税。

式（9-7）也可以表示为和 P_2 相关的另一个式子式（9-7′）：

$$[(T_0 - T_r) + C]/(T_0 + I) \cdot\cdot P_2 \tag{9-7′}$$

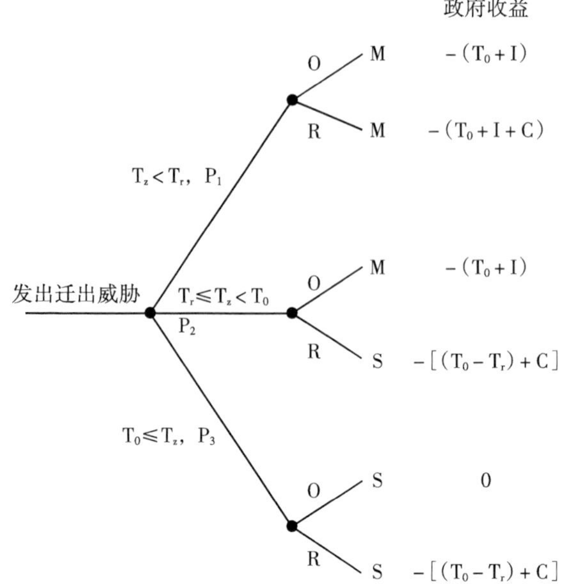

图 9-3 删除最后一步后的博弈图

当 P_2 的值比税收变化率大时应施行减税政策。

税收损失越小，减税越有可能施行；同样，当减税是最好的选择时，即使税收额变化很大时，政府也要接受。可见，减税政策的实施成本很高。

第三种情况发生时政府只能排除企业的威胁是虚假的这种可能，即 $P_3=0$，但排除不了 P_1，P_2 出现的可能。与前面的计算方法一样我们通过计算结果来寻找最好的行为：

$$E[R]=-\{P_1(T_0+I+C)+P_2[(T_0-T_r)+C]\} \tag{9-8}$$

$$E[O]=-\{P_1(T_0+I)+P_2(T_0+I)\}=-(T_0+I) \tag{9-9}$$

这种决定方式与式（9-4）类似。

当且仅当：

$$C\cdot\cdot(1-P_1)(I)+P_2(T_r) \tag{9-10}$$

时，才实行减税政策。

又因为 $P_3=0$，$(1-P_1)=P_2$，所以又可表示为：

$$C\cdot\cdot P_2(T_r+I) \tag{9-10'}$$

这种决定方式中很重要的一个参数就是模仿成本 C。当预期的 C 值较大时，减税就不是最佳选择。

情况 4 是无任何信息的情况。此时政府无法把本地的税收和其他地方政府相比较。我们假设政府认为减税会带来更高的税收后仍然会减税，则政府可能的收益就是：

$$E[R]=P_1[-\{T_0+C+I\}]+P_2[-\{(T_0-T_r)+C\}]+P_3[-\{(T_0-T_r)+C\}] \tag{9-11}$$

$$E[O]=P_1[-\{T_0+I\}]+P_2[-(T_0+I)] \tag{9-12}$$

当且仅当 $E[R]\cdot\cdot E[O]$ 时政府才会选择减税。表达式和虚假威胁出现的概率相关，这表明当虚假威胁出现的概率低于某一值：

$$P_3\cdot\cdot P_2[(T_0+I)/(T_0\cdot\cdot T_r)]\cdot\cdot C/(T_0\cdot\cdot T_r) \tag{9-13}$$

时，减税才是最好的选择。

不完全信息下的决策方式可以用三维空间图图 9-4 来表示。在图 9-4 中三个方向的轴代表 P_1，P_2，P_3 出现的概率。

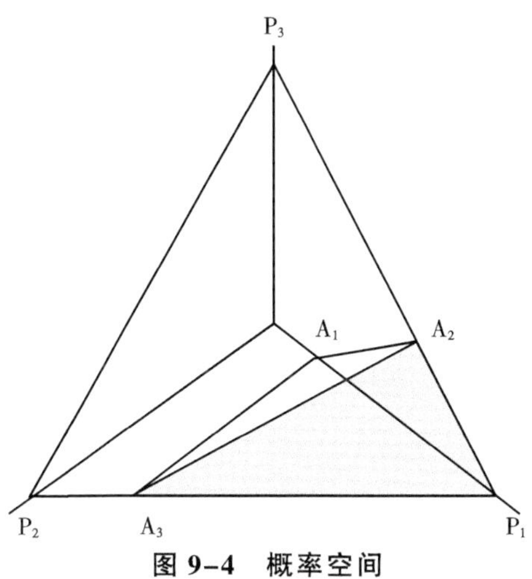

图 9-4　概率空间

其决策方式可以通过一个平行于 P_1 轴的平面来定义，当模仿成本为 0 时，该平面就包括 P_1 轴。这表明模仿成本越低，政府就越有可能减税。

构造图表时需要综合决策方式和各种限制条件，图 9-4 中（$P_1+P_2+P_3$）= 1 且：

$0\cdot\cdot P_1$，P_2，$P_3\cdot\cdot 1$

这三个参数可用来描述一个三维的锥体中的一部分平面（假设两个平面有交线），分析时用到的三个点 A_1，A_2，A_3 来自数学思想，连接这三点来寻找是否存在交集，当交集不存在时表示政府应该拒绝所有公司的要求，不予以减税。这个交集是否存在和 C，T_0，T_r，I 有关：

$$P_2 = (T_0 - T_r + C)/(T_0 + I) \quad (=1) \tag{9-14}$$

这个等式定义了 P_2 轴上的坐标。同样也可用于定义 P_3 轴。综合 0··P_2，P_3··1 进行考虑，可得出：

$$\cdot\cdot(T_0 \cdot\cdot T_r) \cdot\cdot C \cdot\cdot T_r + I \tag{9-15}$$

这个不等式的前一部分表明模仿成本没有减税幅度高。但由于模仿是不理智的行为这种说法没有说服力，按常理推断模仿成本不能作为政府的净收益，而企业也不愿意支付高额的税款。第二部分表明当模仿成本高于来自企业的税收时，政府不能减税。

由于式（9–13）表示的决策方式和 P_1 无关，因此可以用来检验 P_2，P_3 组成的平面这种方式的有效性。在两个限制条件式（9–13）和（$P_2 + P_3 = 1$）下作图 9–5，图中阴影部分表示政府选择减税的概率，而 P_3 的最大值由坐标 A_3 表示。

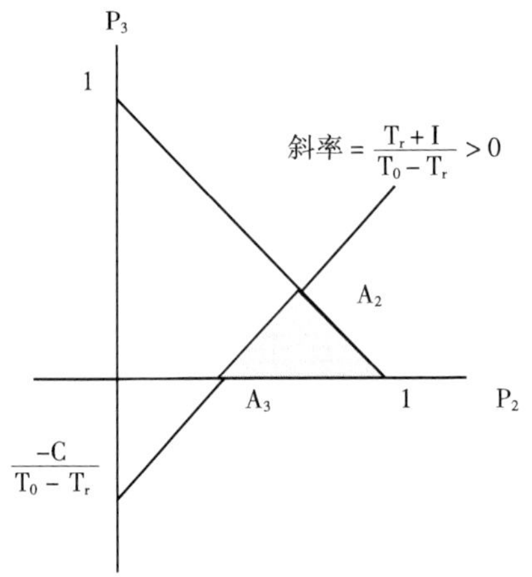

图 9–5 决定减税的概率

资料来源：根据 Darin Wohigemuth 和 Maureen Kilkenny（1995）。

$$A_3 = (P_2,\ P_3) = \left(\frac{(T_0 - T_r) + C}{(T_0 - T_r) + T + I_0},\ \frac{T_0 + I - C}{(T_0 - T_r) + T_0 + I}\right)$$

分子中 C 作为减数表明模仿成本越大，政府越不可能理会那些虚假的迁移威胁。模仿成本的下降引起式（9–13）中的值往上平移。这直接导致了 P_3 值和阴影面积的增大。减税的幅度直接影响图 9–5 中组成阴影部分的直线的斜率和截距。用公式表示就是：

$$\frac{C}{(T_0 - I)} - 1$$

$$C\_(T_0 + I)$$

这表明影响减税决策的模仿成本低于企业原来上缴的税款。如果模仿成本高于企业的税收则政府不会同意减税，即使要面对企业的迁出。

要求降税的呼声越高则政府实行减税越难，要求减税得越少，政府就越容易实施。但这并不代表减税的要求少时政府就愿意去处理。$T_0 - T_r$ 的增长对 P_3 坐标的影响还不明确。一般以模仿成本来决定是否减税。

9.3.5　结论

为了能留住企业总部，政府的税收损失可能数以亿计。有的企业总部无论如何都会迁走，有的企业总部通过发出迁移威胁以达到减税目的。一旦有企业得到减税优惠，其他企业也会提出类似的要求。如果要满足这些企业的减税要求，政府则要付出很高的成本。

通过分析政府和企业在税收方面的博弈过程，证明威胁可靠程度的重要性，并讨论模仿成本对政府减税的影响。我们通过提出两个问题来研究，一个问题就是税收在短期内是否影响企业总部迁移，另一个问题就是政府冒险采取减税长远来看是否值得这么做。

减税短期内对企业和政府决策的影响。通常，企业不喜欢税收高的城市，但同时高税收又与较好的公共服务、舒适的生产环境、高素质的人才紧密相关，这又使得高税的城市具有吸引力。有人认为税收只是企业成本的一小部分，对企业总部迁移的影响不大，而其他和地理位置相关的特性更重要。实证研究表明，税收对企业总部迁移的影响是非常复杂的。因此，征税低的城市所吸纳的企业数目情况也不相同。一般来说企业发出迁移威胁后会选择税收低的城市，而政府为了留住企业会调低税收。双方的调整会影响到各自的收益状况。

长期减税对政府的影响。减税意味着提供公共服务能力的下降，这样，从长期来看就会缺乏对企业的吸引力。然而一些减税后获益的城市会吸引更多的投资者。我们提出一个基本分析模型，可用来帮助政府在税收博弈中做选择。

模型中的模仿成本也可以表示政府为了辨别威胁信号的可信度所耗费的成本，这是政府税收总额中的一部分，政府可以用这部分资金建设情报分析中心用以分析威胁信号的真伪。政府需要了解与自己竞争的其他城市政府的税收情况，只有掌握对方的政策优惠水平或者“报价”，才可避免自己在不必要的情况下采取减税政策。

第 10 章　结　论

10.1　主要研究结论

（1）企业总部迁移的特征主要有以下三个：与经济中心一致性、距离衰减性和上行流迁移性。美国企业总部迁移的特征是中型规模企业总部迁移率高，并向以服务业为主导产业的城市聚集；20 世纪 60 年代后以下行流迁移为主，60 年代以前企业总部迁移以上行流迁移为主导；美国大企业总部迁移指向是发展迅速的中等规模城市。日本的世界 500 强企业总部数急剧下降的同时空间聚集在不断加强；企业总部迁移的区位指向是东京，双企业总部是日本企业总部迁移的一种典型形式。意大利企业总部迁移几乎都是短距离迁移且主要发生在服务业。荷兰企业总部迁移几乎都是小企业包括总部的整体迁移。

（2）企业总部迁移具有财富转移效应与税收转移效应、产业带动效应、资金聚集效应、密切区域间联系、促进区域新型分工形成、提升城市形象等正面效应，同时也具有加剧区域经济发展的不平衡和对小企业的挤出的负面效应。企业总部迁移所面临的风险主要有高迁移成本风险、进入风险、退出风险、不确定性风险和文化冲突风险。

（3）回答了企业总部为什么要迁移的问题，即“Why does headquarter relocate?”。建立企业总部迁移的逻辑分析框架，企业总部迁移是企业发展与成长过程中，对资源、要素、市场、环境等做出的一种综合选择，资源禀赋的城市差异是企业总部迁移的前提条件，要素需求的改变是企业总部迁移的内在动力。并购、形象匹配、接近金融市场、接近业务或市场、成本是企业总部迁移的五种主要力量；区位因素、企业自身因素、外部环境因素、制度文化因素以及技术因素等是影响企业总部迁移的主要因素。

（4）企业总部区位的决定因素回答的是公司迁到哪里以及为什么是这个区位的问题，即“Where and why does headquarter relocate?”。大企业总部区位的变迁往往是与国家的经济发展水平紧密联系在一起的。与首都、综合性经济中心城市往往是大企业总部区位的首选地类似，北京、上海也是中国大企业的总部首选地。影响企业总部迁移的区位因素有商业环境、可用劳动力、成本、信息及政府激励。

（5）在华跨国公司地区总部的主要形式是设立在华地区总部，其特征表现为：投资性公司形式占多、以协调管理型为主、以制造业为主、以“中国企业总部”为主；区位指向是北京和上海，其原因是跨国公司在华业务规模扩大产生的管理与协调需求、目标城市的积极态度以及法律环境的改善。

地区联系、协同效应、地区总部声誉是跨国公司地区总部区位的主要决定因素，除此之外，地区总部的声誉、潜在市场、R&D集中程度、管理体制、高素质劳动力、房地产/其他成本、工厂基础设施、金融体系、清洁环境、生活质量、人身安全等都会影响地区总部的区位决定。

（6）观察了中国上市公司总部迁移的现状和特征。以中国上市公司总部迁移为研究对象，观察了中国上市公司总部迁移的现状，总结归纳出中国上市公司总部迁移的特征，主要表现上行流迁移占多、西—东迁移占多、具有距离衰减性、财富转移效应显著。针对中国上市公司总部迁移中的西—东迁移占多的现象进行了政策方面的思考。

（7）企业总部迁移存在产业差异。中国金融业总部集中在北京，纺织业企业总部聚集在上海。这与世界上绝大多数国家一样，金融业总部高度集中，其中85%的国家都集中在首都。制造业的企业总部因成熟产业区的稳定性，往往表现出迁移惰性；服务业中的批发、零售与餐饮、金融业则表现出企业总部迁移的积极性。

（8）企业总部迁移也存在区域差异，这与城市间要素禀赋差异性有关。在中国，北京、上海是企业总部迁移的目标区位，河南等省市区是企业迁移的迁出区位。这与国际经验一样，即首位城市、经济中心往往成为企业总部迁移的目标区位，而劳动力要素充足、信息不畅通和交通设施不完备的地区往往成为企业总部迁移的迁出区位。

（9）中国典型城市企业总部迁移政策的共同特点是优惠内容相似，主要表现为：税收竞争、优惠政策不是吸引跨国公司地区总部的主要因素；北京、上海吸引金融企业总部的政策是有效果的。

（10）建立一种带有企业总部迁移威胁的政策选择策略仿真方法。通过分析政府和企业在税收方面的博弈过程，证明威胁可靠程度的重要性，并讨论了模仿成本对政府减税的影响。税收对企业迁移的影响非常复杂，减税短期内对企业总部迁移有一定的吸引力，长期来看缺乏对企业的吸引力。

（11）企业迁移理论主要有三个流派：新古典企业迁移理论、企业迁移行为理论和新制度企业迁移理论，这三个理论分别以成本收益、决策理论和新制度理论为研究出发点，解释企业迁移的现象。影响企业迁移的因素主要有内部因素、外部因素和区位因素。迁移补贴对企业迁移的影响是复杂的。

10.2 存在的问题

（1）样本选择的不同会影响研究的结论。第一，由于中国企业登记制度的特点，无法像意大利那样直接从登记数据中获取企业总部注册地变化的数据，也没有像荷兰和英国那样有专门的企业迁移数据库，因而样本选择是上市公司或者是大企业，从而研究结论不能非常全面地反映中国企业总部迁移的全貌。第二，即便是资料相对丰富的上市公司，有关企业总部迁移的信息也非常难以提取。同一个数据库所能获取的企业总部迁移的资料是不完整的。

（2）在上市公司研究中，对上市公司企业总部迁移的原因和迁移过程中目标区位选择的决定因素的研究不足。

（3）由于笔者研究水平所限，肯定存在一些重要的内容被遗漏，研究方法不妥当，有些研究结论难免主观、缺乏证据等。尽管笔者努力避免这些问题，但不足之处还有很多，恳请各位专家、学者、读者给予批评指正。

参考文献

[1] Global Relocation Trends 1998, 1999, 2000, 2001 Survey Report, http://www.windhamint.com.

[2] Abler R., R.S. Adams and P. Gould. Spatial Organization: The Geographers View of the World. Englewood Cliffs, Nj: Prentince Hall, 1971.

[3] Aksoy, A. and N. Marshall. The Changing Corporate Head Office and Its Spatial Implications. Regional Studies, 1992 (26): 149-162.

[4] Alexandre Skiba. Immigration, Firm Relocation and Welfare of Domestic Workers. Working Paper, The University of Kansas, 2004.

[5] Alii, K.L., Ramirez, G.G. & Yung, K. Corporate Headquarters Relocation; Evidence from the Capital Markets. Journal of the American Real Estate and Urban Economies Association, 1991, 19 (4): 583-599.

[6] Aoki, A. and Tachiki, D. Overseas Japanese Business Operations: The Emerging Role of Regional Headquarters. Pacific Business and Industries, 1992: 26-39.

[7] Ball M. Institutions in British Property Research: A Review. Urban Studies, 1998, 35 (9): 1501-1517.

[8] Barbier, E.B.& Hultberg, P.T. Economic Integration, Environmental Harmonization and Firm Relocation. Working Paper, Department of Economics and Finance, University of Wyoming, 2001.

[9] Bartlett, C. and Ghoshal, S. Managing Across Borders: New Strategic Requirements. Sloan Management Review, 1987 (28): 7-17.

[10] Benoit, S. Local Policies To Attract Mobile Investment: A Theoretical Survey and an Application To Two Sets of Local Organizations in France//P.C. Cheshire and I.R.Gordon (Eds.). Territorial Competition in an Integrating Europe.Aldershot: Avebury, 1995.

[11] Bhabra, H.S., Lei, U. & Tirtiroglu, D. Stock Market's Reaction to Business Relocations: Canadian Evidence. Canadian Journal of Administrative Sciences, 2002, 19 (4): 346-358.

[12] Brouthers K. D., Brouthers L. E., Werner S.Resource-based Advantages in an International Context. Journal of Management, 2008, 34 (2): 189-217.

[13] Buckley, P.J., Dunning, J.H. An Analysis of the Growth and Profitability of the World's Largest Firms 1972-1977. Journal of Internat Ional Business Studies, 1984 (37): 3-26.

[14] Camagni, R. Innovation Networks. Spatial Perspectives, London & New York: Bellhaven Press, 1991.

[15] Camagni, R. The Concept of Innovative Milieu and Its Relevance for Public Policies in European Lagging Regions. Papers in Regional Science, 1995, 74 (4): 317-340.

[16] Camagni, R.Italy//Klaassen L.H. & W.T.M. Molle (eds.). Industrial Mobility and Migration in the European Community. Rotterdam: Gower, 1983: 146-187.

[17] Camagni, R.On the Concept of Territorial Competitiveness: Sound or Misleading? Urban Studies, 2002, 39 (13): 395-411.

[18] Cameron G.C. and Clark B.D.Industrial Movement and the Regional Problem, University of Glasgow Social and Economic Studies, Occasional Paper No. 5. Edinburgh: Oliver & Boyd, 1966.

[19] Carlton, D.W. The Location and Employment Choices of New Firms: An Econometric Model with Discrete and Continuous Endogenous Variables. Review of Economics and Statistics, 1983 (65): 440-449.

[20] Chan, S. H., Gau, G. W., Wang, K. Stock Market Reaction to Capital Investment Decisions: Evidence from Business Relocations. Journal of Financial and Quantitative Analysis, 1995, 30 (1): 81-101.

[21] Christiansen, U.Moves of Firms 1961-1976 Between Danish Functional Urban Regions. Iasa, Laxenburg (Seminar Paper), 1978.

[22] Cox, K.R.Man. Location and Behavior. New York: Wiley, 1972.

[23] Cyert, R.M.and J.G. March. A Behavioral Theory of the Firm. Englewood Cliffs, Prentice Hall, 1963.

[24] Darin Wohlgemuth and Maureen Kilkenny. Firm Relocation Threats. Working Paper 95-WP 142, Center for Agricultural and Rural Development, Iowa State University, 1995.

[25] Davies, S.and Lyons, B. Industrial Organization in the European Union. Clarendon Press, Oxford, 1996.

[26] Davis, J. Headquarter Service and Factory Urban Specialization With Transport Costs. Brown University Mimeo, 2000.

[27] Davis, J. Headquarter Service and Industrial Urban Specialization With Transport Costs. PhD Dissertation, Brown University, 2003.

[28] Davis, J. & Henderson, J. V. The Agglomeration of Headquarters (Working Paper, Brown University, Providence, RI). 2003.

[29] Davis, J.C., Henderson, J.V. The Agglomeration of Headquarters. Regional Science and Urban Economics, 2008, 38 (5): 445-460.

[30] Davis, J. and Henderson, J. The Agglomeration of Headquarters. Working Paper, 2004.

[31] Davis, J. Headquarters, Localization Economies and Differentiated Service Inputs. Brown University Mimeo, 2000.

[32] Devereux, M.P., Griffith, R. Taxes and the Llocation of Production: Eevidence from a Panel of Us Multinationals. Journal of Public Economics, 1998 (68): 335-367.

[33] Dunning J. H.Norman.G. The Theory of the Multinational Enterprise: An Application to Multinational Office Location. Environment and Planning A, 1983 (15): 675-692.

[34] Dunning, J.H. Location and the Multinational Enterprise: A Neglected Factor. Journal of International Business Studies, First Quarter, 1998: 67-88.

[35] Dunning, J.H. Regions, Globalization and the Knowledge Based Economy. Oxford University Press, 2000.

[36] Duranton, G. and D. Puga. From Sectoral to Functional Urban Specialization. NBER Working Paper, 2002.

[37] Economist Intelligence Unit EIU. Business Asia (EIU, London). 2002.

[38] Evans, Alan W. The Location of the Headquarters of Industrial Companies. Urban Studies, 1973, 10 (3): 387-395.

[39] Evans, Keith. Operational Headquarters in Singapore. APTIRC - Bulletin, 1990, 8 (5): 158-164.

[40] Forkenbrock, D.J. and Foster, N. Highways and Business Location Decisions. Economic Development Quarterly, 1996 (10): 239-248.

[41] Fox R.C.and E.L.Nel. De-Industrialization in South Africa's Rural Periphery: The Interplay of Institutional and Economic Trends in the Eastern Cape Province//J.Van Dijk and P.H. Pellenbarg (eds.). Demography of Firms; Spatial Dynamics of Firm Behaviour.Netherlands Geographical Studies, Utrecht/Groningen: Knag/Frw Rug, 2000: 245-253.

[42] Garwood, J.D.An Analysis of Postwar Industrial Migration To Utah and Colorado. Economic Geography, 1953: 79-88.

[43] Ghoshal, S. Global Strategy: An Organising Framework. Strategic Management Journal, 1986, 8 (5): 425-440.

[44] Ginzberg, E. The Corporate Headquarter Complex in New York City. Columbia University Press, 1977.

[45] Gregory, R., Lombard, J.R. & Seifert, B. Impact of Headquarters Relocation on the Operating Performance of the Firm. Economic Development Quarterly, 2005: 260-270.

[46] Hayter, R.The Dynamics of Industrial Location: The Factory, the Firm and the Production System. New York: Wiley, 1997.

[47] Heenan, D. A. The Regional Headquarters Decision: A Comparat Ive Analysis. A Cademy of Management Journal, 1997, 1 (22): 410-415.

[48] Heenan, D. and Perlmutter, H.V. Multinational Organizational Development (Reading, Mass.: Addison-Wesley). 1979.

[49] Henderson J. and Davis, J. The Agglomeration of Headquarters, Working Papersfrom U.S. Census Bureau. Center for Economic Studies, 2004.

[50] Henderson, J.V. The Sizes and Types of Cities. American Economic Review, 1974, 64 (4): 640-656.

[51] Henderson, J.V. Urban Development: Theory, Fact, and Illusion. New York: Oxford University Press, 1988.

[52] Ho, C.Corporate Regional Functions in Asia Pacific.Asia Pacific Viewpoint, 1998 (39): 179-191.

[53] Holloway, Steven R., Wheeler, James O.Corporate Headquarters Relocation and Changes in Metropolitan Corporate Dominance, 1980-1987. Economic Geography, 1991 (67): 54-74.

[54] Horst, T. and Koropeckyi, S.Headquarters Effect. Regional Financial Review, 2000 (2): 16-29.

[55] Ilaria Mariotti, Giacinto Micucci and Pasqualino Montanaro. Internationalisation Strategies of Italian District SMEs: An Analysis on Firm-level Data. ERSA Conference Papers from European Regional Science Association, 2004.

[56] Ilaria Mariotti. Firm Migration Patterns in in the Netherlands and in the United Kingdom. An End of Twenty Calm Years of Geographical Interest. ERSA Conference Papers from European Regional Science Association, 2001.

[57] Ilaria Mariotti. The Firm Relocation Decision: A Logit Model. ERSA Conference Papers, European Regional Science Association, 2002.

[58] John Rees. Manufacturing Headquarters in a Post-industrial Urban Context. Economic Geography 1978, 54 (4): 337-354.

[59] John, Holt. Decision Factors Influencing the Regional Headquarters Location of Multinationals in the Asia Pacific. Working Paper, School of International Business of University of New South Wales, 2000.

[60] Keeble D. Industrial Location and Planning in the United Kingdom. London: Methuen & Co, 1976.

[61] Keeble, D. Industrial Decentralization and the Metropolis: The North-West London Case, Transactions. Institute of British Geographers, 1968 (44): 1-54.

[62] Klier, Thomas and William Testa. Location Trends of Large Company Headquarters During the 90s. Economic Perspectives, Federal Reserve Bank of Chicago, 2002.

[63] Klier, T. Location of Headquarter Growth During the 90s. Working Paper, Federal Reserve Bank of Chicago, 2002.

[64] Kolko, J. Can I Get Some Service Here? Information Technology,

Service Industries, and the Future of Cities. Harvard University Mimeo, 1999.

[65] Krugman, P. Increasing Returns and Economic Geography. Journal of Political Economy, 1991, 99 (3): 483-499.

[66] Krumme G.Towards a Geography of Enterprise. Economic Geography 1969 (45): 30-40.

[67] Lasserre, P. and Schutte, H. Strategies for Asia Pacific: Beyond the Crisis (Macmillan, South Yarra). 1999.

[68] Lasserre, P. Regional Headquarters: The Spearhead for Asia Pacific Markets, Long Range Planning, 1996, 29 (1): 30-37.

[69] Lasserre, Philippe. Regional Headquarterst: The Spearhead for Asia Pacific Markets. Long Range Planning, 1996, 29 (1): 30-38.

[70] Lichtenberg, F.R.& Siegel, D. The Effect of Ownership Changes on the Employment and Wages of Central Office and Other Personnel. Journal of Law & Economics, 1990 (33): 383-408.

[71] Lichtenberg, R.M.One-tenth of a Nation. Cambridge, Mass. Harvard University Press, 1960.

[72] Little, A.D. Benchmarking of Global and Regional Headquarters in Switzerland Insights into Headquarters Design and Location Selection. http://www.adlittle.com, 2003.

[73] Little, A.D. Headquarters on the Move-Benchmarking of Global and Regional Headquarters in Switzerland: Trends in Headquarters Relocations and Headquarters Redesign. http://www.adlittle.com, 2009.

[74] Louw, E. Kantoorgebouw En Vestigingsplaats.Stedelijke En Regionale Verkenningen 12. Delftse Universitaire Pers (Phd thesis Technical University Delft), 1996.

[75] Lovely, M., Rosenthal, S. and S. Sharma. Information, Agglomeration, and the Headquarters of U.S. Exporters. Syracuse University Mimeo, 2002.

[76] Lovely, M., Rosenthal, S. and S. Sharma. Information, Agglomeration, and the Headquarters of U.S. Exporters.Regional Science and Urban Economics, 2005 (35): 167-191.

[77] Luca Bianchi and Ilaria Mariotti, Mezzogiorno and Seec. Do They Compete in the Attraction of Italian Relocating Smes? Rsa International

Conference Reinve, Nting Regions in the Global Economy 12th -15th April, Pisa, 2003.

[78] Luttrell W.F. Factory Location and Industrial Movement: A Study of Recent Experience in Great Britain. National Institute of Economic and Social Research, 1962.

[79] Lyons, D.I. Changing Business Opportunities: The Geography of Rapidly Growing Small U.S. Private Firms, 1982-1992. Professional Geographer 1995 (47): 388-398.

[80] Martinr Sunleyp. Paul Krugman's Geographical Economics and Its Implications for Regional Development Theory: Acritical Assessment. Economic Geography, 1996, 72 (3): 259-292.

[81] McLaughlin, G.E.and Robock, S. Why Industry Moves South: A Study of Factors Influencing the Recent Location of Manufacturing Plants in the South, Kingsport Press, National Planning Association, Kingsport Tennessee. 1949.

[82] Mcnee, R.B. Towards A More Humanistic Economic Geography: The Geography of Enterprise. Tijdschrift Voor Economische En Sociale Geografie, 1960 (51): 201-205.

[83] Meester, W.Subjectieve Waardering Van Vestigingsplaatsen Door Ondernemers Netherlands Geographical Studies 261.Knag/Frwrug, Groningen (Phd thesis University of Groningen), 1999.

[84] Mimeo J.C. Davis. Headquarters, Localization Economies and Differentiated Service Inputs. Brown University Mimeo, 2000.

[85] Molle W.T.M. Industrial Mobility—A Review of Empirical Studies and an Analysis of Themigration of Industry from the City of Amsterdam. Regional Studies, 1977 (11): 323-335.

[86] Molle W.T.M. The Netherlands//Klaassen L.H. and Molle W.T.M. (ed.). Industrial Mobility and Migration in the European Community. Gower, Rotterdam, 1983.

[87] Molle, W. The Economics of European Integration: Theory, Practice, Policy//K. Peschel (ed.). Regional Growth and Regional Policy within the Framework of European Integration. Heidelberg: Physica Verlag, 1997: 66-86.

[88] Morrison, A., Ricks, D. and Roth, K. Globalization versus Regionalisation: Which Way for the Multinational? Organizational Dynamics, 1991 (19): 17-29.

[89] Morrison, A.J. and Roth, K. The Regional Solution: An Alternative to Globalization. Transnational Corporations, 1992, 1 (2): 37-55.

[90] Morrison, Allen J. Ricks, David. Roth, Kendall. Globalizat Ionversus Regionalization: Which Way for the Multinational? Organizational Dynamics, 1991 (19): 17-29.

[91] Mueller, E.E.A.Location Decisions and Industrial Mobility in Michigan.University of Michigan: Ann Arbor. 1961.

[92] Nakosteen, R.A.and Zimmer, M.A.Determinants of Regional Migration by Manufacturing Firms. Economic Inquiry, 1987 (50): 351-362.

[93] Narula R., Santangelo G. D. Location, Collocation and R&D Alliances in the European ICT Industry.Research Policy, 2009, 38 (2): 393-403.

[94] Neary, J.P. Hype and Hyperbolas, Introducing the New Economic Geography. Journal of Economic Literature, 2001 (39): 536-561.

[95] Nicholas, S. Gray, S. and Purcell, W. Incentives in the Location Decision by Japanese Multinationals in Singapore: A Comparative Study. Australian Centre for International Business Discussion Paper, 1999.

[96] Ono, Y. What do Census Data Tell Us about Headquarters Location? Economic Development Quarterly, 2006 (20): 129-141.

[97] Ono, Y.Outsourcing Business Services and the Role of Central Administrative Offices. Mimeo, Federal Reserve Bank of Chicago, 2001.

[98] Ortona, G.and Santagata, W. Industrial Mobility in the Turin Metropolitan Area 1961-1977. Urban Studies, 1983 (20): 59-71.

[99] Ortona, G.and Santagata, W. Mobilità Industriale Nell'area Metropolitana Torinese. Paper Presented To the First Italian Congress of the Regional Science Association, Roma, 1980.

[100] Papke, L. Interstate Business Tax Differentials and New Firm Location Evidence from Panel Data. Journal of Public Economics, 1991 (45): 47-68.

[101] Pellenbarg P. H. Firm Relocation and Spatial Cognition. Groningen

(PHd thesis University of Groningen), 1985.

[102] Pellenbarg P. H., Van Wissen L. J. G. and Van Dijk J. Firm Migration//P. Mccann (ed.). Industrial Location Economics, Cheltenham. Edward Elgar Publishing, 2002.

[103] Pellenbarg P. H., Van Wissen L. J. G. and Van Dijk J. Firm Relocation: State of the Art and Research Prospects. 2002.

[104] Pellenbarg P.H., Van Wissen L.J.G. and Dijk J. Firm Migration: Theory, History and Applications (Forthcoming). 2003.

[105] Pellenbarg, P.H. Bedrijfsmigratie in Nederland, Deel I Terreinverk-enning. En Geografisch Instituut Rijksuniversiteit Groningen, 1976.

[106] Pellenbarg, P.H. Bedrijfsmigratie in Nederland, Deel Onderzoe-ksresultaten, Stichting Noord Holland -Noord, Industriecommissie Hollands Noorderkwartier. En Geografisch Instituut Rijksuniversiteit Groningen, 1977.

[107] Pellenbarg, P.H., Van Wissen, J.& Van Dijk. Firm Relocation: State of the Art and Research Prospects. Working Paper, University of Groningen, 2002.

[108] Pellenbarg, P.H. and Kemper N.J.Industrial Mobility in the Neth-erlands; Patterns, Causes and Impacts for Spatial Policy. Som Research Report, University of Groningen, 1999.

[109] Pellenbarg. P. H. and N. J. Kemper. Industrial Mobility in the Netherlands: Patterns, Causes and Impacts for Spatial Policy. Som Research Report 99, University of Groningen, 1999.

[110] Pred A. R. Behavior and Location: Foundations for a Geographic and Dynamic Location Theory: Part 2, University of Lund. Lund Studies in Geography B, 1969.

[111] Pred, A.R. Behavior and Location: Foundations for a Geographic and Dynamic Location Theory: Part 1, University of Lund. Lund Studies in Geography B, 1967.

[112] Quante, Wolfgang. The Exodus of Corporate Headquarters from New York City. New York: Praeger, 1976.

[113] René Belderbos and Jianglei Zou. Foreign Investment, Divestment and Relocation by Japanese Electronics Firms in East Asia. Asian Economic

Journal, 2006, 20 (1): 1-27.

[114] Ross, Christopher. Organizational Dimensions of Metropolitan Dominance: Prominence in the Network of Corporate Control. American Sociological Review, 1987 (52): 258-267.

[115] Rugman, A. Multinational Enterprises and the End of Global Strategy//McGaughey, S., Gray, S. and Purcell, W. (eds.). International Business Dynamics of the New Millennium, Proceedings of the 1999 Annual Conference of the Australia-New Zealand International Business Academy. 1999.

[116] Sayer A. Explanation in Economic Geography: Abstraction Versus Generalization. Progress in Human Geography, 1982, 6 (1): 68-88.

[117] Schutte, H. Regional Headquarters of Japanese and Western MNCs: A Comparative Study. INSEAD Working Paper, 1997.

[118] Scott A.J.The Electric Vehicle Industry and Local Economic Developmetn: Prospects and Policies for Southern California. Environment and Planning A, 1995, 27 (6): 863-875.

[119] Scott, A.J.Economic Geography: The Great Half -Century. Cambridge Journal of Economics, 2000, 24 (4): 483-504.

[120] Scott, P. Firm Migration To Britain in the Aftermath of the 1931 Emergency Tariff. http: //hds.essex.ac.uk/, 2002.

[121] Semple, K. R., Green, M. B., Martz, D. J. F. Perspectives on Corporate Headquarters Relocation in the UnitedStates. Urban Geography, 1985, 6 (4): 370-391.

[122] Semple, R. and Phipps, A. The Spatial Evolution of Corporate Headquarters within an Urban System. Urban Geography, 1982 (3): 258-279.

[123] Semple, R. Keith. Recent Trends in Spatial Concentration of Corporate Headquarters. Economic Geography, 1973, 49 (4): 309-318.

[124] Semple, R.K. Toward a Quaternary Place Theory. Urban Geography, 1985 (6): 285-296.

[125] Shilton, L. &Stanley. L. Spatial Patterns of Headquarters. Journal of Real Estate Research, 1999, 17(3): 341-364.

[126] Simon Anderson, André De Palma and Gap -Seon Hong. Firm Mobility and Location Equilibrium. Canadian Journal of Economics, 1992, 25

（1）：76–88.

［127］ Simon，H.A. A Behavioral Model of Rational Choice，Quarterly Journal of Economics，1995：99–118.

［128］ SISWO. Verplaatsing Industriele Bedrijven. Deelrapport 1，2 SISWO，Amsterdam，1967.

［129］ Söderman，S. Industrial Location and Planning. Stockholm：Almqvist & Wicksell International，1975.

［130］ Steven R.，Holloway，James O. Wheeler. Corporate Headquarters Relocation and Changes in Metropolitan Corporate Dominance，1980–1987. Economic Geography，1991：54–74.

［131］ Strauss–Kahn，V.，Vives，X. Why and Where Do Headquarters Move. Regional Science and Urban Economics，2009，39（2）：168–186.

［132］ Strauss–Kahn，Vanessa and Xavier Vives. Why and Where Do Headquarters Move? No 5070，CEPR Discussion Papers from C.E.P.R. Discussion Papers，2005.

［133］ Struyk，R.J.and James，F.R. Intra Metropolitan Location，Lexington Books. Lexington，Mass，1975.

［134］ The Economist Intelligence Unit. The RHQ Question，Business Asia. 2002.

［135］ Tonts，M.，Taylor，M. Corporate Location，Concentration and Performance：Large Company Headquarters in the Australian Urban System. Urban Studies，2010，47（12）：2641–2664.

［136］ Townroe，P.M.Some Behavioural Considerations in the Industrial Location Decision. Regional Studies，1972（6）：261–272.

［137］ Tyler Diacon and Thomas H. Klier. Where the Headquarters Are–evidence from Large Public Companies 1990–2000. No WP–03–35，Working Paper Series from Federal Reserve Bank of Chicago，2003.

［138］ Van Dijkj and Pellenbarg P. H. Demography of Firms：Spatial Dynamics of Firm Behaviour. Netherlands Geographical Studies 262，Utrecht/Groningen：Knag/Frw Rug，2000：98–99.

［139］ Weber A. Theory of the Location of Industries. Chicago：University of Chicago Press，1929.

[140] Wheeler, J. O., Brown, C. L. The Metropolitan Corporate Hierarchy in the U.S. South, 1960-1980. Economic Geography, 1985 (61): 66-78.

[141] Wu, Fredrick and Ng Bok Eng. Singapore's Strategy for the 1990s. Long Range Planning, 1991, 24 (2): 9-15.

[142] Yeung, Henry Wai-Chung. Poon Towards a Regional Strategy: The Role of Regional Headquarters of Foreign Firms in Singapore. Urban Studies, 2001.

[143] Yeung, Wai-Chung. The SME Advantage: Adding Local Touch to Foreign Transnational Corporations in Singapore. Regional Studies, 2001.

[144] Yoost, D. and Fisher, J. Choosing Regional HQs in Asia. International Tax Review, 1996, 7 (3): 35-39.

[145] 白玫. 企业迁移研究 [D]. 南开大学博士学位论文, 2003.

[146] 白玫. 企业迁移的三个流派及其发展 [J]. 经济学动态, 2005 (8): 83-88.

[147] 白玫. 英特尔 CPU 的中国造 [R]. 天则所资助项目研究报告, 2005.

[148] 白玫. 中国企业总部迁移与政策研究 [D]. 中国社会科学院博士后出站报告, 2007.

[149] 陈伟鸿. 民营企业区域迁移及其策略分析 [J]. 学术交流, 2005 (10): 85-88.

[150] 池元吉. 世界经济概论 [M]. 北京: 高等教育出版社, 2004.

[151] 大庆统计局. 非公有制工业企业对金融需求及政策认知的调查 [EB/OL]. http: //tjj.daqing.gov.cn/Article/ShowArticle.asp? ArticleID =574, 2006.

[152] 李卫宁, 邓乐天. 跨国公司在粤设立地区总部的现状及对策研究 [J]. 特区经济, 2011 (1): 229-231.

[153] 刘怀德. 经济发展中的企业迁移 [J]. 财经理论与实践, 2001 (5): 114-117.

[154] 刘怀德, 艾斌. 企业迁移的动因研究 [J]. 长沙理工大学学报 (社会科学版), 2005 (4): 50-53.

[155] 彭羽, 沈玉良. 上海、香港、新加坡吸引跨国公司地区总部的综合环境比较——兼论上海营造总部经济环境的对策 [J]. 国际商务研究,

2012（4）：5-12.

［156］钱文荣，邬静琼. 城市化过程中农村企业迁移意愿实证研究［J］. 浙江社会科学，2003：191-193.

［157］任永菊. 跨国公司地区总部集聚的产业集群基础研究［J］. 工业技术经济，2012（1）：102-106.

［158］商务部. 关于外商投资举办投资性公司的规定［EB/OL］. http：//ww.mofcom.gov.cn/aarticle/b/g/200412/20041200312789.html，2004.

［159］上海统计局. 上海企业融资状况调查［EB/OL］. http：//www.stats-sh.gov.cn，2007.

［160］史忠良，沈红兵. 中国总部经济的形成及其发展研究［J］. 中国工业经济，2005（5）：58-65.

［161］孙希全，刘鑫. 我国总部经济空间扩展路径研究——以跨国公司地区总部在我国的空间扩展为例［J］. 经济论坛，2011（7）：96-100.

［162］王解宇. 跨国企业在上海的地区总部及其效应［D］. 华东师范大学硕士学位论文，2005.

［163］魏后凯，白玫，王业强等. 中国区域经济的微观透析：企业迁移的视角［M］. 北京：经济管理出版社，2010.

［164］魏后凯，白玫. 中国企业迁移的特征、决定因素及发展趋势［J］. 发展研究，2009（10）：9-18.

［165］魏后凯，白玫. 中国上市公司总部迁移现状及特征分析［J］. 中国工业经济，2008（9）：13-24.

［166］魏后凯. 现代区域经济学［M］. 北京：经济管理出版社，2006.

［167］魏后凯. 中国企业迁移的决定因素与区位政策［Z］. 国家自然科学基金，2005.

［168］魏后凯. 产业转移的发展趋势及其对竞争力的影响［J］. 福建论坛（经济社会版），2003（4）：11-15.

［169］魏后凯. 工业经济学［M］. 北京：经济管理出版社，2004.

［170］温胜精. 关于三线企业迁移的思考［J］. 航天工业管理，2004（8）：18-21.

［171］吴波，郝云宏. 中国上市公司总部迁移绩效影响因素研究：迁入地优势及其分异获取机理［J］. 南开管理评论，2014（4）：46-55.

［172］吴波. 中国制造企业总部迁移的目标区位选择——基于泉州鞋

帽服装知名民企的案例研究［J］. 经济地理，2013（9）：80-86.

［173］薛求知，关涛. 跨国公司 R&D 国际化演变的生命周期——对总部与海外 R&D 机构关系协调的动态分析［J］. 世界经济研究，2003（9）：42-47.

［174］薛求知，韩冰洁. 东道国腐败对跨国公司进入模式的影响研究［J］. 经济研究，2008（4）：88-98.

［175］衣长军. 闽东南地区民营企业迁移与投融资环境优化研究［J］. 哈尔滨学院学报，2005（11）：92-97.

［176］于申，孙峻炜. 跨国公司地区总部落户上海的海关配套政策措施研究［J］. 上海海关学院学报，2012（5）：43-50.

［177］张静. 跨国公司地区总部区位因素研究［D］. 首都经济贸易大学硕士学位论文，2006.

［178］赵弘. 总部经济及其在我国的发展［J］. 江海学刊，2005（1）：61-64.

［179］郑京淑. 跨国公司地区总部职能与亚洲地区总部的区位研究［J］. 世界地理研究，2002（1）：8-14.

［180］郑京淑. 现代跨国公司的区位体系与世界经济［M］. 广州：中山大学出版社，2004.

［181］仲崇高. 跨国公司地区总部区位分布的特征与决定因素［J］. 华东经济管理，2011（6）：108-114.

［182］周丹. 总部经济的资金集聚效应及其对金融运行的影响——以北京为例［J］. 经济论坛，2007（17）：4-6.